U0165223

数字现金

[美] 芬恩·布伦顿(Finn Brunton) 著

徐琦 译

Digital Cash

The Unknown History of the Anarchists,
Utopians, and Technologists Who Created Cryptocurrency

中国出版集团

中译出版社

图书在版编目（CIP）数据

数字现金 /（美）芬恩·布伦顿著；徐琦译 . -- 北京：中译出版社，2023.11

书名原文：Digital Cash：The Unknown History of the Anarchists, Utopians, and Technologists Who Created Cryptocurrency

ISBN 978-7-5001-7495-0

Ⅰ.①数… Ⅱ.①芬…②徐… Ⅲ.①数字货币 Ⅳ.① F713.361.3

国国家版本馆 CIP 数据核字（2023）第 168403 号

著作权合同登记号：图字 01-2023-2079 号

数字现金

SHUZI XIANJIN

著　者：　［美］芬恩·布伦顿

译　者：　徐　琦

策划编辑：　于　宇　李梦琳

责任编辑：　于　宇

营销编辑：　马　萱　钟筏童

出版发行：　中译出版社

地　址：　北京市西城区新街口外大街 28 号普天德胜大厦主楼 4 层

电　话：　（010）68002494 （编辑部）

邮　编：　100088

电子邮箱：　book@ctph.com.cn

网　址：　http://www.ctph.com.cn

印　刷：　固安华明印业有限公司

经　销：　新华书店

规　格：　880 mm×1230 mm 1/32

印　张：　11.875

字　数：　246 千字

版　次：　2023 年 11 月第 1 版

印　次：　2023 年 11 月第 1 次印刷

ISBN 978-7-5001-7495-0　　　定价：79.00 元

"不好意思，夫人，"她说道，"但是她讲的是事实吗？"

"当然不是，"里尔回答道，"她在预测未来。你要知道，这可不是一回事。"

　　——《红草》（*Red Grass*），鲍里斯·维昂（Boris Vian）著，

保罗·克诺布洛赫（Paul Knobloch）译

我正在尝试获取通往未来的管理员权限。我想突袭它的思维体系。

　　——裘德·米尔洪（Jude Milhon）

目 录

结论：
未来某个时刻 / 265

引 言

　　这本书讲述了一些鲜为人知的故事。这些故事是关于数字现金体系及其创建者——其中有些人企图推翻区域政权转而去创造加密的乌托邦世界；有些人希望能从全球秩序崩塌中获得巨额回报；有些人则是为了加速一台机器的诞生，而他们可以借此机器实现永生。书中阐释了加密货币是如何诞生的，它诞生的前提条件、技术依托和亚文化基础，以及比特币首次发行幕后的那些创意异想、虚妄幻想以及未来模型。

　　本书的主要论述基于这样的一个事实展开，即聚焦讲述的是数字现金的故事，而不是更宽泛意义上的电子货币。将现金数字化的工作意味着要去创造一种物品，这种物品要便于在联网的计算机上交易，还要易于验证以证明它就是看上去的样子。但与此同时，它又不能被人伪造或者复制；它需要携带关于它是什么以及价值几何的信息，而同时又不会产生任何有关它被如何使用或者被谁使用的信息。

　　这是一组看似自相矛盾且无法实现的需求：这种物品必须可被获得同时又要保持其稀缺性，它必须独一无二且匿名同时又要可被识别且可信可靠，它必须易于流通同时又要无法被人复制。在设计和建构起支撑其无成本、即时和完美地进行功能复制的技术环境当中，它必须具备上述所有属性。

我提出的第一个观点的是，我们最好将数字现金理解为货币体系演进大历史中的一个知识性问题。你怎么去判断一种特定货币代币是具有价值的呢——是因为它可以流通，别人可以从你手上拿走？还是因为它可被结算和赎回呢？正如本书第一章中详细讨论的那样，一般而言，金钱的价值——这种复杂的文化性微电子技术，这种社会性媒介——来源于人们对于事物现状及未来强大且抽象的信念。人们预测、投注并且希望特定货币将会被接受用于纳税支付，并且希望这种货币不会在充斥着稀有金属或稀有材料的市场中贬值。此外，这种货币编织起的由礼赠、义务和互惠组成的社会化网络将占三分之一。

让我们把镜头从高深的理论分析领域拉近到实践中来，一起来分析一下货币、现金和金属钱币的价值。你如何去判断某种特定金钱代币的价值呢？你如何去确定这种代币的特性，而它又如何向人自证真伪呢？也许我们可以通过其延展性、导热性和声音特征来获知这些信息：比如我们可以咬一咬硬币、观察硬币上放置冰块融化的速度、听一听敲击硬币时的乒乓作响等。我们也许能通过一块压缩茶砖的气味和重量，一种香烟的品牌和包装，或者通过序列号、签名、纸张和织物的"手工"，以及钞票、信用证或旅行支票上的安全线和水印来判断特定事物的价值。我们通过训练、习惯和经验积累了解所有这些事情。那么综合考虑上述这些因素时，你又将如何去创造一种数字货币呢？

我想说服各位的是，我们应该把数字现金理解成使数字化数据变得有价值的挑战的一部分，当我们从数字对象的认证、所有权、确定性及其证明的角度来理解数字现金时，许多令人困惑的数字现金相关问题也就迎刃而解了。随着本书所讲述的秘史画卷徐徐展开，数字所有权与数字现金这两个孪生项目总是如影随形，从建立信息市场，到验证匿名声明，确认工作量和时间，以及打击伪造和拷贝都是如此。换句话说，这本书实际上是一部有关数据如何得以货币化的历史，在字面层面和隐喻层面都是如此。

我提出的第二个观点是，数字现金的历史也可被视为向我们展示如何使用金钱和技术去讲述未来故事的生动实例。这些故事也是一种做出断言、争取认同、投下赌注、召集盟友以及在当下掌权的方式。在这本书当中，我描述了几个带有乌托邦色彩和投机性的货币项目，这些项目有大有小，每个都包含了各自的时间模型，都有各自针对历史与未来的叙事和幻想，以及支撑其项目的相关技术——其中包括人体冷冻术、五花八门的加密技术、远洋城市等——这些项目都从中汲取了预期价值。所有这些项目都面临着转译带来的挑战，他们必须向创建这些项目的同质化小群体之外的所有人去解释并说服大家；而这个小群体成员几乎全是美国白人男性、年龄段集中在青年到中年早期、都具有工程或软件开发背景——他们中的大多数人都住在加利福尼亚海岸沿线，彼此分享政治理念和信仰，并通过邮件列表和各类活动相互了解。

本书中所有的投机性铸币者和炒币者都在特定的历史条件下发挥了作用：技术官僚手握自动铅笔在方格图纸上描绘着繁荣景象；逆熵主义者冷冻的身体就像启程寻求永生的"法老船"一样，一直寻找着"破坏性混乱"作为恒星发动机的燃料；阿哥拉主义者、客观主义者等都在迫切地筹备着迎接即将到来的崩盘，以验证他们自己的决定、信仰和投资。这些人的工作虽然是将来时态，但是他们需要在当下就采取行动，从招募社区初始成员到设计思想息票，再到储备武器以抵御毁灭打击——而所有这些都需要去生产或使用投机性货币和数字现金。他们的时间框架与17世纪信贷和金属货币的支持者非常类似，他们都"旨在解释和诱导，说服和获得动力；他们如果可以成功说服能够采取行动的观众，他们就能把握未来"。[1]

我们可以用"流通"（Passing current）① 来概括本书的主题。"流通货币"是货币体系中的一个术语，指的是被人们所普遍接受的用于价值交换的金钱，流通货币可以在人与人之间流转。只不过，你钱包里装着的现金是"现钱"的想法之所以会成立，只

---

① 作者此处以"Passing current"作为主题词，是基于该词组在英语中的多义性，可意指资金流 / 电流 / 时间流的流转 / 传导 / 流逝。——译者注

因为它是预期性货币：即下一个出价的人会接盘，而它最终能被接受为税收支付方式，或以其他方式被兑现。基于可以流通的事实，现在时态的"货币"实际上却是未来时态的产物。"传导电流"出现在物理和电气工程领域，包括用于创造数字现金的晶体管和计算机硬件的发展当中：从某种意义上看，本书一部分内容也在讲述沿着导线移动电子的故事。最后，从隐喻意义上来看，"流逝的当下"也唤起了人们对于当前时间行将消逝的感知——当下就处在被记载下来、被人讲述的历史与被人希冀、被人渴望、也遭人恐惧的将来之间，而当下又是转瞬即逝的。数字现金的故事就处于这三股"流"的交会点：有关金钱的社会性谜思、有关计算的技术发展史，以及人们对历史和未来状况的感知。

因此，本书有着双重目标。当读完本书，你将会对数字现金的组成部分、概念和想法等整体图景有所了解，其中既有20世纪80年代的实验，也包括比特币的创造。在书中，你能了解到数据是如何被变现的，以及这个过程当中所涉及的利益权衡和斗争（尤其是对于支付和交易的监管）。同时，你也将会了解到如何通过实验性货币讲述近期期货的历史，以及未来和预期事件在当前应用的不同方式。而这已经超越了乌托邦货币的历史，进而延伸到了原型、图像、叙事、功能系统以及作为未来技术的投机性设计。我希望本书能拓展读者对于货币（无论是数字货币还是其他形态的货币）和计算的理解，并向大家展示如何利用货币、机器和讲故事来描摹未来幻象的强大力量。

请大家将这些谨记于心。我希望能够通过本书给大家创造一种"旋风式旅行"的体验，在这之中杂糅了乌托邦式欲望、未来幻想和实验性生活等不同体系，同时也会涉及许多相关人物及其实践的精简白描——其中，有些人物可能看起来固执己见、非常危险，他们甚至还会蓄意一反常态地行事。我们的旅程还将覆盖一些原型国家和数学挑战，其中包括能支撑其创造者起死回生的金融系统，绝缘液体、"世外桃源"（Xanadu）① 项目超文本、叶币、客观价值、货币恐慌、私人飞船、公共随机性、身披斗篷的美国技术官僚、穿着长袍的密码学家、公海自治区、会打篮球的格蕾丝·穆雷·赫柏② （Grace Murray Hopper）、自由意志主义银币、"测地线"传销计划、受损的时间机器、思想息票、伪造签名、熔岩灯墙以及一罐罐冷冻头颅等主题。

---

① 也被译作"上都"项目，或音译为"仙那度"项目。——译者注
② 格蕾丝·穆雷·赫柏（Grace Murray Hopper），1906 年 12 月 9 日出生于美国纽约，杰出的计算机科学家，计算机语言领域的开拓者，计算机软件工程专家，耶鲁大学首位女博士，同时也是美国海军将军。——译者注

第1章
用钱投机

作为开篇，我们首先来看美国经济大萧条时期一个带有乌托邦色彩的项目，这是将整个北美大陆当作一个工业企业来管理的怪异计划。通过回溯技术治理公司（Technocracy Inc.）的兴衰，我们将理解货币是一种管理时间的技术——前景、信仰和预测——同时它也包含着一种社会模型。在内嵌到金钱当中的时间模型里，"投机性货币"尤其值得我们关注，它构成了乌托邦实践的系统——正如"宇宙图"一样，而"宇宙图"这个概念在本书其余章节也会被屡次提及。

技治区域

霍华德·斯科特（Howard Scott）有着两重扮相。[1] 在 20 世纪 20 年代，他曾以一副工程师的形象示人。在纽约市格林威治村，他总穿着厚重的靴子、马裤、皮夹克，戴着鲜红的大头巾和宽边帽，随身带着计算尺，有时还带着蓝图。这种衣着非常适合在修建摩天大楼的建筑工地上遮挡阳光，或在铺设飞机跑道、参观大坝时穿着。安·兰德①（Ayn Rand）那时还是一位生活在俄罗斯的青少年，她的小说《源泉》（The Fountainhead）直到 1943 年才问世。但那时斯科特已经穿得和她书中建筑英雄霍华德·罗克（Howard Roark）一样了，他时刻准备着脱掉皮夹克，扛着千斤顶在花岗岩采石场开始作业。然而，无论是在意识形态上还是在实践中，斯科特与罗克都没有任何共同之处——除了他只是一个幻想的角色之外。霍华德·斯科特确有其人，但他只是在扮演一个虚构的角色——他本人并不是工程师或建筑师。因此，他没有什么特别的东西需要用到计算尺来测量。他是个古怪的人，一个邻家角色，一位计划经济的演说家，他总在乡村咖啡馆里发表关于合理化生活和提升工业效率重要性的演讲。

　　20 世纪 30 年代，随着大萧条席卷全美，工厂纷纷倒闭，田野和城镇空空如也，大量难民涌入公路和铁路。这时，斯科特的着装也发生了变化：他开始穿着一套剪裁考究的灰色法兰绒西

---

　　① 安·兰德（1905—1982），俄裔美国作家、哲学家。青年时她从苏联流亡到美国，她的小说《源泉》1943 年出版后立即成为畅销书，并为她赢得了巨大的声誉。1957 年，《阿特拉斯耸耸肩》出版，该书成为美国历史上仅次于《圣经》的超级畅销书。——译者注

装，还系着蓝色的领结。他不再扮演刚刚从石油钻塔下来的粗野工程师角色了，而是转身成为一个彻头彻尾的理性组织者，以及公司的代言人。这是新技术文化的制服，这是他即将在政治运动中构建起来的生动的工业幻想——技术治理公司。[2]

彼时的美国是一个现金匮乏的国家。接连爆发的银行倒闭和挤兑刺激着人们把现金和硬币藏在袜子、保险柜、保险箱里，藏在"地洞、茅房、大衣内衬、马项圈、煤堆、空心树洞"里。[3]当时的情景我们可以在奈杰尔·多德（Nigel Dodd）2014 年出版的《金钱的社会生活》（*The Social Life of Money*）开篇中得以佐证，"他们一直在冻结希腊的资金，"他写道，由于 2007 年至 2008 年金融危机造成的失控局面，成捆的欧元被人们藏在"冰箱、吸尘器、面粉袋、宠物食品容器、床垫和地板下。"1933 年，罗斯福总统一上任就宣布了紧急银行假期——目的就是为了通过一种联邦存款保险形式来争取时间——当时现金流通冻结得更加严重。

数百个城镇发行了自己的临时货币凭证，陶氏化学公司（Dow Chemical）用镁铸造了硬币。底特律的商店开始用成箱的鸡蛋与成桶的蜂蜜进行交换；商店店主、医生和药剂师开始向顾客和客户提供信贷。学生报纸《普林斯顿人日报》（*Daily Princetonian*）与普林斯顿商人合作发行了自己 500 元面值为 25 美分的货币。纽约玫瑰园舞厅（Roseland Ballroom）里的出租车舞者——借用著名的罗杰斯和哈特的歌曲就是"每支舞 10 美分"——如果你能出示你的存折来证明资金情况，就可以接收借据而不是 10 美分现金；而业余拳击比赛也接受使用雪茄、梳子和成袋的土豆来支付。公共交通使用 5 美分镍币，曼哈顿公交公司因此总被穿着精致的通勤者和上班族团团围住，他们试图朝公司讨要零币。[4]

这正是建立技术治理体系的绝佳时机：斯科特和他的追随者，怀着乌托邦色彩的科学经济思想踏入了货币体系充斥着严重不确定性的情境，他们承诺一旦掌权便将扭转经济大萧条的局面。他们在美国持续多年备受媒体关注，其中有些报道是严肃的，有些则是嘲讽的，但这些都是公开的报道。在其巅峰时期，他们的先锋是美国有史以来最接近于 20 世纪 20 年代苏联铁杆泰勒主义者和建构主义机器拜物教者的。这些人是布尔什维克科学管理理论家阿列克谢·加斯特夫（Alexei Gastev）和他"时代联盟"（Time League）的美国版本，他们试图通过生物物理学和时间摄影术，按照工厂的方式彻底重新设计社会和社会中的每一个人：以此创建一个大规模极简主义的科幻文明，而人类则是这个连续规律运作引擎中的完美组件。[5] 然而与布尔什维克科学管理所不同的是，技术治理论将自己包装为"超越政治"，并声称其思想源自实用工程的框架，尤其是源自"科学"。他们的口号是"科学治理——通过技术的力量进行社会控制"。

为了把美国民主从大萧条中拯救出来，我们有必要先彻底摧毁它，要通过一个"总征兵"（Total Conscription）计划来募集"人、机器、物资和资金"。[6] 这是一个让布尔什维克"战时共产主义"都自惭形秽的计划，它以一种美国式的乐观与敢作敢为的态度，以及我们可以称之为"工程剧院"的表演形式被发布。富有献身精神的技术官僚佩戴着带有"单子"①字样的臂章和翻领别针徽章——"单子"是同一性的象征，它代表着消费和生产的统一——并向人致以准军事敬礼。他们总开着自己的汽车和摩托车四处活动，同时还培养了一个名为"法拉"②的青年团体，这是一个由狂热的新兵组成的街头团队，以电容测量单位命名。

　　他们的愿景是建立起被称为"技治区域"的后稀缺计划经济体系，希望其能覆盖美国、加拿大和（在某些草案中）墨西哥，并由专制的顶级工程师来实施管理。而所有他们认为没有必要去开展的活动——无论是政治的、艺术的、伦理的、社会性的、知识性的，还是娱乐性的——都将被削减甚至完全取消。这种经济转型将由一种与能源直接挂钩的新货币来提供担保，这种货币

---

　　① "单子"是标志存在结构与实体单元的哲学术语。由德国哲学家莱布尼茨所提出，属于理性主义形而上学体系单子论的基本范畴，是构成世界万物的精神性实体，它不具广延，没有部分。各派哲学家对它有着不同的解释。——译者注

　　② 法拉（farad）是国际单位制（SI）中电容的标准单位。简称"法"，单位符号是 F。基于国际单位系统，1 法拉等于秒的 4 次方安培的平方每千克每平方米。——译者注

以"尔格"为单位，并以凭证的形式发行。斯科特在 1933 年为
《哈泼斯》（Harper's）杂志所撰写的一篇题为《用技术来粉碎价
格体系》（Technology smashing the Price System）的文章中写道：
"1 美元若以其购买力来衡量，今天的价值可能是这么多，而明
天的价值可能会或多或少，但是一个单位的功或热量在 1900 年、
1929 年、1933 年或 2000 年都是一样的。"金钱是具有"客观价值"
的。但这是一个经典的矛盾修饰手法，实际上是将经验数量与社
会维护原则混为一谈。

观察一下"能源券"的花招——此时此刻比后期得到了更加
明目张胆的执行。"能源券"比美元更加真实，它与根植于宇宙
的"功"或"热"有着本体论层面的联系。它在各方面让人感到
更加真实，除了它本身并不真实存在之外。在其设计当中，它的
确是这么承诺的。这些凭证票面设计包含着非常细致入微的细
节描述："由带水印的纸张印制……长条形设计，便于夹在方形
小册子里，人们可以方便地将其揣进口袋里。"[7]"能源券"比美
元更加真实——它是一种更可靠的价值储存手段和记账单位，更
加高级且恒久不变——因为它们只存在于未来，那时整个社会都
将为它们进行适配调整。技术治理公司发行的"能源券"既不
完全只是提案，也不是精确的原型——连同本书中所有其他的
投机性货币项目——它们都是科学历史学家约翰·特里西（John
Tresch）所说的"宇宙图"。"宇宙图"是"同时兼具科学性、艺

术性、技术性和政治性"的；它是一个包含宇宙模型以及如何相应地组织生活和社会的计划的对象。[8]

如何在宇宙中行事

特里西的著作《浪漫的机器：拿破仑之后乌托邦式的科学与技术》（*The Romantic Machine: Utopian Science and Technology after Napoleon*）记录并还原了法国从 1814 年拿破仑退位到 1852 年拿破仑三世获胜期间的一段历史，机器、实证主义科学工作、量化和工业成为当时"浪漫"生活方式和思维方式的载体。他描绘了这样一个时刻：科学与技术的概念和物体不再仅仅是关于宇宙的经验知识的起点，它们同时也是伦理、社会变革、美学与我们对所处历史地位的评估以及纯粹狂喜体验的起点。

提出这一论点使特里西身处一种微妙的境地，因为他在同时谈论几种承担不同功能的事物：新建筑、日历和组织体系、科学仪器以及诸如全景和幻影这样的公共景观。这些事物都描述了宇宙中的某种特定秩序，一系列安排和关系，对过去和未来的定位，以及我们作为个体和作为社会应该如何去表现和行动。它们同时也是纪录和客体：是你可以身处其中的建筑物，是可以去欣赏的技术歌剧奇观，是可以使用的地图和仪器。"最重要的是，"

他写道，这些不同的形式"之所以不同于宇宙学，是因为我们在谈论一种文本，它引出了一个具体实践和一组对象，它们编织在一起，构成了一个完整清单或世界地图"。[9] 这些纪录和客体作为一种文化技术发挥着作用。

"宇宙图"是对宇宙和我们在其中的位置进行排序的事物，在它们的运作中嵌入了关联、角色和行动的系统。"宇宙图"相关例子的范围包含从圣经帐幕、多贡仪式、藏传佛教曼陀罗、百科全书，到某些科学项目和图书馆平面图，等等。界定"宇宙图"的并非依据其在世界历史中的重要意义，而是它所能提供的特定功能。从用户的角度来看，它帮助我们确定自身在时间和空间中的定位（我们处于何时何地？），建立本体论的层次（什么才是重要的？），同时提供实践和参考模型（我们应该做什么？我们应该怎么去理解？）。在为群体成员确定参考点时，它建立了不同类别之间的关系和相互联系（例如重要性和无关紧要性，优势和劣势，清洁和不清洁）。此外，它描绘了一个可能的世界面貌，并通过一系列实践和仪式使这个面貌具体化，以指导你采取行动参与其中。它是一个有议程的世界模型，一个通过物体和符号的排列隐含表达的乌托邦项目。

最后，除了空间，"宇宙图"还为它的使用者生成和组织时间与历史，尤其是关于未来的历史。它提供了维护特定历史和创造特定未来的实践。它告诉人们已经发生了什么（历史上哪些部分是真正重要的）以及将会发生什么，无论是通过嫁接到宗教宇宙学中，还是 19 世纪马克思主义辩证法体系，或是 20 世纪的图形外推。它能告诉你，相对于过去和将来而言，现在究竟是什么时候，以及如何根据你现在的时间点来行事。这是一个使未来成为知识对象的项目。

用钱投机

技术治理公司的"能源券"就是一种完美的宇宙图。它包含了一个完整的，但也是非常怪异的社会和宇宙的缩影。他们给世界标定价值和价格，在这个世界里，所有自然活动和先前的人类活动都是次要的，所有一切都是为了实现工业总效率的目标。这些凭证票据包含了一个复杂的会计方案（它采用了修改版的"杜威十进制系统"），该方案将票证持有人及其所有可能的购买行为置入一个本体当中，这个本体包含了"技治区域"中涉及的每个角色、服务和产品。这个体系还包含技术治理社会中被鼓励或被禁止的行为。与此同时，它还充当了某种日历：所有"能源券"都需要在两年的"完全平衡负荷期"内使用完毕。

为期两年的承兑周期为技术治理货币票证设定了一种特殊的时间表：一旦到了设定的时间点，它们就会丧失价值，这种设计可以刺激人们去投资和交易，而不是囤积和投机。这一被精心设计的时间表与大萧条期间流通的其他实验性货币有着同样的考量。在奥地利、加拿大和美国，邮票票据和社会信贷项目曾一度短暂繁荣，除非投入使用，否则这些货币票据会迅速地被人为贬值（"就像报纸一样过时，像土豆一样腐烂，像铁一样生锈"）。[10]但是技术治理公司的货币还内嵌着第二种时间模型，这也是货币更为普遍的一个特征：金钱代币是将来时态的人工制品，而这个未来时间点就是下一次被交换时。

许多研究货币的学者早已传播或驳斥了各种有关货币起源的经典故事，这些故事大多发生在古代风雨交加的场景中：例如货币始于商品和易货，或税收和贡品；货币作为语言、礼物、量化、浪费等的起源。多德的《金钱的社会生活》以六个有关货币起源的传闻故事为出发点，进而揭示了更多内容。在理论和实践当中，有关货币起源的故事塑造了其在我们生活当中所扮演的角色——我们关于未来的故事其实也是如此。我们收到的钱是"现钱"，我们能接受它是基于以下的理解，即另一方（如商人、收税机构、银行）将在下一次交换的未来时间点同样会接受它。[11]我们持有现金，就像赫伯特·乔治·威尔斯[①]（Herbert George

---

① 赫伯特·乔治·威尔斯，英国著名小说家，新闻记者、政治家、社会学家和历史学家。他是现代最多产的作家之一，代表作包括《时间机器》《莫洛博士岛》《隐身人》《星际战争》等科幻小说，以及内容涉及科学、文学、历史、社会及政治等各领域的一百多部作品。——译者注

Wells）笔下从未来归来的"时间旅行者"口袋里总插着"怪异的白花"一样，它们都是来自未来的"遗迹"。

在货币和金融领域，这一事实似乎微不足道。当然，人们持有资产和债务时会着眼于"记住过去，预测未来，衡量时间"中的稳定性和不稳定性。[12]货币总是在特定的时间和历史安排下发挥作用，无论我们追溯到多久之前都是如此：我们可以去谈论埃及"欧世康"①（ostraka）保留下来的粮食储存贴现收据，或者去谈论美索不达米亚非常复杂的"máš"②债务和利息系统，这些也交织在王朝更替和权力继承之中。[13]投资者综合利用各种模型、算法和直觉进行短期套利：金融货币的时间周期跨度从亚微秒级波动延伸到债务的定期结算，从四周期的国库券到耶鲁大学持有的 367 年期的荷兰水务债券（目前仍在支付利息）。它以未知的未来作为前提，有一套对冲不可预测变化的系统，其中还包括有些条款不会被兑现，项目可能会失败等反常承诺。[14]与此同时，个人和家庭总在后代、健康、抵押贷款、教育、退休等方方面面进行着复杂的押注，从下一份薪水到婚姻存续都是如此。这种赌注的一部分是去猜测别人对于未来的看法，并且还必须去预测和

---

①　"欧世康"是古埃及人使用的一种书写和绘画媒介，即花瓶碎片和石灰石薄片，可用于记录合同、收据、信件、故事、写作和绘画练习等。——译者注

②　"máš"是贷款利息单位，意思是"小牛犊"，表示钱就像农场里的动物一样会繁殖。——译者注

解释其他人的错误预判对你自己的判断所带来的影响。[15]

金融专业人士会根据债务计价货币的通货膨胀率来处理债务，即构成债务的货币价值在将来生命周期内将如何变化。如果我们不信任银行的短期前景，我们可能会持有现金、黄金、成箱的香烟甚至大量洗涤剂：也就是使用"储备技术"组合，以防其他系统出现故障，就像装有电灯的房子也会在抽屉里存放蜡烛以备不时之需一样。[16] 投资者进行长期研究，根据"货币时间价值"来确定投资的净现值，即反映未来货币价值与现值的贴现，而贴现模型可能以其自身的形象重塑了我们对未来经济前景的观感。[17]

信贷、金属货币和证券等常见的货币组合不仅是一套实用工具，而且是对于常规时代和常规未来的一种表达，也就是"人们对于未来状况的期望如何"[18]，文化历史学家丽贝卡·斯潘（Rebecca Spang）在她有关法国大革命时期的货币研究中写道，"基于重复行动和常规期望，这些人们几乎没有意识到的信任形式沉淀成了对世界——尤其是对身处其中的其他人——如何自然运转的理解。从这个角度来看，货币实际上也是一种制度，或者说也是一种微观技术，用于生产和复制社会规范和社会凝聚力"。[19]

随着金钱在我们的日常关系、社会角色和互惠互助中流动，它表达了另一种未来的时间性：我们与密友、亲属、社区和朋友所分享的时间性。（"时间性"这个词在这里描述的并不是时间本身，而是与时间的关系以及人们对于时间的观念。）用货币社会学家维维安娜·泽利泽（Viviana Zelizer）的话来说，这是一个未来的时间维度，在这个维度里，金钱"把过去和将来的影子投射在当前的互动上，这种关系累积的意义和双方对其未来的利害关系都会影响到今天所发生的事情"。[20]请试想下，申请个人贷款、决定共享资金和账户与否、做出遗产继承承诺、选择去爱富人或穷人、接受津贴，或保留一笔备用现金等情形。[21]我们根据自身在人际关系和个人环境中感受到的预期、希望和恐惧来指定和贴现金钱。金钱的持有和赠予都是为了将来能够赎回，从"赎回"这个词的两种意义上来说都是如此：无论是通过宗教捐赠来救赎死者的灵魂，还是通过信托为婴儿保留一些优先股可在将来被兑现。

超越上述亲密关系再进一步就进入了更大的社区、亲缘关系和联盟的网络。克里斯汀·德桑（Christine Desan）在其著作《赚钱》（*Making Money*）中详细分析了现代早期英格兰的铸币和资本主义发展，他认为，货币无论是什么形态，始终是一种群体制度，是一种在特定社区内"旨在组织物质世界的活动"。[22]"货币"致力于为特定群体"衡量、收集和重新分配资源"——通常作为现有领土权力框架的表达。赚钱的"炼金术"远远超越了国家，德桑写道："社区可以是一个国家，但也可以是一个根据忠诚、宗教或姻亲关系组织起来的集体，人们为其不断付出劳动或做出商品贡献"，同时社区也被嵌入在时间、历史和预期未来的各种框架中。[23]

最后，还有一种金钱的时间性：危机和灾难。当金钱方面出了问题时，"所有的亲密关系都会被一种几乎无法忍受的、刺眼的清晰度所照亮，在这种清晰度下，这些关系几乎无法维系……而金钱毁灭性地占据着一切重大利益的中心"。[24] 哲学家兼评论家瓦尔特·本雅明（Walter Benjamin）在他关于一战后德国通胀生活经历的笔记中曾写道：当储蓄、养老金、信托和预留资金撑起的未来轰然倒地，人们不得不为眼前的生存问题挣扎时，所有微妙的平衡——承诺、恐惧、现实，以及与朋友和亲密关系的人类事务一时间都会暴露无遗。这也是金钱体验的一部分：这是"真实的金钱"这座平静庄园墙壁中的老鼠叫声。用约翰·梅纳德·凯恩斯（John Maynard Keynes）的精彩名言来说就是，这能"平息我们的不安"，抚平我们"对未来的不信任"。[25]（而本书最后四分之一内容中大部分时间框架都被设定为想象和预期的时间。）

考虑到金钱的全景及其未来，我们再去看一看是什么让技术治理公司的"能源券"时间性与众不同呢？它是一种投机性货币，不仅是指"金融投机"，即让人们为可能的未来发展买单的方式，而且还是"叙事投机"，即对于未来的想象和叙事。这些"能源券"既不是投资方式，也不是交易工具；既不是装着克鲁格金币的保险箱，也不是来自某位亲戚的承诺。相反，它们是宇宙图，一种管理世界的方式，一种生成特里西所谓的"一种世界可能发展方向的图景"的方式，以及随之而来的实践、仪式和社区，这些将以金钱的形式和特定的文化力量在当下塑造那个可能发生的未来世界。[26] 这些"能源券"作为乌托邦前景和乌托邦实践平台，铺设了一条从当下前往未来的道路。现在，与其像米利都城的泰勒斯①（Thales）那样去押注橄榄丰收，或者像荷兰的大银行家那样去押注西班牙君主制的财务廉洁，不如把金钱作为一个文化项目来投机，它不仅是未来的股份，也是来自未来的产物。

科学家的反抗

然而，投机性货币并不真是未来的产物：它们只是表达了一个特定的未来，一个属于其时代的未来。尽管技术治理公司不断去展现未来，但他们的组织在各个方面都体现出了美国大萧条时期科幻小说般的敏感性。他们的未来（"能源券"就是从那个未来时间点发行给人们的）与帝国大厦或诺曼·贝尔·格迪斯

---

①　泰勒斯是古希腊时期的思想家、科学家、哲学家，出生于爱奥尼亚的米利都城，是希腊最早的哲学学派——米利都学派（也称爱奥尼亚学派）的创始人。据传，泰勒斯知道有一年雅典的橄榄会丰收，然后租下了全村所有榨橄榄的机器，随后垄断价格赚了一笔钱。——译者注

（Norman Bel Geddes）在《地平线》（*Horizons*）一书中"不远的未来"设计一样，都是同一时代的产物。1932年，美国书法家、字体和书籍设计师威廉·德威金斯（W. A. Dwiggins）提议"在20世纪上半叶时代背景下"重新"设计"美元……，新设计"要能展现出速度和电力所带来的巨大潜力，天空是一条全新的高速公路，宇宙突然膨胀到惊人的大小"。[27] 这正是技术治理公司及其货币体系所处的时代氛围："1932年我们的美元货币，"德威金斯认为，应该表达出"为维护民主形式而奋斗的机械化能量的巨大积累。"[28]

霍华德·斯科特提出的技术治理的未来带有一种流线型装饰派风格，就像飞翼式飞机和整齐的汇总数字栏那样。在科学家、技术人员和工程师统一、激进、极权主义的控制框架内，它将公司招股说明书风格的美学应用于生活的各个方面。乌托邦式的自助餐厅将由两次世界大战之间美国新营养运动中富有远见的化学家来提供服务，他们试图将大自然变成"一连串工厂和一条流水线"：食用油脂正等待着从"我们国家如此丰富的油页岩供应"[29] 中合成而来。整个大陆将被塑造成一个垂直整合的技术公司的形象，即终极垄断。

这些被认为是那个时代特定角落的必然结果。斯科特是托尔斯坦·凡勃伦（Thorstein Veblen）的信徒，凡勃伦是一位经济学家和社会学家，他著有《有闲阶级论》（*The Theory of the Leisure*

Class）一书，并创造了"炫耀性消费"（cospicuous consumption）这一合成词。凡勃伦于 1921 年出版的《工程师与价格体系》（*The Engineers and the Price System*）一书在某种程度上是对技术治理体系的一次预演。书中设定了一个"专家苏维埃"的愿景，以及一个建立在技术专业人员集体罢工基础上的社会变革模型，这也是安·兰德在长篇小说《阿特拉斯耸耸肩》（*Atlas Shrugged*）中所描绘的"创造性思维"大罢工的社会主义镜像版本。直到 1933 年，赫伯特·乔治·威尔斯在《未来事物的面貌》（*Shape of Things to Come*）中展现了一个无法避免的世界状态，技术人员、科学家和飞行员主导着世界，他们开始废除宗教，强制执行"基础英语"，并建立了"完全抽象的货币，这是一种抽象的货币，一种与重量或度量等任何物质都无关的货币"。[30] 这种"完全抽象"的货币就是"航空美元"：一种运输中货物的统一单位，纸币代表飞机上的重量、体积、速度和距离。对于威尔斯来说，和所有投机货币的乌托邦铸币者一样，"没有一种货币理论实际上不是一种完整的社会组织理论"，也就是一种"宇宙图"。围绕新技术体制对世界和人类事务进行重新排序是通过发行新纸币来表征和实现的，他写道，"航空美元"的问世"非常明确地标志着旧有的、资源有限的静态人类生活观念正在让位于不断扩展的、动态的生活观念。"[31]

同年，雨果·格恩斯巴克（Hugo Gernsback）的现代科幻

"孵化器"《奇幻故事》(*Wonder Stories*) 杂志推出了一个新故事系列——"科学家的反抗"。该系列描绘了一场技术官僚式的金融政变。借助化学技术和"射线",叛变的技术官僚将黄金储备转变为锡,抹去了所有纸币上的墨迹,他们在接管政权之前消除了债务,但同时也彻底摧毁了经济。[32] 这可不是一个独一无二的先例。自世纪之交以来,关于黄金和白银的合成或化学贬值以及由此引发货币混乱的故事一直吸引着公众想象力,在科幻小说中尤是如此。早在 1900 年,加雷特·塞维斯(Garrett Servis)的惊悚电影《月球金属》(*The Moon Metal*)中,南极的一个黄金巨头颠覆了经济,直到神秘的"赛克斯博士"(Dr. Syx)提出要以一种新的金属"阿提密西安"(artemisium)来作为人为稀缺性的价值支撑;1922 年,莱因霍尔德·艾哈克(Reinhold Eichacker)的《黄金之争》(*Der Kampf ums Gold*)中的主人公采用了化学方式去制造黄金,以偿还德国的战争赔款,并一举摧毁了盟国经济。(艾哈克所身处的德国事先收到了警告,因此将本国的货币基础从黄金调整为了铂金。)然而与这些科幻作品相比,技术官僚的叙述有着不同之处:这种破坏和政变对他们而言从来都不是一场货币灾难,而是一种拯救,以此倒逼全世界采取行动,从而去创造本应通过货币技术危机创造的未来。

本书所研究的人们,根据自己对于未来的强大幻想来组织己方力量及其投机资金。德桑将这种方式与银锭相提并论,他认为这并非一种对于未来生产力或未来税收的合理押注，而是一种技术和科幻想象，但由于这些想象，社会可能会遭受到无可挽回的彻底破坏，而金钱在其中是变革的机制，也是从现在通向未来的逃生之路。他们的钱不仅仅是乌托邦式的，同时也是乌克罗尼亚式[①]的，借用历史学家莱因哈特·科塞莱克（Reinhart Koselleck）的话来表述就是：一个优越的社会不是在地球上某个地方实现的，而是在未来某个历史时期实现的，在当下则是通过将要流通的货币体现出来。

在印有"单子"符号的灰色车队之后，在世界末日预言和对阴谋的痴迷（特别是出于某种原因，他们对梵蒂冈的所作所为尤为痴迷）以及对科学义警的呼吁之后，技术官僚坚持了足够长的时间，最终却发现自己孤独地陷入了科塞莱克所说的"从前的未来"的境地当中，他们孤立无援地被时间围困住，但在他们的时代里，技术官僚展示出了投机性、乌托邦式和乌克罗尼亚式货币的作用：用来召唤他们所期待的未来出现的代币。

---

① 1857年，由法国哲学家查尔斯·雷诺维尔（Charles Renouvier）提出这一概念，原文是"[une]utopie des temps passés"，意为"过去时代的乌托邦"。该术语的现代含义更加广泛，包括替代历史、平行世界以及涉及"未来乌托邦"等不同的故事类型。——译者注

第 2 章
安全纸张

在本章中，我们将研究现金和货币在实践中是如何运转的：即有关纸币制造、防伪和验证的深层历史，纸币同时也是所有人都会学习如何辨别的一类特殊印刷文件。我们将跟踪钞票造假者及其追捕者，考虑文件信任的问题，顺便阅读一篇有关寻常交易中主权的专题论文，并去了解一个所有人都见过但几乎没有人能识别出来的秘密星座。

以新方式制作的物品

当你读到这篇文章时，也许能在自己随身物品中找到很多"签名"。在美国，这些签名可能来自蒂莫西·盖特纳（Timothy Geithner）、安娜·卡布拉尔（Anna Cabral）、雅各布·卢（Jacob Lew）；在巴西，可能来自恩里克·梅雷莱斯（Henrique Meirelles）；

在马来西亚，则可能来自拿督穆罕默德·本·易卜拉欣
（Muhammad bin Ibrahim）；在波兰，可能来自亚当·格拉平斯
基（Adam Glapinski）；而在整个欧元区，可能来自马里奥·德
拉吉（Mario Draghi）或者是让·克洛德·特里谢（Jean Claude
Trichet）。① 这些签名是至今为止被复制得最为广泛的手写体样本
了，这些体现人格的花式手写字样通常出现在各国纸币票面上并
不引人注目的角落里，与之一并出现的通常还有国家纪念碑、名
人温和内敛的个人肖像、纪念性数字，以及花环、盾牌、卷轴、
多立克样式字体的大写字母等厚重的建筑纹样。"坚定的英雄在
货币单位面前收剑入鞘"，哲学家瓦尔特·本雅明在谈到德国恶
性通货膨胀时期的钞票时写道，这些货币单位则"装饰着地狱的
立面。"[1]

　　这些来自世界各国财政部官员和央行行长的签名是纸币有意
仿古的一部分，这些签名出现在纸币上，就像人类的智齿或阑尾

――――――――――

　　① 这些签名都来自各国、各区域财政部或央行等主要官员或负责人。其
中，蒂莫西·盖特纳是第 75 任美国财政部部长。安娜·卡布拉尔曾任美国财政
部财务长。雅各布·卢是第 76 任美国财政部部长，曾两度出任美国白宫行政管
理和预算局局长。恩里克·梅雷莱斯是现任巴西财政部部长。穆罕默德·本·易
卜拉欣曾任马来西亚央行行长。亚当·格拉平斯基是现任波兰央行行长。马里
奥·德拉吉是意大利著名的经济学家、银行家，曾任意大利总理、意大利中央银
行行长和欧洲中央银行行长等职。让·克洛德·特里谢是布鲁格尔研究所董事会
名誉主席和三边委员会欧洲主席、法兰西银行荣誉主席，曾任欧洲中央银行行
长。——译者注

一样，它们是汇票的遗迹。汇票是数百年以来维系欧洲贸易复杂信贷链条的载体。虽然使用后期才出现的技术和实践去描述早期技术和实践可能显得有点儿时髦，并且具有误导性，但是汇票实际上的确构成了一种类似于社交网络平台的东西，人们可以在其中建立起一系列关系和时间表。

一个城市的商人向代理人开具票据，承诺在未来某个时间点会向另一个人支付一笔款项。有了这张票据，被支付人可以对其背书并加以一定的折扣率支付给其他人，其他人同样也可以这么操作。借用丽贝卡·斯潘的说法就是，这些贴现交易的利率和价值取决于"某个城市要支付的票据数量，以及最初指定的付款人和在票据交易时所有背书人的声誉"。[2]

从安特卫普到热那亚，从巴黎到法兰克福、伊斯坦布尔和里斯本，每一项新的安排都会相应增加一个签名链条的链接，每个签名都会要求一个特定的人承担起责任。正如斯潘所说，这些书面签名"使得人们可以在必要之时找到追究责任的对象，哪怕这些对象是你迄今为止并不认识的个人"。[3] 一张个人票据是关于特定人物、事件和商品特定安排的物品——其中可能包含着类似"家具、白兰地、X 先生、Y 医生、Z 先生等，6 个月后，在莱比锡博览会上"等信息。如果个人票据丢失了，持有人可以去刊登失物启事广告，这"就像他丢了一条狗或一把伞"一样。由于链条上的每个人都要为失败负责，这意味着能从数量维度保障财务安全：也就是签名越多，就有越多的人在为其他人的诚信背书。

这种价值流动的管理机制在标准化可复制性和诸如特定人物、特定交易、明年等特定时间的独特细节之间保持了平衡。这种微妙的平衡在法国大革命期间印发"指券"① (assignats) 的签名危机中暴露出来。"指券"是由当时法国新政权发行的货币，最初该货币在理论上是与国有化资产挂钩的。而最终它们的发行和流通范围比汇票还要广得多，但其同时仍然利用特定签名的权威，从最早的书记员开始沿着背书人链条传递下去。人们带着不祥的预感想象着书记员的险恶阴谋，发行新货币的瓶颈问题随之浮出水面——受到了签字者拿笔手写签名的灵活性和时间性限制，而雕刻和印刷的签名改变了物品本身的意义。"指券"除了国有化资产之外，还受到特定人及其身份的背书。人们可以找到特定的手握钢笔的官员和他们的家庭住址，这些官员们的帽子上别着象征革命的三色标志，人们可能会向他们追责。（而"官僚"一词本身就是那个时期的发明，并在大革命中独树一帜：即通过一件代表信息存储和处理系统的办公家具来指代治理本身。）[4]

斯潘对这一时期的研究记录下了一个深刻而微妙的转变：人们通过印刷所采用新技术和新工艺来确认纸币本身的身份，而不是票据的背书人。这些纸币变成了"以新的方式制作的物品"，

① "指券"是法国大革命时期发行的纸币，流通于 1789 年至 1796 年法国大革命期间。——译者注

这些新技术和新工艺旨在确认这些纸张作为货币的身份，而不是去确认某个拥有资产的特定个人的身份。[5]

我们在美国也能找到类似的案例。信用体系的文书工作——针对交付商品向"保理商"、代理商、批发商和经纪人发出的付款指令，仓库收据、运货单、拍卖纪录等——与银行发行的货币票据存在相互支撑的关系，这些货币票据与某些特定建筑、特定农民社区或矿工社区以及一些黄金保险箱挂钩。公共信贷网络一时间得以蓬勃发展：19世纪佛罗里达州的橙子种植者和开拓者开始接待来自北方的游客，这些游客经常使用一种在相当长一段时间内都无法兑现的支票来付款。因此，这些支票带着体现了印第安河社会体系的背书链条，作为货币带动了这片水域生意的上下波动。[6]"这些水域的全部生意，"爱尔兰游客托马斯·阿什（Thomas Ashe）在1808年写道，"都是在不用钱的情况下进行的。"[7]

北美的商业生活，从大西洋码头到南方棉花种植的奴隶帝国，到加拿大河流域的捕猎者和航海家，再到西部的货运火车和西部铁路，这些最初的组织体系是通过15世纪威尼斯商人家族很熟悉的方式所建立的。[8] 这种组织体系运行在亲缘网络上，基于以名为"风险账户和商品账户"的复式记账法的脆弱外贸，偶尔收硬币和票据，以及使用签名来管理人员、记录和投资的方式。

在多语种的货币文化中，均有钱币和金属货币（例如波西米亚的塔勒银币和"八里亚尔币"、松树先令、西班牙里亚尔），还有发给从魁北克返回士兵的信用证、煤炭或棉花期货的驳船运货单、当地钞票以及诸如毛皮、蜂蜡、亚麻布、茶和火药等"现金物品"，而国家货币这个概念及其实践有着相同的本体论错位，则是作为一种新的词汇出现的，丽贝卡·斯潘描述道。从货物运货单到当地机构发行的钞票，信用体系实际上是区域社会信任和积累经验的网络。["如果是一张真的钞票，那么其纸张的各处一定会进行加厚处理，以形成一些红色的波浪状斑点。"在赫尔曼·梅尔维尔（Herman Melvill）①1857 年出版的《骗子》（*The Confidence-Man*）一书中的角色检查维克斯堡信托保险银行公司的一张票据时说道。]

辨别硬币和"现金制品"都需要用到直接的身体感受，从用天平称重到了解布料的细度，再到感受金属的味道、手感、重量、柔韧性和外观。而国家货币则必须确认自己作为一种新形式的货币身份，因此不仅要培养其持有人的新观念，还需要通过实践去培训他们辨别和理解其价值。

人们应该能轻松识别出一张真的钞票，但并不知道如何自己制作一张钞票：这就是安全纸张所面临的挑战。对于创立者而

---

① 赫尔曼·梅尔维尔，19 世纪美国伟大的小说家、散文家和诗人之一。代表作有《白鲸》《骗子》《玛迪》《贝尼托·塞莱诺》《书记员巴特尔比》《比利·巴德》等。——译者注

言，在跨越最初工程障碍后再去生产它应该是毫不费力的，它的边际成本应该接近于零，但是对于对手而言，他们若要进行逆向工程和重新生产则应该难于登天。其中一方应该能够将旧的牛仔裤变为成堆的钞票（这里主要是指美元），这样其他人就无法生产自己的钞票或去复制已经存在的钞票了。丽莎·吉特曼（Lisa Gitelman）开创了关于 19 世纪和 20 世纪书写技术爆炸式发展的媒体历史研究，同时扩展了文书制作的新方法，并将其运用在纽约市死亡证明的制作上：她综合使用了多重签名、印章和边框、凹版印刷、条形码、水印、热敏变色油墨、微缩印刷等技术，并将其表述为"文书中记录的真实副本"。[9] 有了这个精心设计的框架，诸如死者的身份、时间、死亡等核心事实可以在从公共卫生到资产支付，再到最令人悲伤的身份确认工作等特定语境中被使用。[10] 而纸币必须提供与其本身所表现出的类似的安全性，并在与市场本身一样多变的情境下提供安全性：现金交易可能出现的任何地方，以及每一个人都可能参与现金交易。

更加困难的是，它必须在当前数字技术发展的大背景下付诸实践，"以新方式制造的物品"的激增是建立在完美的逐位对应复现性系统之上的。

学习读懂 1 美元钞票

$1，1 美元钞票，是现存最为普遍的工业化产物之一，流通规模已达到数百亿个单位。我们很难统计出市面上到底有多少张 1 美元钞票，但我们能够知道美联储每年发行了多少张（例如 2016 年发行了 11.7 亿张 1 美元钞票），这些钞票的预期寿命和沙鼠差不多，为 1 至 5 年。从法律和经济意义来看，作为钱而言，这些钞票都是完全相同的可替代品，可相互交换的价值不高于也不低于任何其他同面额的钞票，并且能够作为衡量工具来比较不同商品的价格。然而，作为物品和货币而言，它们是独特且被精心设计的。

我们在此处所讨论的特定钞票票面上印着的数字中都包含着大量的数据：生产地（圣路易斯）、所属批次序列和序列号、用于钞票印刷的特定印版编号（FW A 81），甚至还包含它在一张可裁成 32 张钞票的大幅纸张当中的具体位置，本例是位于纸张左上方（A1）。它有些折痕，有点儿起毛，边缘处有两处撕裂。一般来说，当人们把它当成现金使用时，钞票是除公共交通扶手之外能接触到陌生人的手最多的物品了，这种交换也是一种细菌聚集的传播行为。就像货船在外国港口排放的压舱水一样，钞票也将皮肤上的菌群"手递手"地传播到了世界各地。

1 美元钞票是一种在设计上即易于识别的物品，其简单或复杂含义都是如此。无论是对人，还是自动售货机中的验钞机来说，它都具有标志性且可以立即被识别的。1 美元钞票的辨识度非常高：绿色票面、统一版本的数字 1、背面印着诡异而荒凉的景观、一座未完工的金字塔孤独地耸立着、金字塔顶上警惕的眼睛就像一幅玛格丽特的画作一样，其中还有 12 处参考点，既有数字化也有数字的，以显示其基数、唯一性以及与同批次纸币其他数字的关系。我的意思是，这些钞票应该得到非常具体的解读：它是更多类型高价值纸张中的一部分，是我们知道以特定方式解读的有力象征。

设计历史学家弗朗西斯·罗伯逊（Frances Robertson）记录了第一批现代纸币的发展与钢制雕刻技术绘图和印刷之间的密切关系，这些技术同样也推动了新工业秩序的复制——大规模生产零件和复杂机器的精确及详细渲染得以实现，同样也使得纸币生产易于识别且难以被模仿复制。[11]"自动工具"是精密车床、机床、计算机数控系统（Computer Numerical Control，简称为 CNC）铣床和刀具的前身，能够实现几何精度的生产，且可以取代熟练的手工劳作。这些零件可以用于生产其他机器的零件，例如机车、船舶、桥梁等，还有纸币，它们均带有"玫瑰纹"机床环状螺旋图案。这些出现在 1 美元钞票上的精美麦穗纹样同样也被印在邮票、法贝热彩蛋、手表机芯、股票凭证以及其他需要认证的文件文书上，这也是应对纸币印制挑战留下的直接遗产。

高科技、工业化和机械化复制的产物也必须是真实可信的，其可信性植根于其复制过程的精细复杂性。它们都是完全相同的，就像步枪或机车上所有可以互换的零部件一样，完全相同且同样可靠。从哲学意义（真实事物）和机械意义上看，它们都是"真实的"：就像车轮一样真实，都是经过精心设计和检查的。你可以传递一张钞票，就像你可以在铁桥的桁架上骑行一样"真实"。

文化历史学家玛丽·普维（Mary Poovey）认为，这些钞票也是更广泛阅读领域的一小部分，而该领域在很大程度上已经不可见了。"它不值得被印在纸上"：这句俗语常被用于金钱和写作等类似情境。对于普维而言，在18世纪和19世纪的英国及欧洲，工业化钞票的广泛印制和"文学价值"模型在同一个地点和时间的归化并不是巧合；钞票承载着价值，就和印有散文或诗歌的篇章也能承载价值一样，这些都是在印刷纸张上设定价值相关类型的一部分。"钞票，"她写道，"变得如此常见，以至于它上面的文字似乎都消失了，它似乎也失去了作为（各种形式的）承载历史的价值。"[12] 虽然这一论点过于复杂，无法在此处展开完整论述，但它至少揭示了人们去理解美元是什么的另一个维度：它们也是一类带有一组隐含和明确概念的文件。

美元是"所有公共债务和私人债务的法定货币"，每次人们进行交易时，通常都体现了对整个国家，特别是对美国的拥戴。

在本书第一章中提到的字体设计师、书法家威廉·德威金斯在提议重新设计美元纸币时写道："纸币是联邦政府产品质量的一个关键样板，因为它被印在纸上直观地体现了出来。""货币和联邦邮票是任何人都能举出且分布最广的各州标志。"[13] 我从钱包里拿出带着区域标志的钞票，加入了人类学家和支付系统学者拉娜·斯沃茨（Lana Swartz）所称的"交易社区"。[14] 就美元而言，它组成了一个远远超越了国家边界的社区，从厄瓜多尔这样的美元经济体到由压缩包装的数百美元钞票组成的立方体，美元都充当着现金储备和结算机制，用于全球各种公共事务和秘密行动。

当抚平这张 1 美元钞票，试图让洗衣店收款机能接受它并找还零钱硬币时，我同时也是在翻开一份鲜活的历史文件，它的设计得到了富兰克林·德拉诺·罗斯福（Franklin Delano Roosevelt）批准、包含了林肯提出的领土范围，并且它的价值随着"尼克松冲击"① 和美联储对市场活动的反应而不断波动。此外，它还体现着人们"每日对这个民族国家的肯定"［这句话是地理学家艾米丽·吉尔伯特（Emily Gilbert）所提出的］，它约 103 平方厘米大小，是美国大多数人都会随身携带的"文件"。[15] 我手上正在写一篇对于主权概念进行哲学解读的论文，而该论文的意义目前正受到挑战。

---

① "尼克松冲击"指的是美国总统尼克松对美国外交、经济政策的重大调整，对日本政治、社会形成的"冲击"，是日本人的说法。——译者注

世界上最丑的 T 恤

让我们先记住从 1 美元钞票上能读出多少信息，接着再进一步看看面值更高的 20 美元吧，20 美元还必须满足另一个特殊的技术挑战。现如今再也没有人试图伪造 1 美元了，像"880 老先生"① 这样的小规模造假者的时代早已过去了，他也是美国假钞案调查历时最长的追捕对象了。[16] 现在需要重视的许多老练团伙都在伪造 20 美元。除所有与 1 美元防伪的相同做法之外，20 美元纸币还必须包含可读取但不可被数字复制的技术，它必须监管好自身模拟与数字的边界。

一张 20 美元纸币是一种非常特殊的物品。它肯定和现存的每一张 20 美元纸币几乎都一模一样，但是又不完全相同；如果有两张完全相同的钞票，那么其中一张肯定是假钞。据我所知，并没有其他的纸币与我手上这张一样（其序列号为 JB9557548B，2009 年系列，带有蒂莫西·盖特纳的签名，蓝色圆珠笔的笔迹在白宫门廊图案上蜿蜒），但市面还有 64 亿张与我这张非常接

---

① 美国专门负责假钞案件的特勤局将这起假钞案件代号定为 880，因此该案犯罪嫌疑人被称为"880 老先生"。调查持续了 10 年才破案，罪犯是一位头发花白、瘦骨嶙峋的失业长者，专门小规模伪造 1 美元。——译者注

近。它们被装在钱包里、信封里、取款机里、银行金库里、运钞车里，它们被紧凑捆好放在仓库货盘上，被埋在偏远地区的PVC 管道中以避开金属探测器。而纸币之所以能够有效流通，是因为它同时具有特定性和通用性，可被识别但不可被复制，而保持这种运转需要做大量工作。

　　这张钞票以我们都很熟悉的方式具有价值，同时也不具有价值：如果将这张钞票剪成四份，我们仍然拥有它的实质，但其意义已经改变，它作为"钱"的价值也就消失了（同时，我们这么做还犯下了故意损毁货币的罪行——也就是说它虽然是我的钞票，但同时又不是我的钞票）。这张钞票只存在于我持有它的现在，与传递给其他人的未来之间。它对我来说很有价值，因为它可以从我手中传递出去。它是一个抽象的量，可以成为任何东西，从慷慨之举到灭火器，但它在实践中同时又是以具体的质而存在的：拿我自己的情况打比方来说，我会事先想好钱的不同用途，然后用不同方式去支出、储蓄或赠予。[17] 在上面这些共时性之外，我们还能再新加一点：这些钞票是模拟的，同时也是数字的。

　　20 世纪 90 年代，模拟和数字之间的脆弱边缘行将瓦解，现金危机一触即发：高分辨率扫描仪、精密激光打印机和彩色打印机，以及图像编辑软件的普及都为钞票造假事件奠定了基础。1985 年，在威廉·弗里德金（William Friedkin）的电影《威猛奇兵》(*To Live and Die in L.A.*)中，威廉·达福（Willem Dafoe）饰演的造假者工作时漫长而优美的镜头［这也是运用蒙太奇手法出彩的电影之一，此外还有由查尔斯·埃姆斯（Charles Eames）在比利·怀尔德（Billy Wilder）所导演的电影《林白征空记》(*Spirit of St. Louis*)中指导的飞机建造过程］，现在却可以被任何下班后的高端设计工作室数字桌面出版完全取代。数字化打破了现金可流通运转的安排。因而人们采用了新的策略来解决这个问题：活性油墨和安全线、光学技巧、不同材质的手感、水印，甚至你可以用激光笔将隐藏在衍射光栅中的面额投射到墙上。其中最引人注目的是"EURion 星座"[①]这项防伪技术的使用。

如果你现在正在世界上的大部分地区阅读这篇文章，那么此时你很有可能会在你的钱包或口袋里发现这个"星座"，它就在前文提到过的那组签名边上。如果你手里拿着墨西哥的 20 比索，那就是贝尼托·华雷斯[②]（Benito Juárez）头像边上的黄色小圆圈；阿拉伯联合酋长国迪拉姆币通常在背景中恒星等地标附近印有这

---

① 即一种货币防伪技术。EURion constellation 就是防复印圆圈，这项防伪技术由 5 个小圆圈按猎户座的形式排列，组成一个完整的星座图案。在现在生产的彩色复印机中，已经预设了对这种图案的识别，一旦发现含有这种星座图案出现，复印机会自动进行输出处理，使输出品产生严重的色彩失真。由于这项技术是由日本的欧姆龙公司发明，所以，这些小圆圈又被称作"欧姆龙环"。——译者注

② 贝尼托·华雷斯，1858 年至 1872 年间 5 次担任墨西哥总统。——译者注

个圆圈图案；10 欧元纸币上，它们出现在拱门的视觉回声纹样中；20 美元的纸币则将其隐藏在了黄色的数字 20 中。彩色复印机、扫描仪、打印机驱动程序和图形编辑软件（例如 Photoshop）深层组件中的固件已经预设了对这种特殊图案的识别，一旦发现就会触发货币识别系统，拒绝将其数字化或复制。

在威廉·吉布森（William Gibson）的小说《零历史》（*Zero History*）中，他想象出了一件被称为"世界上最丑的 T 恤"的作品："在这件 T 恤上印有巨大的人体特征，用暗黑的半色调遮住，在胸部的高度印着不对称的眼睛，在裤裆处印着一张冷酷的嘴巴……边缘的对角线围绕着侧面延伸，穿过又短又宽松的袖子。"[18] 这听起来就像是谢泼德·费尔雷（Shepard Fairey）品牌"服从"（Obey）① 中脸庞和二维码的怪异结合。这种图案为数字视频监控的"深层架构"提供了指导。闭路电视监控系统摄像机会录下一个穿着这种图案的人，但在检索时又会将其从记录中删掉。"视频监控系统记不住身穿这件 T 恤的人，记不住上面的头，记不住下面的腿，也记不住脚、胳膊、手。"

在小说中，一个"君子协议"确立了这个神秘的符号可在闭路电视监控系统的软件中发挥作用。它实际上是一个神奇的物体；吉布森笔下的人物把它称为"魔符"，一个被赋予超自然

① 谢泼德·费尔雷，美国街头艺术家，他成功地将街头艺术商业化，并推出了服装品牌 Obey。——译者注

力量的符号。而每个使用主要货币支付的人都持有并解开了一个意义更为深远的符号——圆圈星座防伪，这是一项国际协议的表达，该协议禁止对特定物体以特定方式进行数字化。但"世界上最丑的 T 恤"只在视频监控系统里有用，而圆圈星座防伪技术也仅适用于能够进行高分辨率图像捕获、编辑和打印的系统。(比如你可以用手机拍一张钱的照片而不受任何影响。)

检测伪造系统软件是免费提供的，但其来源则是完全封闭的，这意味着其机制无法被人复查，即使是整合其功能的公司也无法去复查。[19] 还有其他一些识别机制的应用则更加隐蔽。即使你掩盖住圆圈星座，一些数字光学系统仍然知道避免去捕获或去修改类似货币的物体，研究人员至今仍在努力解开其所使用的触发线索。这是一种符号体系，它是为机器而非为人类设计的。它的作用是去识别特定物体是否为货币：这并非简单地使其具有价值，同时也是将其作为一种物体保留在模拟的边界上，防止它变为数字化的货币。

那么，从一开始就被数字化了的现金又如何呢？我们如何对其进行保护、认证，以及读取和理解呢？

第 3 章
可识别但不为人知

接下来我们将继续探索计算时代的现金究竟是什么，以及如何创造与验证现金。本章将介绍公钥加密技术的发展，特别是用于"数字签名"的身份验证技术，并介绍如何将这些技术融入文件认证的现存传统当中——其中也包括我们称之为现金的特殊印刷文件类别，并在此过程中创造出新的奇异混合形式。

编码的痛苦

1944 年，南希·威克（Nancy Wake）在三天内骑自行车行驶了约 402 公里，这差不多是日夜兼程了。当需要睡觉的时候，她就躺在灌木丛后面或者藏在沟渠里。她随身带着化妆品和盥洗用品，这样她就可以在需要见人的时候梳洗一番，这让她看起来像是出门做一次短途旅行或去跑办一些当地的差事。她之所以需要骑行通过这条路，因为她是被盖世太保称为"白老鼠"的盟军特工，在被占领的法国有人悬赏 500 万法郎捉拿她。威克有着非凡的勇气和毅力，她组织起了法国奥弗涅地区数千名游击队员并为他们提供补给，她曾经赤手空拳干掉了一名党卫军哨兵。在当时，她必须骑行通过这条路，否则她和她的队员就会被困住，并且由于害怕在撤退时被敌人抓获，无线电接线员丹尼斯·雷克（Denis Rake）把无线电设备埋了起来，并销毁了他们的密码本。[1]

但是没有了密码，他们就无法与在英国的支持者取得联系，无法安排空投食物、志愿者、武器、弹药和其他物资及人员补给，也无法与其他战士协调行动。威克通过一组密码得知了最近的接线员位置，所以她便马上出发，希望能在队员们消耗光食物或彻底被击溃之前赶回来。当她返回时，由于长时间骑行，如果没人帮忙的情况下她既无法走路也下不了自行车，然而他们成功拿到了密码。

威克隶属于一个名为"特别行动"的机构（Special Operations Executive，简称为 SOE）。这个机构主要训练、协调和支持轴心国后方的游击队战士，是一个混乱而富有创新的，非正统的临时性组织。"特别行动"机构的特工迫切需要可靠、便携、易于隐藏和快速的安全通信工具及密码系统。这些特工都是像奥德·斯塔海姆（Odd Starheim）这样的人。斯塔海姆是一名挪威人，他逃到阿伯丁接受破坏行动和秘密信息方面的培训——"编码的痛苦"——这样他就可以跳伞返回挪威，并帮助"特别行动"机构的成员去炸毁一座纳粹重水工厂。[2] 但他没办法带着一台约 11 千克重的密码机到行动现场（例如大半夜里他要从冰川上方驶过的飞机中跳出去），如果被敌人发现，这将是立即遭到逮捕和审讯的理由。

　　他们的标准方法是使用"诗歌密码"。这就需要在发送者和接收者之间预先安排好一首诗歌，这首诗歌将成为一组单词的基础，而这些单词的编号字母则充当了信息的换位键。这种方法的优点是不需要任何设备，因为你可以记住这首诗，但情报人员有个坏习惯，那就是他们总会去选择济慈、莫里哀、莎士比亚等名家脍炙人口的诗歌。情报人员在头脑中进行计算也会导致疏忽和犯错，这使得信息对于接收者而言可能是混乱甚至是晦涩不明的；但如果重复使用相同的诗歌，即使是原创诗歌，也会使密码变得不太安全；"特别行动"机构的管理者经常会将完全相同的文本发给不同的特工，而每个特工都有自己的个人密码。如果这些相同的信息中有一条被破解了，敌人就可以对照所有其他信息来测试该文本，依次破译所有这些密码。最后，如果这些密码被破译了一次，它们可以被用来继续破译，因为密码本身不会改变。

　　领导"特别行动"机构密码办公室的密码学家里奥·马克斯（Leo Marks）非常反对这种做法。（是的，"特别行动"机构的密码专家名字就叫马克斯；在另一个纳博科夫式的细节中，他们的办公室就位于贝克街，离夏洛克·福尔摩斯破解"跳舞的人"等密码的房间并不远。）他很快就说服了许多特别行动机构的特工创作他们自己的原创诗歌，或者至少转而采用不太常见的诗歌——例如，南希·威克就"使用了一首情色诗歌，她因拼写错误而使这首诗变得更具色情色彩"。[3] 但从长远来看，他想寻求一个更完整的解决方案。

马克斯在"一次性便笺簿"中找到了这种解决方案的灵感，他把字母缩印在一段丝绸上面，并将其完善为"一次性随机字母簿"（letter one-time pad，简称为 LOP）。"一次性随机字母簿"是一个由随机生成的字母所组成的网格，它需要与"替换方块"一起使用，后者同样是一个便于参考的网格，包括 26 乘 26 的正方形，对应使用一组替换规则——例如，对于 A 加上 A，对应写 P；对于 I 加上 D，对应写 U。丝绸的材质使得这种"字母簿"很容易被隐藏起来或被破坏掉，特工可以将它们缝进外套的里衬、可以卷成小球、吞下、烧掉或者冲入马桶。（当克格勃使用这种"一次性随机字母簿"时，他们将它放在闪光纸上，以便在使用之后立即销毁。）[4] 丝绸的确价格昂贵，但马克斯向他的上司提出要做"丝绸或者氰化物"二选一的决策，也就是决定到底是拨预算去购买丝绸，还是给那些不可避免出现的叛变或被捕的特工去买"自杀药丸"。

午夜降临，你可以开始写你的加密信息了，首先从"一次性随机字母簿"中查找这些字母，比如 OPXCA PLZDR；然后再去查找"替换方块"：对于 A 加上 O，对应写 J；对于 T 加 P，对应写 X，依此类推。[5] 这样你留言的前两个字会是 JXFZD YXQZK。一旦加密完成，你就可以发送你的信息，并销毁从密码本中随机选择使用的字母——记住这是"一次性"的，一旦被使用就永远不会再复用。（但"替换方块"的重复使用并不会削弱整体安全性；没有原始的"随机字母簿"，"替换方块"中的任何信息都没有意义——它只是为了使加密更快，更不容易出错。）而解密则是逆向进行的相同过程。只要发送者和接收者使用相同的密码本和"替换方块"，并且从"一次性随机字母簿"中相同的位置开始，那么一次性密码本就可以非常安全、快速地加密和解密消息。[6]

这简直堪称完美：正如先驱信息理论家克劳德·香农（Claude Shannon）在 1945 年证明的那样［弗拉基米尔·科特尼科夫（Vladimir Kotelnikov）在 1941 年也独立完成了对于该结论的论证］：如果数字是真正随机的，并且没有重复使用的密钥，一次性密码本就是绝对安全的。[7] 无论你有多少密文，密文中没有一个字母或一串字母会给出任何对应字母的线索。你的对手所能确定的只是信息的长度；自然而然地，许多使用"一次性随机字母簿"的特工会在他们的信息中添加填充符，使其变得更加不可破解。

所有这些效力各异的工具和技术——无线密码本、丝绸密码簿、牢记于心的诗歌——都有一个共同的更深层次的问题，即对称性问题。无论是诸如绝对安全的一次性密码本，或是像基于莎士比亚十四行诗一样脆弱易于破解的诗歌密码，所有这些方法都依赖于发送者和接收者拥有相同的密钥。也就是说，加密者和解密者都必须使用同一首诗，使用同一本书的同一页，或是一次性密码本同一页上的同一行。密钥也能被用来认证通信者：消息能被正确加密，这通常也被认为是证明信源正确的证据。

使用对称密钥意味着在存储、共享、发送和更新密钥的每一个步骤当中，泄露点都会倍增。比如，假设有人在海关拦截下行李，偷偷拍摄下了所有密码页，获知了这些特工闲时在你的国家的交通行程——一旦破解了这些密码，那么你就可以像他们一样交流。对称性使得发送者、接收者之间的每一个点都变得很脆弱。德国海军使用的密码依赖于著名的英格玛机，其中还包括设置设备与组织其他部分同步（保持密钥对称）的小册子，并使用短代码来减少被发现的机会；这些文件是用红色墨水印在粉红色的吸墨纸上的，为了防止被截获，这种纸张只要沾上一点水会立刻变得难以辨认。因而，即使南希·威克面临着被抓获、被折磨甚至被处死的巨大风险，也要骑着自行车往返数百公里，就是为了拿到密码本。

这种情况一直持续到 1975 年春天的一个下午，而破局就发生在计算机科学家约翰·麦卡锡（John McCarthy）的房子里，他房屋看管者的脑子中。

暗　门

"我记得很清楚的是，当我第一次想到的时候，我正坐在客厅里，接着我想下楼去拿可乐，然后我就差点把它给忘了。"

惠特菲尔德·迪菲（Whitfield Diffie）一直全心研究对称密钥的问题，而计算机使这个问题变得更加复杂。如果你不希望两台计算机之间的每个信号都"清晰地"被任何可以窃听电话线或收听收音机的人读取，那么两台计算机之间就需要匹配的密钥来加密和解密。但是这些密钥又是如何传输的呢？如果密钥在传输过程中也被窃取，那么任何可靠的计算机对计算机的数据交换——任何保密的数字通信的可能性，这样我们就不会被窃听，而且双方都被确认为是其所声称之人——都变得几乎不可能实现。

接下来要讲的这个故事已经被主角本人在口述历史中以及几本优秀的书中多次讲述过了。[8] 迪菲一直开着"达特桑 510"汽车在全国漫游，参观图书馆、会见各色研究人员并主要回答两个相关问题：如何可靠地验证我们自己和我们的机器（在军事装备领域把这个称为"敌我识别"问题，简称为 IFF），以及如何以可证明的保密性进行通信。他后来为麦卡锡看管房子，在那里他又一次颠覆了当代密码学的发展。1975 年 5 月的那个下午，他用非对称密钥加密同时破解了几个不同的问题，而就在同一时刻，当他几乎忘记要去喝一杯时，就在麦卡锡家的客厅里，历史正在一个交汇点上摇摆不定。

这不是传统的非对称加密，或者，更广为人知的叫法是公钥密码加密，"公开"的就永远不怕被人发现。但是许多专家都试图从不同的角度去攻克这个问题。迪菲的合著者和合作者马丁·赫尔曼（Martin Hellman）已经在研究这个问题了。理查德·施罗佩尔（Richard Schroeppel）也是如此，他致力于密码学、椭圆曲线和幻方性质的结合研究。当时，加州大学伯克利分校的一名本科生拉尔夫·梅克尔（Ralph Merkle）也在研究与之密切相关的课题：他于 1974 年首次提出了一个想法，即通过一组谜题在事先没有共享密码的双方之间建立共享密钥。[9] 作为一名杰出的密码数学家、人体冷冻倡导者和逆熵①主义者，梅克尔在本书中多次出现；他在散列配对数据方面的工作成果"梅克尔

---

① "逆熵"一词是作为熵的隐喻性反义词而创造出来的。——译者注

树"①——构成了比特币区块链中"块"的基础。

事实上，公钥密码学已经被英国的詹姆斯·埃利斯（James Ellis）、克利福德·考克斯（Clifford Cocks）和马尔科姆·威廉姆森（Malcolm Williamson）作为"非秘密加密"独立成果发表了，最初的突破是在 1969 年取得的（"我们能否生产一个安全的加密信息，被授权接收者无须事先秘密交换密钥就能读懂？"），其数学解是在 1973 年从数论中得出的。[10] 但是因为他们为英国的政府通讯总部（Government Communications Headquarters，简称为 GCHQ）工作，这个机构相当于美国的国家安全局，因此他们的工作一直是保密的。

迪菲、埃利斯、考克斯、威廉姆森、赫尔曼、梅克尔和其他人都在努力实现密钥的分离。对称意味着加密和解密需要使用相同的密钥，如果你能把这些分离成不同但又存在某种联系的密钥，那么你就能自由地指定其中一个而不会影响另一个。这就像亚历山大快刀斩断戈尔迪乌姆结②一样，能够一次性解决对称密钥交换的棘手难题。

非对称安排意味着你可以自由分享你的"公钥"，而不会危

---

①　"梅克尔树"是区块链的重要数据结构，其作用是快速归纳和校验区块数据的存在性和完整性。——译者注

②　西方传说中的物品，神谕说如果谁能解开这个结，那么他就会成为亚细亚之王。——译者注

及通信安全。使用该公钥加密的消息只能通过由用户保存的"私钥"来读取。密钥是对应的，但不能从第二个密钥推断出第一个密钥：你不能从公共密钥中提取出私钥。你不必去担心对称密钥保管链中的每一个薄弱环节，也不必信任第三方匹配密钥库来建立计算机之间的安全通信，你可以自己去生成一个密钥对，与你愿意与之分享的任何人共享公钥，并为自己保密私钥。"密码学的优点应该是，你不必去相信任何直接参与你通信过程的人。"迪菲解释道。[11]

为了实现这一点，密码学家必须找到一组"单向函数"。这必须使计算一个函数并产生对应结果变得非常容易，但是要从该结果逆向求得其函数却是极其困难的（也就是"计算上不可行"）。它只能单向发挥作用，就像一扇只进不出的门一样。我们可以坐下来，掏出纸和笔，用小学算术快速将两个非常大的素数相乘。然而，要算出由此产生的半素数，并确定我们需要乘哪个素数来产生它，却是一项极其困难的任务：相当于在巨大的空间中进行旷日持久的"蛮力"搜索。有了足够强有力的密码钥匙，问题解决过程所需的漫长时间不仅会让我们的寿命相形见绌，还能让书面语言史、人类进化史、地质时代史相形见绌。

这个函数还有一个额外的重要组成部分：暗门。如果这个数字有半素因子，你就可以快速验证它们是否正确。拥有暗门便意味着，拥有正确信息的人就可以轻松逆转该函数。"暗门密码系统，"迪菲和赫尔曼写道，"可以用来产生公钥分发系统。"[12] 这在实践中意味着，从较高的层次讲：有了正确的函数集，你可以在不知道解密所需密钥的情况下获取消息并对其进行加密。拥有密钥的人可以或多或少地立即进行解密（借助"廉价数字硬件开发"），而对手也许能截获加密消息，再加上公钥，但其仍然无法发现私钥并读取消息。迪菲和赫尔曼并不确定这种单向操作的确切函数，许多最初的尝试被证明借助快速计算就很容易解决。素数因式分解这一特定领域取得进展还需要再多等上几年，直到 1978 年，罗恩·瑞文斯特（Ron Rivest）、阿迪·萨莫尔（Adi Shamir）和伦纳德·阿德曼（Leonard Adleman）（后来以他们的名字命名了具有里程碑意义的 RSA 算法和公司）的工作成果问世，并掀起了计算基础设施和密码学研究学者让 - 弗朗索瓦·布兰切特（Jean-François Blanchette）所描述的"寻找其他合适问题的淘金热"，每个问题都涉及"不同的计算假设，关于该方案逆函数计算难度的不同猜想"。[13]

而隐喻在这一领域可能会误导人——素数和半素数以及不同的等价函数都有其特有的属性，这使得某些数字和运算远不如其他数字和运算适合这一目的。但简单的问题仍然存在：这个数字是如何产生的呢？

124620366781717878406583504460810659043482037465167

8805754818788883289666801188210855036039570272508
7475098647684384586210548655379702539305718912176
8431828636284694840530161441643046806687569941524
6
9931857041830305125495943713721590292360099[14]

当迪菲和赫尔曼研究用于拆分密钥的系统细节时，他们看到了该系统应该具有的第二种属性。如果存在这样一个拆分密钥，并且带有一个私钥和一个公钥以及它们之间的暗门，那么可以使用该私钥对消息进行加密，以便对应的公钥可以对其解密。但这没有提供保密性：公钥应该被广泛分发，任何人都可以读取私钥加密的消息。相反，它提供了验证。用公钥破译消息证明其是用私钥加密的。假设私钥受到保护——它仍然是一个秘密，仅由其创建者拥有，这意味着你可以验证消息是由私钥持有者生成的，并且在传输过程中没有被人更改。这条信息就相当于被赋予了一个书面签名和密封信封。

这既是一个真实存在的东西——该系统将促成如此显而易见的结果——它同时也是一个强有力而有些模糊的隐喻。迪菲和赫尔曼使用了"合同"和"收据"的类比；瑞文斯特、萨莫尔和阿德曼引用了"签名""证明""判断"等说法——正如布兰切特指出的，因为"加密算法并不能完全直白地等同于在纸上写下一个人的名字"。[15] 最早，他们受制于复制问题。"由于任何数字信号

都可以被精确复制，"迪菲和赫尔曼写道，"一个真正的数字签名
必须在不为人知的情况下被识别。"[16]

可被识别但却不为人所知。这是一项异常艰巨的任务，但从
纸币面临的问题来看，这似乎又很熟悉。如何创建一个可被复制
的物品——比如一张可被复制的纸币，或一个签名——但与此同
时又不能让未授权方去复制它们呢？它必须是可被验证但不可被
复制的，易于创建但不可再次生产的，它还必须是在不为人所知
的情况下可被识别的，并可被证明是可靠的。（几十年以后，比
特币将发展成为一个几乎完全的数字加密签名系统。）迪菲和赫
尔曼写道："为了开发一种能够用一些纯粹电子形式的通信取代
当前书面合同的系统，我们必须去找到一种与书面签名具有相同
属性的数字现象。"[17] "但是，"布兰切特在反驳中问道，"手写签
名究竟什么是呢？"[18]

与手写签名相同的属性

1865 年，西尔维亚·安·霍兰德（Sylvia Ann Howland）去
世了，她留下遗嘱将自己名下的一大笔财产托付给其侄女海
蒂·罗宾逊（Hetty Robinson）。罗宾逊拿出了第二份秘密遗嘱，
并据此要求继承全部财产，但遗嘱执行人拒绝执行这份秘密遗

嘱，罗宾逊便把他告上了法庭。第二份私密遗嘱是罗宾逊手写的，这是她从她那年迈体弱的姑妈那里听来的口授，而这份遗嘱只有页面上的签名是霍兰德写的——但也有可能不是。数百万巨额遗产的去向因此悬而未决。[19]

"西尔维亚·安·霍兰德"这三个词也许是历史上被人研究得最为深入的手写作品之一了。从耗时和所需专业知识的维度来看，几乎没有艺术作品能够获得如此细致入微的关注：这三个单词被置于显微镜下进行放大和研究，并由笔迹专家、银行家、科学家、先驱摄影师和雕刻师分别进行仔细检查。

其中的疑点并非遗嘱不同页面上的签名太不一样，反而在于它们过于相似了。每一页上的签名几乎是一模一样的，一笔一画全都相同，甚至这些签名在各自页面上的位置和页边距都几乎是一样的，这看起来不像是亲笔签名，而像是临摹的"作品"。几十个霍兰德签名的样例显示出了更多变化，但这些变化都是随着时间推移而显现出来的。但每个人的签名在每天、每小时、每一份文件上的差异性能有多大呢？具有鉴定个人签名专业背景的银行家和会计师证明了签名的一致性和不一致性。[20]路易斯·阿加西斯（Louis Agassiz）利用尖端显微镜技术寻找笔锋走向的痕迹，提供了听起来就像探险家乘坐着热气球穿越异域景观一般的证词：他发现了像淤泥一样分布在淤塞河床上的墨水三角洲，但并没有发现橡皮擦留下的像杂乱地层地质扰动的痕迹。

天文学家本杰明·皮尔斯（Benjamin Peirce）和他的儿子，科学家、哲学家、逻辑学家查尔斯·桑德斯·皮尔斯（Charles Sanders Peirce）尝试了一种非常不同的方法，他们转向数学和概率，而非那些熟悉签名的专家所采用的感官训练。父子二人准确地识别出了 30 处体现霍兰德签名特征的笔迹下行动作，并仔细研究了数十个例子，他们对这些变化进行了编目并创建了一个统计模型，以精确对应有争议页面上签名真伪的概率。正是为了公布这些计算结果，本杰明·皮尔斯在 6 月那一天出庭作证，他给出了一个数字，即签名匹配的可能性，以及他们所做的尝试"远远超越了人类经验"。[21]

查尔斯·桑德斯·皮尔斯后来在美国创立了美国实用主义（或者，他更喜欢的说法是"实用主义者"）哲学和符号学学科。他的爱好是符号逻辑，他特别感兴趣的是我们如何区分指代事物的符号和事物本身的符号：例如一个零或美元符号、标尺或气压计上的指针代表什么意思？这是如何发挥作用的？在霍兰德遗产案当中，他和父亲必须将签名与签名图片区分开来，以量化并解释如何识别出书写对象中人类存在和有意识同意的时刻，并将它是什么与它代表什么含义区分开来。[22]

可识别但不为人知

人们可以以一种独特的方式来理解签名：它是一个事件的索引，也是一个人在书写行为中的索引。查尔斯·桑德斯·皮尔斯以符号学家的身份提出，对于一个事物、一个符号，有三种方式可以"传达对其他事物的知识，也就是其据称所代表的事物"。[23]第一种方式是索引，它通过与其所代表的事物之间的物理联系来传递知识。你可以把"索引"这种方式想象成指向某处的食指：它就在那里，你不用开口就可以交流。远处的烟雾、北极星、木匠水平仪上的气泡、铅锤、地图、水手在陆地上摇晃的步态、玻璃上留下的指纹：上述所有这些"索引"，都是通过物理联系传递信息的标志。而签名是一组基于公认约定和用法的书面符号，就像7个象征符号：h、o、w、l、a、n、d，但同时签名也是一种与身体相关的手部、书写时刻及物理事件的记录。"他握着递过来的钢笔，"梅尔维尔笔下在"裴廓德号"（Pequod）上当鱼叉手的魁魁格①唱着歌，"在纸上适当的位置复制了一个与他手臂文身中奇怪的圆形人物完全相同的图案。"

---

① 魁魁格是美国小说家赫尔曼·梅尔维尔1851年发表的长篇小说作品《白鲸》中的人物，"裴廓德号"是小说中的捕鲸船。——译者注

　　第二种方式是印章戒指、中国印章、日本印鉴、韩国名章和国玺、指纹，以及奥斯曼帝国苏丹独特的图格拉签名：有关人类身份验证对象的上千年全球历史建立在这样一个悖论上，即签名对象是唯一的，但同时也是可重复的，而每次重复都表达了作为一个独特的在场瞬间。每个签名都必须与自身足够相似，才能在不完全相同的情景下得到验证——即在不为人知的情况下可被识别。签名，即认证的行为，是非常私人的，但同时也是可以被授权的：从总统或总理机构到自动签名机或橡皮图章，都可被授权使用。文化历史学家希勒尔·施瓦茨（Hillel Schwartz）认为，签名只是在欧洲浪漫主义运动全盛时期之后才具有了当前的文化意义，因为它聚焦于个人天赋和风格的独特表达。施瓦茨写道，在印刷字体可被轻松复制的时代，私人笔迹"就像从签名末尾旋出的花押"，带着"任何印刷机都无法复制的公开炫耀"。[24] 这种个性化的花押有利于防范伪造：它们可识别但不可复制，带有一些独特的个人风格。

　　数字签名最初是一种表面上类似于个人亲自在场的行为，即使用与公钥对应的私钥对消息进行身份验证，正如迪菲和赫尔曼所设想的那样，这是一种与手写签名具有相同属性的数字现象。但它并不具有分毫不差的"相同属性"。手写签名包含着无法复制的相似性：真伪签名的区别正是每次复印版本所不具备的细微个人差异。[25] 签名在证人、公证人和律师等正式职位，以及支票、合同和表格等文件系统中"扮演"着技术层面很简单、社会性却很复杂的角色。

与此同时，加密签名这种"数字现象"构成了一类不断增长的有趣数学对象、软件过程和模型家族。用布兰切特的话来表达就是"创造性地组合"，使这些元素在签名隐喻中产生了"突变"，形成了一种用于确认、验证、核准或查证新方法的奇异家族：这是被冠以一次性签名、多重代理签名、环签名、公平盲签名、不可否认签名、前向安全签名、失败–停止签名、门限签名、多重签名、指定确认者签名等不同名称的嵌合体。

第三种方式就像在文学作品中，偶尔总会有一些少不了的段落，描绘密码学家拨动着老式维克多牌留声机的主发条，让指针指向一些令人费解的相似隐喻和类比：隐形墨水、签名封盖、无可篡改的印章；锁、钥匙和保险箱；银行本票、无记名债券和钞票。密码学家兼企业家大卫·乔姆（David Chaum）写道，想象一下，有这么一个密封的信封，内衬复写纸，里面装着一份未知文件，上面盖着公证人的雕刻印章。出于这个奇怪的想法，他将开发出第一个基于加密的功能性数字现金方案——他希望借此方案规避极权主义的未来。

第 4 章
致盲因子

我们先从 1975 年电子货币引发的全面监控噩梦讲起。考虑到针对电子交易和电子商务发展的预测和恐惧，我们再转向大卫·乔姆从事的工作。他的数字现金（DigiCash）项目是一种货币协议，由现有银行以匿名现金的形式基于现有货币基础进行数字发行和赎回。这个项目失败后留下了一个设计框架，该框架被其他想要创造新型数字现金而非简单开展数字现金交易的后来者所采用。

遵照约定的能量

首先，让我们展开幻想。

马丁·格林伯格（Martin Greenberger）在 1964 年曾发表过一篇题目为《明日计算机》（Computers of Tomorrow）的文章，

这篇文章的副标题鼓吹"计算机化社区"发展愿景将"比钱更好"。格林伯格的这篇文章发表在《大西洋月刊》(The Atlantic)上，该期刊于1945年刊登了万尼瓦尔·布什(Vannevar Bush)有关原始的超文本构想的里程碑式文章《正如我们所想》(As We May Think)。和布什一样，格林伯格也推断了未来"信息的效用"及其应用的发展：包括"医疗信息系统"、"自动化图书馆"、仿真服务、"设计控制台、编辑控制台……计算机化社区"等。[1]所有这些的关键是"比钱更好"的平台："这些被人们称为'钱钥匙'的卡，加上简单的终端和信息交换，几乎可以取代对货币、支票、收银机、销售单和找零的需求。"

格林伯格指的是去建造类似于当时正在开发的信用卡基础设施，其依赖于公用电话线路、现有银行和支付公司所构成的高度集中的系统，还需要再加上一点未来主义的魔力。"顺便说一句，"他承诺道，"在（采用电子货币）的过程当中，我们可以预期另一类体力劳动被替代掉，也就是那些掠夺金钱的杂贼。通过会计欺诈进行侵吞公款的可能性越来越大，这个过程可能会造成一些人员失业，但有方法可以让计算机代理监管自己的操作，这样做既安静又没有腐败的危险。"但实际情况也不见得吧。

六年后，在波尔多的一次会议上，计算机科学家约翰·麦卡锡谈到了类似格林伯格承诺的那些"控制台"的东西，并更加严谨地将它们付诸实践。（这位麦卡锡和惠特菲尔德·迪菲在伯

克利开发公钥加密时帮忙照看房子的房主是同一个人）[2] 考虑到
"家庭信息终端"的发展未来，麦卡锡很清楚"钱"将扮演的角
色。电子货币将促成新形式的数字商务。他考虑了广告模式、信
息和文章付费模式——"读者会让系统拒绝为他认为定价过高的
材料付费"——以及尚未实现的交易类型。他预计"这将对买卖
产生深远的影响"。但如何去验证这些交易呢？虽然回想起来似
乎很简单，但数字验证交易是个覆盖身份、授权、接收和验证的
缜密过程。

　　五年后，维萨（VISA）公司的首席执行官迪·霍克
（Dee Hock）给出了一个答案。霍克同巴克明斯特·富勒
（Buckminster Fuller）是一类人，他是测地线穹顶和全球网络的
设计师；还有留着胡子的控制论智者和管理顾问斯塔福德·比
尔（Stafford Beer），他是 20 世纪 70 年代乌托邦式基础设施之
一喷气式飞机的销售代表，以及期刊《宇宙》（cosmos）的公
关人员。霍克着迷于紧急秩序和自组织过程的本质，他对于仅
仅去建立"电子资金转账"（Electronic Funds Transfer，简称为
EFT）业务的兴趣并不大，而是他将目光投向了"电子价值交
换"（Electronic Value Exchange，简称为 EVE）的社会转型。
他写道："电子价值交换"就像金钱一样，那些"遵照约定的能
量"中"受到担保的字母数字字符数据"在全球计算机网络中
无缝流动。[3]

对于霍克来说，"电子价值交换"将是新生互联网的姊妹系统，后者是一台全球网络机器，承载了一系列带有乌托邦色彩的幻想。霍克为总部设计了一个圆形办公室，象征性地包含了地球的四个角落，其中有专门介绍每个地区文化的部分和跨语言实时翻译的展位。[4]（他辛辣地形容自己离开维萨公司是为了"追求一种匿名的以及与世隔绝的生活……拥有书籍、自然和不受干涉的思想"，就好像他是一位即将进山修行的道家圣人一样。）"电子价值交换"系统即将成为下一个控制社会时代的一部分。

但是，这里有一个潜在的难点。是什么"担保"了货币将很快变成字母数字字符数据？又是什么能够引导和控制这些构成信贷的能量流动呢？

答案是监控。

我们所能想象的最佳监控系统

现在，噩梦来临。

"假设你打算去买一本书"，美国斯坦福大学计算机科学家保罗·阿默（Paul Armer）1975 年在《计算机与人》（*Computers and People*）杂志的一篇文章中写道。他的这篇文章基于他在国会的证词写成，他建议国会成员都去阅读乔治·奥威尔（George

Orwell）的著作《1984》、尼克松政府关于国内情报收集的备
忘录，以及露西·达维多维奇（Lucy Dawidowicz）的著作
《1933—1945 年反犹太人战争》(*The War Against the Jews,1933-
1945*)。阿默的文章对电子货币认证所产生的监控问题有着惊人的
先见之明。"你出示了你的卡（有时被称为'借记卡'……），"
阿默继续写道，"你把它交给一个职员，然后他把卡放进一个终
端，终端读取了它，然后给你的银行打电话。"[5]银行要么同意，
要么拒绝了交易，可麻烦就这样开始了。

　　当阿默用他的借记卡买一本书时，结算系统知道了他当时的
位置，并将其添加到他的活动日志中，随之而来的是"关于你财
务交易的大量数据"，以及"关于你生活的大量数据"。但是如果
你已经被警方标记为特别关注对象了怎么办？"我毫不怀疑这种
制度已经被人如此滥用了。"1971 年，在为克格勃建立理想、谨
慎的监控设备这一任务中，阿默和一群计算机及监控专家提出了
一个电子资金转账系统的新版本："它不仅能处理所有的财务核
算，并提供对中央计划经济至关重要的统计数据；这是我们在不
引人注目的前提下所能想象出来的最佳监控系统。"[6]

　　他选择一本书作为名义上购买的对象是经过深思熟虑的：如
果你还没有被标记，但因为购买某本书便将你作为可疑人群或可
疑模式的一部分"列入了名单"，你该怎么办？如果这是一本当
局认定不适合你阅读的书，那么系统会自动拒绝你的购买尝试

吗？你的钱会对某些事情有利，而对其他事情不利吗？

回想一下，玛格丽特·阿特伍德（Margaret Atwood）的小说《女仆的故事》（*The Handmaid's Tale*）是在保罗·阿默国会作证 10 年之后才写成的，该小说在一定程度上是关于电子货币的反乌托邦故事。小说中被认定属于女性的电脑账户和信用被冻结了，正如阿特伍德后来所说的："现在我们有了信用卡，就很容易切断人们获得信用的渠道了"——她设想，在其他的统治系统中，存在一个货币胁迫的过程，用针对特定对象的标记来阻止独立选择和决定："我看着橙子，非常想买一个"，她书中的主人公奥弗瑞德心想，"可是我没有带橙子的优惠券"。[7] 现实世界中已经存在或即将有类似的版本了：从公司城镇的优惠券和临时票证，到彩色编码按州发行的食品券，再到美国通过电子福利转账（Electronic Benefit Transfer，简称为 EBT）系统发放的福利基金——在食品福利方面，"钱"不被允许花在某些商品上，并且必须接受数据收集和分析。[8]

电子货币可以作为一种控制工具，让市场成为警察的快速反应系统、定位日志与斯金纳箱 ①，以鼓励和拒绝公民去做企业或政府想做的事情。1990 年，哲学家吉勒斯·德勒兹（Gilles Deleuze）写了一篇题为《控制社会后记》（Postscript on the

---

① 心理学实验装置，由行为主义者斯金纳于 1938 年发明，被用以研究动物学习能力和自我刺激与合作行为等心理学研究。——译者注

Societies of Control）的短文。德勒兹从理论家、历史学家米歇尔·福柯（Michel Foucault）所指出的从主权社会向规训社会的转型开始，这是权力在生活各个层面表达方式的转型，然后他问道：后工业化、网络化、资本主义社会中的人们现在是否正经历着与控制社会类似的转型？为了解释他的意思，他转向了堪称典范的技术权力："也许金钱最能表达出两个社会之间的区别。"[9]

以前的规训社会就像一系列的围墙，其"内部"运作基于稳定和标准化机制来组织生产力：用来生产饼干、公民、报纸、士兵、Model T 汽车①、健康且思想健全的身体以及可互换的零件。福柯写道，这是在一个"将黄金锁定为数字标准的铸币"框架下实现这一点的，而这一框架既是基准也是一种校准机制。他认为，当前和不久的将来，控制社会将用"浮动汇率，根据一套标准货币建立的汇率进行调节"来塑造价值：一个后"尼克松冲击"时代的系统，由即时通信系统、持续不断的数据收集、反馈、分析和调整所组成。[10]

获知"任何元素在任何给定时刻处于开放环境中的位置"，控制系统就能在一个社会中发挥作用，这个社会在很大程度上是作为"编码数字"、作为数字化数据来被监督和管理的，是易于显示、分析和利用的。"人不再是封闭的人，"德勒兹写道，仿佛

---

① Model T 是福特汽车公司于 1908 年至 1927 年制造的一款车型。——译者注

在为一部反乌托邦科幻电影配的画外音,"而是负债累累的人。"[11]一张卡上的钱,作为数据的钱,可以被支配和控制:可在此处付款但不可在别处付款,可为此物付款但不可为它物付款,同时产生有关其用户的实时信息以供进一步调整。在他推测的模式中,德勒兹将软禁脚铐和假释手铐、即时生产和物流链、移动电话和地理定位,以及量化自我、区域和访问拒绝技术、数字支付和电子货币平台等结合在一起,形成了一个广阔的领域,它定义了一种全新的主权模式和权力表达以及行使方式的轮廓。[12]

让"老大哥"过时

大卫·乔姆同样也担心未来在信用和借记系统的分类账会变成档案,他发出警告称:"所披露的支付信息的颗粒度将爆炸式增长"。[13] 1983 年,也就是保罗·阿默国会作证 8 年之后,乔姆也在写与买书相关的主题,以及其他许多"大量披露个人行踪、交往联系和生活方式"的交易。[14] 与管理数字支付中的信任的相同机制将产生一个带有时间戳和地理编码的记录,从中可以透露许多信息——这还是没去考虑数字分类账资金可被主动操纵以进行实时标记、价格操纵和欺诈,以及其他实施金融排斥机制的方式。乔姆还谈到了全景监狱、警察国家、老大哥,1995 年他在国会演讲时，谈及信用卡和网络销售终端发展时预见了像"饲养场里圈养的电子标签动物"一样的人类群体出现。[15] 然而，他提供了一种解决方案。

乔姆接着说，饲养场的替代方案就是"城镇市场广场上的买家和卖家"，每一方都能够"保护自己的利益"。为了"确保个人和组织之间的平等"，他的方案建立在公钥加密和签名技术的基础之上，通过既能识别自己的身份，同时又能为用户保密的方式来赚钱。他设在荷兰的"数字现金"公司称这种东西为"电子现金"（e-cash）（这个词同时有不同的写法，包括 Ecash、eCash 和 e-Cash）。他们创造了第一种真正的、功能性的数字现金，作为基于监控的借贷系统替代方案，而乔姆的方法、专利和理论也为十多年来数字现金的研究设定了议程。

乔姆着迷于"传送秘密情报、文件安全、防盗警报、保险箱和金库、锁、拆封和密封"，（他的其他专利还包括能够识别不同金属钥匙的电子锁以及投票系统。）[16] 他提出过一个想法，其思路类似于老派的模拟文档安全性。想象一下这样的情形，你想在不透露文件内容的情况下对一份文件进行公证，也就是去获取有关将某项发现记录并封存于今天的证据，并在不与世界分享这项发现内容的前提下要求领先性和优先权。科学历史学家马里奥·比亚焦利（Mario Biagioli）曾描述过文艺复兴时期科学实践中的这样一个问题，克里斯蒂安·惠更斯（Christiaan Huygens）

以变位文字的形式宣布了弹簧钟表的发现（"413537312343242 abcefilmnorstux"），伽利略用同样的形式宣布观察到土星不规则形状为"smaismrmilmepoetaleumibunenugttauiras"①。[17] 由此，一种文书加密的解决方案逐渐成形：将密封票据存放在类似科学院等受信任的机构手里。这种密封信封的方法可以再向前推进一步。

你将文件放入带有复写纸的信封中密封封口，然后在信封外面盖上公证人的印章或签名和日期。盖章或签名的人不知道他们正在认证什么：这是个"盲签名"，能够留下时间和证据的索引痕迹，但不会泄露其秘密。复写纸信封和盲签名将证据与文件而不是其容器联系起来，消除了任何可能对于信封调换的指控，这就像使用热气腾腾的水壶、加热灯、细长的象牙铲，以及其他前数字时代"拆封和密封"间谍情报技术的优雅技巧一样。该文件可以证明关于它自己的事实，而无须透露它是什么：可识别但不为人所知。

乔姆为数字现金开发了一个类似的程序。你可以通过数字形式从银行账户取钱，这就像你从自动取款机上提取一沓欧元、美

---

① 将"smaismrmilmepoetaleumibunenugttauiras"字母位置稍加移动可得"altissimum planetam tergeminum observavi"，意为"我观察到最高的那颗星球由三部分构成"。这里天顶最高的星指土星，伽利略用他刚刚制造出来的望远镜观察夜空，发现土星周围有两个亮点，由此认为这是一个三体星系。而实际上，伽利略看见的是土星的光环，因为当时望远镜的倍数不够，他误认为看到的是两颗伴星。——译者注

元或人民币一样，只是它会通过一张专用的交易卡，或通过一个在你计算机上运行并连接到互联网的程序来完成。拿着专用的卡或者在电脑上打开程序，你可以像使用现金一样花掉数字货币：不是像反映在分类账上的交易那样，系统远程签到以贷记一个账户同时借记另一个账户，而是像代币易手一样。

这些钱会在卡上或电子钱包里面，如果你弄丢了卡，钱就没了，就像你下班后在火车上弄丢了装着小费的信封一样。当你给一个商家一张卡，或者在你的电脑上授权一次网上交易时，他们的系统可以在不需要确认你身份或与你银行核对的情况下从卡上扣除对应金额，"代表价值的安全数据"（正如乔姆的表述一样）可以证明自己，就像手头的现金一样。[18] 最后，对乔姆而言最重要的是，电子现金无法与取款和消费的人联系起来。乔姆希望这种没有身份证明的技术能"让老大哥过时"。[19]

致盲因子

但这并不意味着它是一种自主的数字价值存储，乔姆并没有提出利用他的电子现金去开发一种新的货币，而是提出了一种由银行将现有货币转换为数字现金并可反向转换的机制。软件开发者哈尔·芬尼（Hal Finney）——他也是密码朋克、逆熵主义者，最终也是比特币的主要贡献者——在 1993 年解释该项目时做了一个很恰当的比较：在 19 世纪国家和地区货币出现之前，当地银行可以用他们的资产来发行货币。商家会接受这些纸币的付款，前提是该纸币"可以在发行银行按面值赎回"硬币、金条或其他东西。[20] 银行持有这些"贵重资源"，而纸币则作为其流通载体。乔姆所设想的系统中的商家也可以接受电子现金，因为他们也知道可以在发行银行按照面值将其兑现。

让我们把乔姆设计的机制分解成四个部分，每个解决方案产生另一个需要依次解决的问题。

1. 你怎么知道现金是真的呢？

假设你想要在网上购物。你向银行申请了一张 20 美元的电子现金凭证。他们从你的账户中提取了这笔钱——就像你自己从自动取款机中提取现金一样——并生成一张新的电子现金凭证，然后银行再通过电子邮件发送给你或存入你的智能卡。这张钞票附带着价值声明：就相当于"这张现金凭证价值 20 美元，来自富国银行，见票即付"。银行在把凭证发送给你之前，会用他们的私人密钥进行加密。请回想一下，任何拥有公钥的人都可以解密利用对应私钥加密过的消息，所以利用私钥加密的消息就相当于一种签名。富国银行将把他们的公钥副本分发给各地商家：包括你常光顾的酒吧、便利店、出租车司机、杂货铺以及每一家在线商店网站，这些商家都保存一份副本，因此他们的交易软件可以立即确定电子现金票据是否已被银行"签名"过，以及它们的价值。

2. 为什么不能造假？

这里使用了公钥加密，因此就没有秘密可言。银行的私钥签名验证了电子现金纸币的确是银行的产品，并使其无法伪造价值——犯罪分子无法去创建看似来自银行的新凭证。不过，这种签名本身无法防止被人伪造：它只是银行实际生产的电子现金票证的复制品。这些"凭证"毕竟只是一串数据，可以被截取、复制和粘贴，就像有人可能在某个街区的每家商店开出一张同样200 美元支票一样。因此，银行会给每张凭证分配一个独特的序列号。当你打过车的出租车司机下班时，他再将他的智能卡上所累积的电子现金凭证存入他的银行分行账户。银行会去验证其凭证是否签名及其价值，并检查唯一的序列号以确保它们之前没有被存入——也就是说，相同的票证没有被多次兑换成美元——并将这些美元记入他的银行账户。不过，唯一的序列号却消除了付款人的交易信息隐私。当商家存入这些凭证时，凭证的序列号要与发行时的序列号相对应——也就是与你的特定账户相对应。

3. 序列号不能用来追踪你吗？

乔姆的解决方案是"致盲因子"。用户，也就是你，现在为你需要的每张凭证生成一个序列号，再把这些序列号和你的电子现金请求一起发送给银行，银行在这些电子现金凭证上签上"10美元见票即付"的私钥签名，并从你的账户中扣除对应金额。和以前一样，你可以在任何地方使用电子现金。然而，通过一个优雅的加密数学技巧，你发送的序列号被乘一个你才知道的随机数——也就是"致盲因子"——一旦银行提供了你的电子现金凭证，你就可以在花掉这笔钱之前先除以这个特定的随机数。银行已经将这些钱核算入账了，并创造了你可以花掉的凭证，银行将这些凭证兑换成国家货币，但它不再知道，也不需要知道这些凭证是来自于你的账户。而接受支付的商家同样也不会知情。银行将检查商家给他们兑换的凭证序列号，以确保它们之前没有被花掉过，但这些号码不再与任何其他数据相对应，也不会将你的交易与你的身份联系起来。就好像他们在一个密封的复写纸信封上盖了章，以确认里面的东西可以兑换10美元，但并没有记录下信封里面究竟装了什么文件。

4. 然而，欺诈性线下消费又怎么办呢？

在离线交易中，使用"冷处理器"钱包——依然假设在我们想象中搭乘出租车的场景下——你仍然有可能在银行进行序列号比较之前，以跳票的数字形式将同一张钞票重复消费多次。在第一个幸运的商家存入电子现金票证之后，银行将拒绝兑现之后所有相同的票证，并且在有"致盲因子"的情况下，银行没有办法将欺诈性消费与你个人联系起来。但这显然会阻碍商家采用这种新系统，并且会给从线下场景（例如食品贩卖车和跳蚤市场）到需要非常快速结算的系统（例如电子收费站在汽车驶过时所扫描的电子标签）及许多支付领域造成麻烦。（而数字现金公司DigiCash也曾为荷兰早期电子收费站基础设施开发过支付系统。）最后，乔姆、吉勒·布拉萨德（Gilles Brassard）和克劳德·克里波（Claude Cripeau）非常优雅地开发了一种数学机制来解决这个问题，通过这种数学机制，每笔电子现金交易都会涉及一个问题——消费者软件必须去应对每张凭证带有的数字挑战。[21]一个这样的答案其实是没有意义的，并且不会损害给定电子现金凭证的匿名性，但是两个答案——只有当你试图将同一张电子现金凭证花两次时才会出现，而这将会向凭证发行机构揭露该操作账户，从而使花钱者不再匿名。

现在，整个系统都摆在我们面前，请注意，商家——无论是谁去兑换他们已支付的电子现金凭证——都不是匿名的。使用电子现金进行贿赂和黑市活动并不会比使用硬通货更加容易。事实上，与纸币和硬币相比，电子现金的洗钱难度更大，这将进一步限制他们的活动。乔姆找到了一种方法来生产数字现金，这打破了电子货币和监控只能二选一的局面——这是一种既能保护个人顾客和客户隐私，同时不会进一步刺激毒品交易、赎金要求等非法活动的技术。除非花钱的人试图去欺骗系统，否则花出去的钱是无法被追踪的，在这种情况下，他们只会因为滥用行为而暴露自己。

在技术层面上，电子现金仍遗留了一些复杂的问题需要解决——比如找零、退款和撤销收费——有待其他后来者继续开发改进。但是它的整个结构是具备功能性和连贯性的：匿名数字现金通过与"用于保护核材料、军事机密和大额电汇的最复杂代码"相同的机制来防止监控、伪造和假冒，正如乔姆对国会所说的。它既应对了未来隐私危机模型中的诸多挑战，而且也没有为潜在罪犯搭建起基础设施。

乔姆的承诺同时隐含着威胁。"如果我们无法以正确的方式将国家货币电子化，"他发出警告，"那么市场就将绕过它们，制造出其他货币。"而这是一个我们当下正在承担其后果的预言。[22]

特定设计空间

20 世纪 90 年代中期，总部位于荷兰的数字现金公司 DigiCash 在圣路易斯的一家银行开展了一个试点项目。他们联合发行了无抵押的、娱乐性的"赛博币"（CyberBucks）项目用于

宣传，这对于购买 T 恤、大英百科全书的文章、巨蟒①剧团固定
节目的旧手稿以及乔姆作品再版而言是很好的。²³当时，乔姆正
在与德意志银行（Deutsche Bank）进行交易磋商，从新加坡到英
国，类似技术的研究也都在推进当中。数字现金公司的软件适用
于所有常见的操作系统，并被集成到网页浏览器 Mosaic②中。荷
兰国际集团（ING）、维萨、微软和一系列银行都曾去过数字现
金公司位于荷兰埃因霍温的办公室进行短暂拜访。

但在 20 世纪末之前，数字现金公司破产了。

其中原因很复杂，目前仍然存在争议。但数字现金公司及其
技术对于那些制造数字货币和投机货币的人来说，影响是显而易
见的：既是一种启发，也是一种警告。让 - 弗朗索瓦·布兰切
特表达得很巧妙：乔姆的工作"不仅开创了可持久推进的研究
路径，而且更重要的是，他开创了一定的设计空间。这个空间表
明，计算机并不必然要与监视和社会控制的图景联系起来，连贯
性和创造性的科学研究计划可以由明确的社会目标来驱动——在
这个案例当中是隐私保护、匿名性及其对民主参与的影响"。²⁴

---

①　英国六人喜剧团体，被誉为喜剧界的披头士。成员包括：格雷厄
姆·查普曼、约翰·克里斯、特里·吉列姆、艾瑞克·爱都、特瑞·琼斯和迈克
尔·帕林。——译者注

②　NCSA Mosaic，简称为 Mosaic，是互联网历史上第一个获普遍使用和
能够显示图片的网页浏览器。它由伊利诺伊大学厄巴纳 - 香槟分校 NCSA 组织
在 1993 年发表，1997 年 1 月 7 日，该浏览器正式终止开发和支持。——译者注

这一设计空间及其社会目标开创了一个全新领域，一个汇聚了诸多进一步实验的领域：人们将寻求全方位匿名性，或寻求具有新型属性的资金，或寻求完全没有银行及国家约束的永久性数字电子现金。[25]

乔姆及其同事的工作，以及数字现金公司的兴衰，为其他后续方案提供了参考。在电子现金之后，"智能合约""数字无记名证书"等货币机制陆续出现，这些机制不仅适用于保护隐私、维护个人与企业之间的平等，还适合作为更加极端项目的基础：例如在国际水域和网络本身的加密缝隙中运行的账外交易系统，以及针对各国央行和地区货币合法性的活跃阴谋活动。[26] 乔姆和电子现金项目提供了一个实例和一种愿景，同时也是一项具体的研究和发展倡议，服务于预测和规避恶性未来的来临。哈尔·芬尼在 1992 年描述密码学和电子现金对他的意义时写道，乔姆开创的道路"平衡了个人和组织之间的权力……如果事情能够进展顺利，当我们再回顾过去，也许能意识到这才是我们曾做过最重要的工作"。[27]

电子现金项目同时也是一个警示故事。"我要求这个世界改变它运行的方式，这样才能拥有完美的隐私。"乔姆回忆说。[28]但要采用这些工具，需要克服太多的惰性。计算机科学家阿尔温德·纳拉亚南（Arvind Narayanan）用"社会认同"一词来解释"像乔姆这样的雄心勃勃的想法"所面临的挑战之一："达到临界数量对现状心怀不满的潜在用户"，他们必须完全接受并立即采用新系统，才能让它发挥出作用。[29] 像电子邮件加密这样的工具可以被个人和小团体逐步采用，但是乔姆设计的系统则需要大规模的改造。换句话说，光有技术是远远不够的。即使具备优秀的数学计算、科学发现、思想的自由传播、可靠的硬件和运行代码，你同样还需要一份期望、一种愿景、一些不满、一丝幻想、一个故事，以及需要地平线上乌托邦的光芒，和到达那里的宇宙图。

如果为了应对这一挑战，你可以先去创建社会，再去创建平台，那将会怎么样？如果你能建立起一个科技发展成为必然的世界又将会怎样？

第 5 章
政府的垮台

在 20 世纪 80 年代和 90 年代，我们发现激进货币的密码朋克模式、加密无政府主义者、"美国信息交易所"（American Information Exchange，简称为 AMIX）和"世外桃源"项目都试图让数字化数据本身变得有价值，并为随后发展的市场奠定了基础。创造真正自主的数字现金意味着要解决掉三个基本问题：协调、复制和采用。本章将重点解释前两个问题，同时也将描绘数字现金未来发展的可能愿景。

黑 洞

1992 年 9 月 25 日，星期五，在旧金山一个名为"黑洞"（Black Hole）的俱乐部里，圣裘德（StJude）会见了来自未来的大使。[1]

她知道他们是来自未来世界的人物，是"革命进行时"的成员，因为他们是隐身和匿名的。他们身着长袍，戴着"第三只眼"护目镜；当他们交谈时，声码器将他们的说话声音过滤合成为萨克斯管和大提琴的声音，以及"发电站乐队"般低沉沙哑和锯齿般的声音，同时通过头戴式扬声器播放这些声音，使人们无法识别其交谈内容。不仅是他们自己的声音，其他人通过他们扬声器说话的声音也像特雷门琴和急流一样。"第三只眼"护目镜其实是一种向网络社区传输信息的镜头。"人们不停地进进出出。"当她讲出一个笑话时，长袍上回荡着来自许多时区的"管弦乐队般的咯咯笑声"。"我难道是个国际巨星吗？"她想知道。

未来大使比她高出一大截，但其实他们的身高完全相同：是因为他们穿着一种叫作"考特尼"（cothurni）的厚底加重鞋，鞋底配有隐藏式升降机。他们就像穿着铅靴的深海潜水员一样蹒跚而行，身上穿着的长袍服装使他们无法显示出任何独特的步态或姿势。而当他们从"黑洞"俱乐部的烟雾中隐约出现时——一个连信息光子都无法逃脱的俱乐部——她就盯上了他们："我认为你们就是加密无政府主义者——我称之为密码朋克……你们想要占领世界！"一位操着荷兰口音的"大提琴"恼怒地表示着反对："我们可不相信占领。事实上，我们正在努力让万物变得不可被侵占。"

两位"长袍"和通过他们交谈的"许多重叠的声音"——谁

也不知道这些声音到底是黑布长袍下哪个身体发出的——这也勾
勒出他们的项目的特点：假名经济，"加密一切"，包括在线声誉
和分布式信用评级系统，确保"数百万瑞士银行账户"中数字货
币的安全。一位"特雷门琴"说道，这些整合起来就是一个"让
政府变得过时的全球货币体系"。

　　"不，这并不完全是我的妄想。"圣裘德写道。她见过密码朋
克，事实上，是她给他们起了这个名字。这件事发生在上个星期
六，在加利福尼亚州伯克利阳光明媚的海岸，在一个私人住宅
里，而不是"黑洞"俱乐部那烟雾缭绕的近乎黑暗里。她使用复
调网络连接的虚构影子账户、戴尖钉手套的空白墨迹、电击枪和
加密方案来解释现实情况。"这绝对是个错误的谣言，"她在结束
语中说，"革命者可以通过 cypherpunks@toad.com 取得联系，这
是一个真实的邮件列表地址。"就从那一周起，她开始发表自己
的故事初稿。

　　几十年以前，裘德·米尔洪（Jude Milhon），也就是"圣裘
德"，与人共同创立了"社区记忆"（Community Memory），这是
一个非常早期的数字社交网络项目，他们在一家唱片店和公共图
书馆后面安装了电传键盘。[2]"社区记忆"项目承载了匿名角色勃
发的繁荣景象，典型如"本威博士"（Dr. Benway），他搞定了巴
勒斯风格的即兴表演，还通过"中间地带"（Interzone）进行了
现场直播。这个简单的系统没有类似账户登录的功能，所以任何

人都可以使用"本威博士"或者其他身份来发布信息。"某些邪恶的盗版者说要克隆'本威博士'的商标,"原作者说道,"那么也请自便……毕竟这是个公共论坛。"[3] 谁用那个名字通过扬声器说话有什么区别吗? 2003 年米尔洪去世后,她的一位朋友写道:"这是裘德的哲学之一,你不应该告诉世界你是谁"。[4]

"所以,你是在保护自己的真实身份,对吧?"圣裘德向"黑洞"里一位"长袍"发问,同时也询问了她的实际听众,也就是她新命名的"密码朋克"。[5]"欢迎澄清、扩展和更正。就此而言,可能还会有辱骂和威胁。"当时,她正在为网络文化杂志《盟多 2000》(Mondo 2000)的专栏"不负责任的新闻业"撰写这篇题为《密码朋克运动》(The Cypherpunk Movement)的文章。[《盟多 2000》是《连线》(Wired)杂志的姊妹刊物,其选题覆盖恶作剧、乐队采访和时尚摄影与虚拟现实、迷幻、加密和实验小说等。]她把文章初稿发给了启发她灵感的人们,即"cypherpunks@toad.com"邮件列表里的最早期成员,这个团体在成立大会的前一周曾在埃里克·休斯(Eric Hughes)的房子里聚会。米尔洪去过那里,也将这些想法做了笔记,现在她"只关心这些想法是否能被正确和清楚地陈述出来"——她捕捉到了在那里探索未来的感觉,一种建立在密码学、假名和"安全数字货币"基础之上的秩序。"政府要垮台了。"某位"特雷门琴"在隐约可见、不透明的阴影当中呼喊着。

政府的垮台

蒂莫西·C. 梅（Timothy C. May）周六在伯克利与圣裘德参加了同一个聚会。在聚会上，一群组织松散的工程师、程序员和密码爱好者摇身变为"密码朋克"。

梅是一位退休的工程师，仔细计算了需要多少钱才能余生保持独立后，他在 34 岁时选择"退休"了。在英特尔公司的时候，他解决了一个众所周知的难题，即陶瓷外壳阿尔法粒子发射导致的微芯片错误问题。他对宇宙顽固的真实性有着物理学家一般的认知——放射性就是放射性，不管人类是否在一堆沙子或一块石英中意识到了它的存在——并且对人类和他们的机器都具有的片状特征持有嘲讽性的蔑视。在有关阿尔法粒子的论文中，在对芯片设计和放射性衰变进行了数页的精确论据之后，他的论文最后一句话是这样写的："从人类工程学的角度来看，令人欣慰的是，21 世纪微型计算机控制的机器人可能会受到如人类所遭遇的一些疾病一样的困扰，机器人也可能会像凡人一样容易犯错"。[6]

像当时花时间上网的大多数人一样，梅也拥有一个签名档，一个".sig"文件：一大段文本会自动附加到他的电子邮件和论坛及帖子中。签名档是个汇集了电话号码、社会关系、笑话和一些 ASCII 艺术 ① 的地方。[另一个"密码朋克"邮件列表的参与者朱利安·阿桑奇（Julian Assange）在他的签名档中引用了尼克松的讽刺性语录。[7]] 梅的签名档包含"传声头像"（Talking Heads）乐队作品中的一句歌词，一个涉及当时已知最大素数的数学双关语以及一个未来时间表，这就像是一个科幻故事的缩影："交织着加密、数字货币、匿名网络、数字假名、零知识、声誉、信息市场、黑市以及政府垮台的加密无政府状态。"

　　这是一份组件清单、一份利益清单，也是一部想象未来的编年史——即将到来的事情，按照出现的顺序被记录下来。我们可以把它改写为预示着未来加密无政府主义时代即将到来的故事：加密领域取得的一系列根本性突破，以及政府资助了数十年的工程和研究现在却使自身遭到摧毁。有关匿名网络、数字假名、零知识系统和声誉的实验为数字现金提供了基础设施。我们需要的是一个概念验证的信息市场，可以展示这些组件的工作情况，吸引和教育新用户。这将导致无法追踪、无法征税的全球性网络黑市产生，在此之后，政府必然面临垮台。

　　他的工作就是让这个故事成为现实。但他一个人做不到，他

---

　　① 　ASCII 艺术是主要依靠电脑表现的艺术形式，是指使用电脑字符来表达图片，它可以由文本编辑器生成。ASCII 艺术用于当文字比图像更稳定和更快显示的场合，包括打字机、电传打字机、没有图形的终端，早期的电脑网络，电子邮件和 Usenet 的新闻信息中。——译者注

还需要合作伙伴，需要一场运动，以及需要数学家的先锋阴谋。"一个幽灵萦绕着现代世界，一个加密无政府主义的幽灵。"他向9月那个周六聚集在一起的那群人宣读道，这是他"加密无政府主义宣言"的开场白，而裘德·米尔洪也在那群人当中。

从他们第一次会面开始，密码朋克社区就存在于几重交叠的时间里。他们做出了合理的猜测："一旦有资金流经网络，而这些资金只与假名而非自然人联系在一起，那么你将会看到更多的纯虚拟身份。"[8] 他们推测像"空间虚拟现实"这样的东西是一种在"永恒边域"的住所。他们在自己采用的技术中寻找未来的信号，这些技术终有一天会在网络上扩展到数百万甚至是数十亿用户。"我们正在讨论的是这些想法的长远影响。"[9]

密码朋克项目最为微妙也是最为重要的历史条件是它的不合时宜。它的不合时宜，不仅体现在经典的尼采哲学意义上，也就是超前当下历史背景去创建一个项目，还体现在太慢的意义上。密码原语证明（低级的、可靠的算法）及其与在工作系统中的实现之间存在明显的滞后。"为什么密码朋克所谈论的大多数事情都是实际上并没有发生的？"梅发问道。[10] 他在那个周六举办的首次密码朋克会议上所读到的宣言已经流传了四年，这份宣言分别于1988年、1989年和1990年在"志同道合的技术无政府主义者"中流传过。"出于历史原因，我将其保持原样。"[11] 我们"将为个人和团体提供以完全匿名的方式相互交流和互动的能力"，可为什么花了这么长时间？[12]

有了一套被广泛接受的通用协议，电子邮件等领域就能取得进展，但"对于数字货币之类的东西，情况就会变得更加模糊，因为它们并不是独立的对象，通常是涉及时间延迟、离线处理等的多方协议"。[13] 构建数字现金在技术方面很复杂，语义上也很令人困惑。梅写道："虽然'加密'或'追发邮件'的含义相当明确，但'数字银行'到底是什么呢？"[14] 讨论电子邮件的漏洞或不同密码系统的优缺点是一回事，但金钱是一组关于价值、时间、历史和社会结构的隐含断言。你所说的"数字银行"是宇宙图的一部分，是一种认识、组织和解释世界的方式。定义"数字银行"是个构建共识的项目，它先于就编程语言、数据库、格式、协作工具和版本控制系统达成的共识，而这些都是你真正开始整合代码时才需要的。

构建数字银行是一个深层次的协调问题，这个问题通常可以通过价格体系或管理结构来解决——用约查·本克勒①（Yochai Benkler）的术语来表述，就是制造自由和开源软件的工作。[15] 你可以通过市场来奖励和激励某些活动，也可以通过公司或机构来支付薪水、组建团队和下达订单——这是两种完全不同但均可兼容的方式，都可以让一群人朝着大致相同的方向前进。建设数字

_____

① 哈佛大学法学院创业法律研究教授，哈佛大学伯克曼·克莱恩互联网与社会中心联合主任。——译者注

银行平台通常会在维萨、美联储或者其他一些拥有授权、办公空间和项目经理或高管层的大型机构的指挥架构下进行，以解决内部冲突。相形之下，密码朋克仅仅拥有大约两位数异常聪明的非正式成员和一份邮件列表。"我们这些人并没有获得开发项目的报酬，没有其他任何人的帮助，也没有企业的资金支持来帮助我们。"[16]

自由和开源软件的故事，就是新技术社区克服重重困难，打造出从操作系统到服务器平台等互联网所赖以生存的一切产品的故事。虽然所有这些项目都展现了开源努力所产生的无穷无尽、自相矛盾的争吵，就像锯木厂的锯末一般，但创造类似数字银行的东西所需要的复杂对话却是另外一回事。它并不是从有趣的技术问题开始的，而是始于有关权威、主权和价值本质的哲学性和社会性承诺。

但对于这种漫长而缓慢的对话而言，情况就太过紧迫了，因为这种对话可能永远都无法达成共识。也许你能够召集到足够数量的贡献者、用户和参与者来推行其中的某一个计划？如果你能达到埃里克·休斯所说的阶段——"资金通过网络流动……而这些资金只与假名而非自然人联系在一起"——这样这个系统就能自行维持运转，人们受到新型价格体系的激励，从而也去支持和建设这个系统。[17]这样就会达到一种"流通运转"的状态。有了足够多的人，你就能获得字面意义和比喻意义上的认同，这可不仅是打磨技术的问题，而是讲述故事的问题。

蒂莫西·梅想讲述的故事其中有一个章节——数字现金的胜利和政府的垮台——是有关"信息市场"的兴起，它将为数字现金创造一个有价值的数据平台和一个经济环境。在线信息市场是如何起步的？和梅有着相同业务方向的两家公司当时也在试图回答这个问题，而他们的系统、承诺和合作伙伴即将塑造数字现金的未来。项目之一就是菲利普·萨林（Phillip Salin）创立的"美国信息交易所"（American Information Exchange）。1988 年，梅和一群同道中人第一次讨论加密无政府状态项目，就是聚在萨林家的客厅里。[18]

美国火箭公司

菲利普·萨林住在一条长达 160 千米的道路尽头：从他站立的任何地方看过去，这条道路都像一直延伸到了地球大气层之外。萨林还绘制了一条从帕洛阿尔托去往低地球轨道 ① 的轨迹。他在电弧科技公司（Arc Technologies）的团队——后来他们转去

———————

　　① 又称近地轨道，是指航天器距离地面高度较低的轨道。近地轨道没有公认的严格定义。一般轨道高度在 2 000 千米以下的近圆形轨道都可以称之为近地轨道。——译者注

了星辰卡车公司（Starstruck），其命名就是取自"驶向星星的卡车"之意，最后又转去了新管理层下的美国火箭公司（American Rocket Company）——一直在试验利用以糖为基础的"火箭糖"燃料来制造较便宜的运载火箭，他们依靠苹果电脑（Apple Computer）首任首席执行官迈克尔·斯科特（Michael Scott）的投资来维持运转。不过，萨林并不是航空航天工程师，他是一位获得了工商管理硕士学位的经济学学者，是以市场为中心的奥地利学派经济学家弗里德里希·哈耶克（Friedrich Hayek）的拥护者，他笃信市场运作自身就是推动变革的力量。萨林认为，未来太空面临的最大挑战来自一种比重力或金属应变耐受力更加强大的力量：源自资金配置不当。

他在国会委员会面前辩论说道，航天飞机太便宜了：它的成本得到了补贴，而且其价格是被人为压低的，这阻碍了创业型火箭行业的发展。[19] 光是依靠货币流通就能让我们很好地摆脱地心引力，他作证表示："太空领域的下一个重大突破将是经济层面的突破。"[20] 萨林痴迷于信息市场，以及金钱和知识的流通——金钱就是信息，信息就是金钱。

1984 年，当时太空业务陷入了困境，于是萨林启动了一个他从 20 世纪 70 年代开始一直持续考虑的项目。当时，他正在阅读哈耶克和卡尔·波普尔①（Karl Popper）的著作，并致力于创建分时计算机系统，一个知识产权的数字市场。他将其称之为"美国信息交易所"，并描绘为一个提供各种脑力劳动的零售市场，不仅可以提供信息，还可以提供答案：调查、市场分析、专利、平面图、计算机辅助设计渲染效果图、问题解决方案、公式。"我们一直在尝试，"萨林说道，"去努力减少摩擦和交易成本，因为这些因素会阻止人们用自己的知识换取收益。"[21]

要做到这一点，他们必须为"信息经纪人"这一新职业建立一个包含个人资料、评级、评论和市场经理的拍卖和销售系统。他们需要一个平台来处理会计、计费以及交易和支付。他们需要美国各地的个人电脑都能运行"美国信息交易所"的定制软件（即使是一篇吹捧性文章都将其描述为"难以操作"的软件），这样每个客户都可以拨入 Unix 服务器，存储一系列主题、子主题和项目，而这些将涵盖信息产品和服务的全部专业领域。[22] 正如技术记者道格·西尔斯（Doc Searls）回忆的那样，"美国信息交易所"团队"试图从零开始创建在线服务"，而这其实是互联网后来提供的整个基础设施的定制版本。"菲利普·萨林必须创建自己的互联网。"[23] 不过，甚至在解决上述这些问题之前，"美国

---

① 卡尔·波普尔（1902—1994），批判理性主义的创始人，著有《历史决定论的贫困》《开放社会及其敌人》《科学发现的逻辑》《猜想与反驳》等。——译者注

信息交易所"还必须解释清楚为什么数字信息很有价值。

埃丝特·戴森（Esther Dyson）在 1990 年简短地提出了反对意见："供需定律不适用于几乎可以免费复制的产品，比如信息。"[24] 戴森当时的主要身份是报道计算机热潮的行业记者和数字信息市场发展的倡导者。这些看似完美的网络自由主义市场存在一个问题，而这个问题正处于萨林商业计划的核心。戴森反复提到了"美国信息交易所"项目，试图回答人们对于数字媒体价值所反复提出的共同异议："一旦它被创造出来，就可以几乎无成本地复制它。"[25]

早在 1972 年，曾创办了《全球概览》(The Whole Earth Access Catalog) 书刊的漫游作家、艺术家兼活动家斯图尔特·布兰德（Stewart Brand）——开展了一系列冒险——他花了很多时间参与"电脑狂人"亚文化，并与同好者一起写代码、一起玩一款名为《太空战争》(Spacewar!) 的早期电子游戏。[26] 他清晰地阐述了将模拟媒体数字化所蕴含的意义："由于大量信息可以通过计算机进行数字化并传输，举个例子，音乐研究人员可以通过网络以'近乎完美的保真度'去交换唱片，唱片公司也是如此（以目前的形式）。"[27] 但他的措辞在很大程度上是不恰当的，这也是我们今天仍然会经常犯的一个语义学错误。他所说的音乐研究人员并不是在"交换"唱片，"交换"是进行来回交易的意思，他们实际上在制作唱片，因为每张唱片的副本（无论是存在我的电脑上，存在你的电脑上，存在服务器上，存在本地缓存存储器中，还是存在音乐播放设备上）都是完美的逐位拷贝，除非我们刻意对其进行过滤、压缩或更改。[28]

20 世纪的计算机和电信技术发展史，很大一部分是有关挑战保真度、准确性和纠错能力的历史：使用不完美的媒体和嘈杂的声道，从电话线到无线电波，再到单台计算机存储、处理和显示之间的布线，来存储和传输完美的拷贝。[29] 而计算工作，尤其是网络计算，可以说是全球复印机时代的创造，其复制能力远远超过印刷和摄影。[30] 戴森在《福布斯》（Forbes）上的"美国信息交易所"专栏头版是施乐（Xerox）公司的整版广告，施乐以"文件管理专家"的身份庆祝"国家质量奖"：这就像康拉德·楚泽①（Konrad Zuse）最早的计算机程序一样，其使用数字指令在35 毫米的老电影胶片上打孔，这两个不同的媒体系统在这里被整齐地并置着。[31]

这让有关"知识产权"概念持续数世纪的危机又更进了一步；数字转向使得人们对于信息如何、为何以及以何种方式具有价值这个老问题又找到了新的答案。[32] 萨林在"美国信息交易所"项目框架下的回答带有一种欺骗性和市场驱动的简单性：数字信

---

① 康拉德·楚泽（1910—1995），德国工程师，现代计算机发明人之一。他提出了计算机程序控制的基础概念，1941 年制造出世界上首台能编程的计算机 Z3，是当时世界上最高水平的编程语言的计算机。——译者注

息之所以是有价值的，是因为人们会为此付费。可谁又知道是哪些信息，又出于什么原因呢？"胡安的常识却有可能是爱丽丝的惊人发现，"戴森在一篇关于"美国信息交易所"理念的文章中写道："让市场自身来决定。"[33] 但这个答案本身又包含了一个更深层次的问题。"美国信息交易所"确实是一个市场：它是一个数字信息交易和支付平台。"数字信息"开始涵盖货币本身了，也就是用于支付的东西。那么，又是什么让数字市场中的数字货币变得具有价值呢？[34]

同样的机制使得信息的传输和存储得以实现，也就是以可被快速验证的比特串形式从一个账户转移到另一个账户，但这种机制也将金钱置于最薄弱的本体论冰层之上进行交易。蒂莫西·梅指出，你可以使用隐写术（将特定数据隐藏在其他数据中）将一大笔数字现金财富隐藏在歌曲文件或高分辨率图像文件中。一张看似普通的数码照片文件可以存储一辆装甲车满载现金的数额。但这些数字现金跟数码照片本质上是一样的东西，它们都面临着复制的根本问题。戴森为"美国信息交易所"项目辩护的依据有两个：一般来说，数字信息可以被自由复制，但是要找到它却成本高昂；最有价值的数据往往无法被广泛获取。而这对我们称之为金钱的数字媒体来说又是如何运作的呢？

萨林最终没能活着目睹这些项目的结局，在"美国信息交易所"项目被计算机辅助设计公司欧特克（Autodesk）收购之后不

久，他于 1991 年 12 月死于肝癌，享年 41 岁。他成了第 59 位接
受人体冷冻术的人，接受了一次"神经"手术——他的头部被切
除并冷冻起来，然后保存下来有待他所寄望的将来社会进行修
复，那时他的大脑将被复苏或进行数字化重建，而他的身体则将
被克隆或被进行修复性替代。他讨论了梅曾提出的问题之一：如
何让你的资产跟随时间推移而一同进入永生。如果说想要精确计
算航天飞机的价格难度非常大，让人们在"美国信息交易所"平
台上进行安全支付的难度也非常大，那么试想一下，如果把钱投
入到一个无法预知甚至会面目全非的未来，在这个未来里，你自
己已经被"去生命化"了，一直冷冻在亚利桑那州的一个大桶
里，然后在未来以某种后人类的形态被复原，这其中的难度该有
多大！

　　梅在 1993 年写下了关于"定时解密协议"（timed-release
cryptographic protocols）的笔记，这是一种对消息进行加密的理
论方法，使得加密消息只能在指定时间之后或特定事件之后被人
解密读取，笔记中提出了第一个使用案例，这也是几年前他与萨
林所讨论的内容："最重要的是，要把钱汇向未来，同时保护它
免受扣押、税收等影响"，这对于那些希望在未来某个时间点进
行自我复活的人体冷冻术患者来说是个关切自身利益的大事。[35]
（十年后，朱利安·阿桑奇也向密码朋克邮件列表上的成员提出
同样的问题，但他只是为了确保释放机密的安全性。[36]）这将是

一种经得起未来考验的银行账户，而且可以激励复活主义者：一旦数据被解密，第一批让账户持有人复活的人们将会获得此前所承诺的奖励。这可能是萨林最希望创造的未来信息经纪人的终极价值：一个能让其创造者起死回生的定价体系。

过度扭曲至技术自大区

菲利普·萨林的"古怪轨道"载着他和他的合作者、联合创始人兼配偶、纳米技术倡导者盖尔·珀加米特（Gayle Pergamit）在一系列近期行业投机项目的边缘徘徊：这些项目覆盖了从分时计算机到撰写打破贝尔电话公司垄断的经济分析，再到私人太空计划和数字信息市场——但他最奇怪的头衔出现在一家名为世外桃源运营公司（Xanadu Operating Company，简称为 XOR）的员工花名册上："加速器"。（而珀加米特在公司花名册上的头衔是"隐藏变量"。）[37]"世外桃源"是"美国信息交易所"的姊妹项目，后者是一个将所有人类知识数字化并在最基础的层面上为其注入资金的项目。[38] 无论是对"世外桃源"团队，还是对萨林而言，钱就是最好的"火箭燃料"，钱就是通向未来的推进剂："世外桃源"项目中的西奥多·泰德·尼尔森（Theodor "Ted" Nelson）（他在公司花名册上的头衔是"总监"）将自己和他在宾夕法尼亚州所组建的致力于完成这个项目的"最终实施小组"描述为"全身心投入的资本家……我心怀着对委员会、迟钝的创造力以及思想稀释的憎恨；而他们渴望拥有自己的航天飞机"。[39] 如果实施得当，数字信息和数字货币可以将他们从位于宾夕法尼亚州蒙哥马利郡普王市（King of Prussia，Pennsylvania）办公室中 PDP-11 计算机 ① 前面的座位上直接送往星际。

正是通过投资"世外桃源"项目，计算机辅助设计公司欧特克开始投资"美国信息交易所"项目。这两家公司配合密切，不仅是因为二者共同拥有包括萨林在内的多位成员，更因为这二者都是关于如何去寻找、去定位数字信息的，其中最关键的是如何去为数字信息定价。就像欧特克公司创造人约翰·沃克（John Walker）在一份致高管的备忘录中所说的那样："在我们这个时代，我们需要接受信息是一种有形商品，就像小麦、生猪、瑞士法郎或标准普尔 500 指数一样"，[40] 信息在某种程度上就是金钱，或者可以是金钱，而使用信息的网络可以提供效用"就像后布雷顿森林体系时代货币期货的功能一样不言而喻"。[41] 在"世外桃源"和"美国信息交易所"项目中，沃克发现了一种开发信息市场的方法，其运营和定价可加速适合数字系统的新型研发的增

---

① PDP-11 为美国迪吉多公司（Digital Equipment Corp.）1970 年至 1980 年所销售的一系列 16 位迷你电脑，后来被 IBM PC、苹果二号与升阳电脑的工作站电脑等个人电脑所取代。——译者注

长——这也是整个科技社会的加速器。

"美国信息交易所"项目机制包括建立一个直截了当（尽管是雄心勃勃的）的信息市场。而"世外桃源"系统则要更加极端得多，它是要囊括所有人类文化、过去和未来的模式，在这个系统中，数字信息和货币将是不可分割与无法区分的。而这实际上需要将一切事物都永久重塑为数字货币。从维持公司日常运转的负责人立场出发，沃克描述了与"世外桃源"团队的超现实对话，这个团队计划"设计一个完整的系统，以各种形式存储当前和未来的所有信息，供数以万亿计的个人在未来数十亿年内使用"。[42]他写道，整个项目已经"过度扭曲至技术自大区"了。

"Hyper-"是一个不错的前缀选择。尼尔森创造了"超文本"这个术语，该术语在他 1965 年发表的一篇名为《一种复杂、变化和不确定的文件结构》（A File Structure for the Complex, the Changing and the Indeterminate）的论文中被首次提出。几十年以来，他一直断断续续地宣扬和主张要建立一个系统去实现他的愿景。这个名为"世外桃源"的系统有望发展成为一个全球终端网络，可为所有现存文本和未来将要完成的文本提供创作和访问工具，以及文本、音频、视频、"N 维图形"（n-dimensional graphics）、事物、人物、地点和"脱氧核糖核酸 / 核糖核酸"（DNA/RNA）内部关联与相互关系。

"世外桃源"即将成为一种宇宙符号，它将所有事物与其他事物联系起来，除"世外桃源"本身之外，它拒绝任何形式的结论、封闭或终结，而其设计将是决定性的。"之所以花了这么长时间，是因为它所有的终极功能都是设计的一部分，"尼尔森写道，"其他人设计系统是从做得少开始，然后再往上添加功能；而我们将其设计成一个统一结构来处理一切事务。"[43]

一个拥有如此宏大抱负和规模的系统意味着其设计选择具有形而上学的含义。尼尔森反复强调，这种设计反映了"思想的真实结构"这一启示。[44] 真正的结构是财产、所有权和数字货币流通的结构。人们对于尼尔森关于数字文本导航和显示的新颖想法，以及 40 多年以来尚未完工也无法完工的"世外桃源"项目中那堪比列车事故解密的魅力开展了很多研究。但从最深层次的技术层面上看，"世外桃源"项目实际上是一个支付系统——一种市场基础设施，在此基础上人们可以构建新的文本实践。尼尔森将该体系描述为"一种技术结构和所有权约定"。[45] 知识存在于约定好的作者身份、所有权和报酬方面的条款当中。"世外桃源"项目的未来使用者是数十亿年内将使用完美知识系统的数以万亿计的个体之一，是"合法的版权所有者，或者说获得版权所有者许可并支付存储费用的人"。许多连接在一起的"世外桃源"终端所构成的网络基础将让"每传输一个字节都会获得版税收入"。[46]

作为该项的最重要开发者之一，马克·米勒（Mark Miller）（他在"世外桃源"公司花名册上的头衔是"黑客"）领导开发了一种寻址系统，使上述目标成为可能。这种系统就是基于超限数字属性的"不倒翁"系统，它可以详细定位任何特定字节的位置及其所有者。"在文学传统中，它有一个所有者，而且为了公平起见，它可以在某些规则范围内被引用并链接到其他文件中。"尼尔森写道。（人们不禁要问，他究竟指的是哪种"文学传统"，毕竟版权和作者身份都是相对较新的发展。）[47] 米勒把他的中间名拼写成"$amuel"，以表达他忠诚于作为一种力量的金钱，他在自己的主页上保留着这么一句格言："如果它不是由市场分配的，那么它就比金钱更加昂贵。"[48] 他未来将继续开发"agorics"项目，即一个类似市场的计算系统，并支持智能合约；在这本书的后续章节中，他还将出现在逆熵主义者的相关内容中。[49]

关于财产、作者身份和支付的特定结构被构建到系统的最深层结构当中，在"世外桃源"项目当中，写作行为就意味着相对于其他所有者而言可拥有在服务器上的时间并可为之付费。这种"统一结构"，再加上预先设定的绝对前提条件，以及"所有的终极特征"，将会通过授权使一切数字化"文本（即思想）的复杂集群"[50] 转化成稀缺而受控的商品，且无法被人复制。（在"世外桃源"项目中引用原文并不会复制它，但会从其所在内存中的位置以及作者账户中被"转置"出来——这其实是一种贡献归属和版税的链条。)它能把想法"货币化",不仅仅在于使其盈利,更在于将其变成货币。所有信息交换的同时也是资金交易,而写作和阅读行为实际上就是支付和被支付。

"世外桃源"将如何实现货币流动,也就是如何将这些远低于1美分的小额支付汇总起来,归类并进行结算——仍然比系统的许多其他方面更加模糊。但是需求是明确的:数字信息本身需要成为一个市场,既需要定价同时也需要去衡量价格。未来对我们的要求不亚于此。1988年,米勒从工作间隙回到了"世外桃源",他写道:"因为对纳米技术的危险感到恐惧,再加上对前景有令人难以置信的兴奋……通过为社会讨论和社会决策过程创造更好的媒体,我们才会有成功抵御新技术带来的危险的机会。"[51]通向未来的道路是通过信息市场及其驱动的决策来实现的。自由主义经济学家罗宾·汉森(Robin Hanson)作为公司顾问在"世外桃源"内部创建了一个预测市场,员工可以在那里对未来事件进行押注。(在本书中,汉森也出现在了"逆熵主义者"的相关章节中,他发展了一种"思想期货"的货币。)

从1979年宾夕法尼亚州组建"最终实施小组",至1988年约翰·沃克承诺新团队将"在18个月内将最初系统推向市场","世外桃源"项目一直以未来时态存在。[53]"世外桃源"项目总是从未来开始再往后倒推,比如从现在算起6个月之后项目一旦启动，它即将运行数百万年。"美国信息交易所"必须构建起自己的"互联网"，而在技术自大区深处运行的"世外桃源"项目必须拥有一个统一架构，该架构必须能永远扩展到所有思维方式的全部表达方式。投资两年之后，欧特克公司启动了出售其在"美国信息交易所"和"世外桃源"80%的股份，以及研究如何让数字信息具有量化价值的业务的流程。

　　"美国信息交易所"和"世外桃源"都是公共系统，其围绕着明确的作者身份以及与之关联的每个单词、每份文档和每条链接构建起来，并与作者的银行账户和持久身份绑定起来。蒂莫西·梅非常清楚，如果身份可以被隐匿、加密或加以混淆，这种系统将会被人们怎么利用。在 1992 年第一次聚会之后，"世外桃源"项目中几位关键的程序员就加入了密码朋克的邮件列表，这些人也是裴德·米尔洪笔下未来访客的原型。在与萨林谈论起"美国信息交易所"时，梅指出这个项目很可能要么快速沦为黑市信息提供的模型，要么就会变成黑市本身。梅假设有人在"美国信息交易所"平台上提出了一个非常具体的技术问题，比如是关于微芯片设计和制造的——这实际上是一个商业秘密。"那么多久之后，一个在芯片公司工作的人会提出以数十万美元的价格出售他所在公司花费了几千万美元研发出来的成果呢？"[54]

　　这是让数字信息变得有价值的一种方式，也是迈向催生加密无政府格局的一步。"这是一个不同版本的市场，它即将改变世界，而它的源头也在一个故事里，"梅写道，"我的思维很大程度上已经受到了文奇《真名实姓》①（*True Names*）一书的影响。"[55]

---

① 《真名实姓》（*True Names*）是美国数学家、小说家弗诺·文奇（Vernor Vinge）2001 年出版的小说集。——译者注

第6章
永恒边域

除了协调（即就所构建的内容达成一致）和复制（使易被复制的数据同时也变得稀缺）之外，密码朋克数字银行还面临着第三个问题：采用，或者表述为让足够多的人开始使用它。密码朋克着手建立市场和交易系统，以及与之配套的社会原型，以便摧毁阻碍新的加密社会发展的所有政府。他们需要实验性社区、市场故事和未来神话，为他们所设想的系统去创造社会认同，接下来我们将接着去了解"另一面"、永恒边域、"第十纵队"和"黑网"项目。

滑头先生

"那时候他已经对加密的东西表现出了一些兴趣，"在欧特克公司剥离"世外桃源"业务一年之后，蒂莫西·梅提到泰德·尼尔森时写道，"就在最近的一次黑客会议上，他与我们当中的一些人谈论起了这种影响。"[1]黑客会议其实是个"网络论坛"，"网络论坛"是通信学者弗雷德·特纳（Fred Turner）在他的反文化计算史研究中使用的一个术语，用于指在分散的技术社区之间开展合作、确立共识并发现新的共享项目的聚会。[2]梅在会议上发表了关于加密无政府状态的演讲并分发了论文；约翰·沃克在那里会见了"世外桃源"的关键人物，进而为"世外桃源"和"美国信息交易所"这两个项目解决了资金问题；约翰·吉尔摩（John Gilmore）讨论了密码学；埃里克·休斯谈到了数字货币；鲁迪·鲁克（Rudy Rucker）是一位数学家兼作家，曾在欧特克公司工作，他在《盟多 2000》杂志上与裘德·米尔洪联合署名发表过文章，他在会上为读者呈现了人工生命。在那里，程序员和电气工程师遇到了"法律黑客"——律师，他们通常与"电子前沿基金会"（Electronic Frontier Foundation）以及写科幻小说的"散文黑客"保持着联系。[3]这些"散文黑客"中有一位是来自圣地亚哥的数学教授，名叫弗诺·文奇（Vernor Vinge）。

文奇写了关于阈值的文章，他的主题是关于不可改变的时间线或空间线的，在世界的另一面，事物是不同的。他写到了"波波"（Bobbles），即时间暂停的静止场域；你走进其中的一个，然后又走了出去，在主观感受到的一个瞬间过后，你又出现在没有期限、不可逆转的遥远未来。1993 年，他在美国宇航局的一个研讨会上介绍了当代流行版本的"奇点"：一系列加速自我强化的技术突破，特别是在人工智能领域，这些突破将立即取代所有先前的模型和系统。"科技即将创造出比人类更加聪明的实体，"文奇解释说，这将导致一系列突如其来的进一步突破，"超出任何控制希望的指数级失控……在这个点上，我们必须抛弃旧的模式，新的现实规则将发挥作用。"[4] 这是技术发展历史上的一个障碍，越过这个障碍，世界将很快超越人类的理解能力：越过这个界限，一切将是不可想象的。

文奇在 1981 年出版的中篇小说《真名实姓》中写到了电信网络，他设想计算机可以充当进入另一个世界的入口，通过入口就进入了一个被他称为"另一面"的虚拟环境。在那里活动的黑客的目标就是隐藏他们的真实身份，隐藏他们的"真名实姓"，以保护自己免受政府、歹徒和其他人带来的威胁。文奇小说中的主角被称为"滑头先生"，因为他总是与被称为"邮差"的神秘且可能是非人类的实体纠缠在一起。而文奇在书中"另一面"对话中使用的尴尬措辞也预示了往后几十年控制线上线下监管界限的尝试："他在，呃，现实世界中还没有恶名。"[5]

民间故事和神话中充满了神秘的门槛、阈限空间和与现实世界规则不同的地方：比如穿越仙境，太阳以东，月亮以西，一夜之间消失但返回后已是几个世纪后。文奇借鉴了这种神话传说的叙事风格，他小说中的计算机黑客采用了一种巫术隐喻的语言

（正如一些真正的黑客实际上所做的那样）。文奇笔下的黑客术士明白，就像童话故事和恶魔故事中描绘的一样，获得他人的真实姓名可以让人拥有对他们的控制权。这是一类经典的民间传说元素（例如编号 500 的"阿尔奈 - 汤普森 - 乌瑟"民间故事类型①中的《帮手的名字》），但它同时也是现代身份攻击、"人肉搜索"、勒索以及类似"匿名"（Anonymous）组织所采取的识别和披露策略的实践经验。在上述世界里，名字就是力量。

正如 1992 年，在那个喧闹而又烟雾弥漫的俱乐部里，一个穿着长袍、发出特雷门琴一般声音的陌生人对圣裴德所说的那样："实际上，暴露你的真实身份可能就暴露了你最终的抵押品——也就是你可被杀死、可被折磨的身体。"1998 年，当多产且富有创造力的密码学家和软件开发人员戴伟（Wei Dai）推出一个名为"B 币"（b-money）的数字现金项目时，他以"我对蒂莫西·梅提出的加密无政府状态很着迷"作为开场白……在这样一个社区里，因为暴力参与者无法与其真实姓名或实际位置联系起来，暴力因此是不可能实现的，暴力威胁因此也是无力的。[6]

文奇在《真名实姓》中所描绘的未来充满了数字加密的可能

---

① 指按照阿尔奈 - 汤普森分类法对童话进行的分类编号。这套分类法是由芬兰籍民俗学者阿尔奈在历史 - 地理分类法的基础上改进而来，之后又被斯蒂·汤普森加以改进，现在这套分类法已成为国际通用的故事情节类型分析法。——译者注

性——但却存在一个明显的遗漏值得注意。书中的黑客秘密集团在网上活动而不用担心被认出来，他们也不用担心可能出现的"真正的死亡"（这是和退网所代表的象征性死亡相对而言的），他们可以和国家、公司、黑手党以及金融服务机构随意开玩笑，而事实上这些组织又非常脆弱。故事接近尾声时，"滑头先生"将自己的神经系统与全球通信网络连接起来，他感觉到了货币流动本身，这是他无所不知的监控体系的一部分："在银行通信网络上，没有一张支票能在他毫无察觉的情况下被兑现。"[7] 在文奇描绘的未来中，那些脱离躯体的灵魂仍将漫游在虚拟现实托尔金式① 的景观中，他们通过卫星传感器透过紫外线进行观察，但钱仍是传统的钱，支票仍然存在，洗钱依然是通过账户盈余进行，银行仍然还是传统的银行。数字现金在书中并没有出现。

前网络空间时代的遗迹

1993 年的某个夜晚，蒂莫西·梅在一场关于纳米技术的讨论开始之前写了一篇简短的推理小说——这比《真名实姓》更

---

① 约翰·罗纳德·瑞尔·托尔金，英国作家、诗人、语言学家及大学教授，被大众公认为"现代奇幻文学之父"，以创作经典严肃奇幻作品《霍比特人》《魔戒》与《精灵宝钻》而闻名于世。——译者注

进了一步。这篇小说采用了类似埃德加·爱伦·坡（Edgar Allan
Poe）的写作风格，将一场凡尔纳式的科幻气球冒险作为真实
的新闻报道呈现出来了——强悍的蒙克·梅森（Monck Mason）
在三天之内横渡大西洋，还以重磅新闻的形式发表了出来！在
1844 年的《纽约太阳报》上，梅向一个名为"黑网"（BlackNet）
的秘密组织发出了一封直截了当的邀请函，邀请函开头写着：
"你的名字引起了我们的注意。"

　　自从 1987 年与菲利普·萨林进行了关于"美国信息交易所"
的谈话以来，梅就一直在思考这些想法和"黑网"这个令人回味
的名字。"我唱了反调，这样也解释了为什么我认为美国企业界
（Corporate America）也是他的主要目标客户，会避开这样的系
统。"[8] 信息市场暗藏着信息黑市，20 世纪 90 年代初，除了一项
技术之外，实现这一市场的所有技术都已经到位了。

　　梅对这个组织的幻想填补了邀请函的细节。"黑网"的运营
者永远不清楚他们的用户是谁，而他们的用户也永远不会知道运
营者的身份。"黑网"提供一个公开密钥，使用这个公钥，发给
他们的信息就会被加密，这样只有他们可以阅读——但是没有地
方可以直接发送这样的信息。取而代之的是，"黑网"的潜在用
户会将加密信息发布到网上的新闻组或邮件列表中，他们使用匿
名重邮器来避免被认为是发布者。（新闻组是互联网出现之前特
有的公共留言板，名为"Usenet"。）"黑网"的工作人员会监控

一些这样的新闻组。[9] 邀请函要求提供待出售材料的描述、潜在价值、回复消息的特殊公钥以及"您的付款条件"。

　　一旦发现寄给他们的加密信息,"黑网"运营小组就会解密并阅读这些信息。由于公钥是公开共享的,因此人们无法将潜在客户直接联系到"黑网"的市场管理人员。如果"黑网"感兴趣,运营小组就会以同样的方式做出回应,通过匿名留言板将加密信息发布到公共新闻组或邮件列表中,这种方法被米隆·库伯曼(Miron Cuperman)称为"消息池"。[当时,库伯曼仍是西蒙菲莎大学(Simon Fraser University)的一名计算机工程专业学生,他拥有一个"美国信息交易所"账户,并声称对"永垂不朽的网络计算自由放任"感兴趣;后面他将继续把比特币技术用于机构融资。] 如果加密和匿名重邮系统仍然有效,这个系统将为"黑网"的业务提供一个无法追踪的双向渠道。

　　这就像维多利亚时代和爱德华时代报纸上所刊登的秘密个人广告的数字化版本一样。当时伦敦同一期《泰晤士报》(*The Times*)上刊登了两条加密信息,其中一条是字母密码加密信息(密文是"Zanoni Yboko z jo wnm?"),另一条是数字加密信息(密文是"30 282 5284 8 53")。这两条信息都是公开刊登的,因此人们无法将信息的发送者和接收者与任何第三方联系起来。[10] 在报纸上刊发的加密信息,代码通常都是预先安排的简单替换——就像《每日电讯报》刚一发表密文,读者们几乎立刻破解了"ozye wpe ud DPP jzf wzzv le logpcefdpxpye"这条消息。但是"黑网"使用的是公钥密码系统，如果实施得当，该系统已被证明是牢不可破的。[11]

让"黑网"成为现实所需要的技术、工具基本全部到位了，但仍缺少一个条件。梅承诺道："'黑网'可以在当地银行法律允许的条件下，向你选择的银行账户进行匿名存款，也可以直接邮寄现金（这种情况下，你将自行承担被盗或被扣押的风险），或者你也可以选择存入'加密积分'（CryptoCredits），也就是'黑网'的内部货币。"[12]这是一个受到"美国信息交易所"项目启发的想法："加密积分"可被保存并被其他"黑网"用户用于购买其他秘密信息。"加密积分"向前跨越了一步，成了彻头彻尾的幻想，这就像爱伦·坡另一个气球恶作剧故事的一部分，在这个故事中，汉斯·普法尔①（Hans Pfaall）乘坐着非常逼真的气球飞去了月球。

就像文奇一样，像爱伦·坡的恶作剧一样，也像投机和乌托邦文学深层书架上的作品一样，梅向一个并不存在的组织发出的邀请也是一个关于穿越到另一种空间的故事。正如托马斯·里德（Thomas Rid）所说的，另一个空间是被"来自虚无的网络空间的匿名声音"有意地宣布为无迹可寻的。[13]这不是托马斯·莫

---

① 汉斯·普法尔是埃德加·爱伦·坡的科幻作品《汉斯·普法尔历险记》中的人物。——译者注

尔（Thomas More）的作品《乌托邦》（*Utopia*）中偶然出现的地方，它位于世界上某个特定地方，远离海角，处于一股暖流的流域。[莫尔笔下的旅行者斯罗代（Hythloday）清晰地告诉我们乌托邦位于何处，但是因为当时有人咳嗽，莫尔并没有听清全部的谈话。[14]] 安·兰德的《阿特拉斯耸耸肩》中自由主义幻想的"高尔特峡谷"就隐藏在落基山脉中，周围的科幻设备掩映着它的存在，这个地方是基于科罗拉多州的真实城市奥雷镇（Ouray）来描绘的。相比之下，"黑网"是一个被人专门构建起来的虚构场所：唯一的固定点是一个与其公钥相关联的地址：nowhere@cyberspace.nil。

制片人肯·亚当（Ken Adam）在《奇爱博士》（*Dr. Strangelove*）电影中创建了作战室，他为詹姆斯·邦德电影系列设计了各类秘密基地，那里充满了鲨鱼坦克、巨大的地图显示屏和控制面板、龙门架和导弹等各种元素。在 2008 年与亚当的对谈中，评论家克里斯托弗·弗雷林（Christopher Frayling）提出了一个问题，即当代邦德电影中的反派场景设定可能会是什么样子的。亚当提出建议说，这个反派场景看起来可能一点也不像个总部，它有可能是一部手机，也许是一个公文包——总之，它就不是一个固定的堡垒，而是一个无处不在的、无形网络的接入点。亚当的设计是对于 20 世纪中期技术权力的幻想，形象地表现为现代主义地堡里到处都是穿着连体衣的员工。而梅的"黑网"邀请函也正是

20 世纪 90 年代的设计：在这种背景下，更多的多疑症而不是自大狂产生了，一群潜伏的间谍不再通过命令和控制层级来工作，而是通过计算机网络、加密数据和匿名数字现金维系的持续的双盲关系来执行任务。

"黑网"不在任何特定的地点运行，它使用预先存在的网络，自身并没有基地或者属地，它就像顺着腐朽房屋的墙内流下的雨水一样，涓滴渗透进现有机构的基础设施当中。梅写道，"黑网"会去考虑"民族国家、出口法、专利法、国家安全考虑等诸多因素，这些就像是前网络空间时代的遗迹"。[15] "黑网"只在未来运作：这是一个全新的无迹可寻之处。

社会原型

蒂莫西·梅向"黑网"发出的邀请函虽然显得有些半开玩笑，其中还掺杂着他当时即将对纳米技术团队发表的演讲内容中的笑话，但它却一直产生着持续的影响。这份邀请函后来被转发和张贴到其他团体中去，获得了短暂的恶评和持久的共鸣，并在近二十年后维基解密披露"密电门"事件后的风波中再次出现。[16] 在朱利安·阿桑奇题为《作为治理的阴谋》（Conspiracy as Governance）的论文当中，它预示了其向维基解密披露信息的部

分运作模式：为匿名解密信息创建一个加密框架，使其可向公众
披露信息，同时通过将每个员工转变为潜在的泄密者从而使组织
功能失调。[17]

密码朋克既是开发者，同时也是用户，他们测试并生活在他
们所期待的特定未来版本当中——并将自身投射其中。他们的邮
件列表本身就是一个原型：它不仅只是个邮件列表，同时还是包
括数字现金在内的密码朋克实践。邮件列表上的常客认为，他们
自有平台的薄弱性是数字现金得以付诸实践就必须去解决的问
题：这是一个有关鲁棒性硬件的远程预警信号。他们所举行的会
议、开展的讨论、参与的游戏、呈现的场景和他们所写的小说也
是如此。密码朋克的聚会是探索未来时间的跳板，他们可以一起
引出、记录和探索未来可能出现的"有趣的突现行为"，同时一
起去研究技术本身："要对这些进行实验，看看会出现什么样的
突现行为，又会出现什么样的缺陷和障碍，以及这些是如何被打
破的，等等"。[18]

在开源社区当中，这表现为科学技术研究学者克里斯·凯尔
蒂（Chris Kelty）所称的"递归公众"形式。"递归公众"不断
地参考和调整使人们称其为公众的技术，同时利用集体使用的工
具进行黑客攻击。拉娜·斯沃茨在研究加密货币开发时，也就是
"递归公众"的下一步发展形态时提出了一个相关想法："基础设
施互惠主义"，即这些群体"重视相互构建和支持协作性平台的

能力，人们可在这个平台上进行交易，而不受企业中介的窥探和推断"，这是培育社会原型的肥沃环境。[19]

　　"社会原型"是由弗雷德·特纳提出的一个术语。"这些聚集模式，"他在谈到硅谷从初创办公空间到"火人节"①的设计实践时写道，"以技术为中心，但它们本身也是一种理想化社会形式的原型。"[20]特纳研究了软件工程的原型设计实践，认为它们不仅展示出了技术的可能性，而且还将新的人群聚集在一起。他们生产的不仅是一个新东西，还是一个可以利用这些东西的新社区。"这些利益相关者有助于将新技术推向市场，但他们本身也代表了新的社会可能性。"[21]事实上，硅谷在21世纪初的部分业务集中于识别、培育和包装新型社会，而这些社会又碰巧包含了一种产品、平台或服务：比如联合办公、共享生活、阅后即焚的照片消息、全体自治、游戏化的健身量化数据竞赛，以及晚上四处闲逛去寻找地理位置标记的"神奇宝贝"等等。这些原型建立在历史维度和现有可用基础之上，但它却充当了对未来可能发展方向进行建模和执行的空间：这也是一种自我反思的宇宙图。人们在计算机上工作的空间就像是一个探测中微子"气泡室"的分布式版本，不停寻找着无形事物的有形痕迹，测量着不可估量的未来。

---

　　①　"火人节"是一个反传统狂欢节，该节日为期8天。自1986年开创以来，年年举行，举办地选在美国内华达州黑岩沙漠盆地。——译者注

永恒边域

约翰·佩里·巴洛（John Perry Barlow）曾经说过："网络空间就是当你在打电话时身体所处的地方"——当你"身处此处"，但精神却全神贯注于某个通过设备介导而存在的其他空间。威廉·吉布森合成了"网络空间"（cyberspace）一词，并以其作为未来的技术条件。（在 1985 年的某次采访中，他被问到这个问题时说过"'网络空间'就是银行用来存放你钱的地方"。[22]）1990 年夏天，巴洛将这个词引入到非常早期的西海岸社交网络"WELL"平台上并沿用至今。这个平台是由斯图尔特·布兰德所创建的，他在之前一直观察人们玩《太空战争》游戏。巴洛宣布创立了电子前沿基金会（Electronic Frontier Foundation），这是一个为数字公民自由服务的法律组织。"在这个寂静的世界里，"巴洛写道，"所有的对话都是通过打字完成的。为了进入这个世界，一个人放弃了自己的身体和肉身所处之地，成了一个只拥有语言的存在……它横跨了由电子态、微波、磁场、光脉冲和思想组成的广阔领域，也就是科幻作家威廉·吉布森所称的'网络空间'"。[23] 而那片"广阔领域"就是电子前沿基金会的前沿领域。

吉布森所指的网络空间是一个由大型企业、公共事业以及军事系统（远在其坐标方格上方）遥远星系所主导的市政基础设施的梦想时代。巴洛将其重新想象为一个广阔外部世界的前景，通过当前现实世界就能呈现并进入到这个外部世界，这就像地图空白的另一面是农民自力更生的空旷山野一样。只要你能插上调制解调器，或接收到分组无线电的信号，你就能像哈克贝利·费恩①那样"先于他人向领地进发"。这是一个关键时刻，也是弗雷德·特纳所说的"有关互联网创始的误解之一"："互联网在某种程度上其实是指一个地点"，尤其是位于美国的特定地点，而不是一套可互操作的全球基础设施。[24]

对于这个虚无地点，这个网络广阔的外部世界的一部分幻想在于其加密匿名性和它将产生的价值。蒂莫西·梅写道，它可以充当一个"'减压阀'，知道一个人可以逃离或前往那个领域，而不是被过去所拖累"。它将培养起各色社区，而这些社区将"维持着各自的边界，以及各行其是的加尔文主义精神"。[25] 这个项目并非农村电气化，而是将把电子社会农村化为一个无法无天的广阔空间，到处都是各种声名和绰号，到处都有土匪活动，到处都有自己动手开发技术的自力更生和自我保卫的身影，还有一袋袋无法追踪的钞票，但却完全看不到任何传统银行的身影。

1992 年，当蒂莫西·梅读到裴德·米尔洪在伯克利听到的

---

① 哈克贝利·费恩是美国作家马克·吐温创作的长篇小说《哈克贝利·费恩历险记》中的人物。——译者注

宣言时，他说知识高地就是从大牧场主手中宣称获得的。"正如带刺铁丝网这项看似微不足道的发明，却使得大片牧场和农场被分隔开来成为可能，从而永远改变了西部边疆的土地和产权概念。同样，从一个神秘的数学分支中被人发现的看似微不足道的发明，也将成为拆除知识产权周围带刺铁丝网的钢丝钳。"在"黑网"的提案中，他用更加极端的措辞描述了这一使命，还引用了两种曾被用于阻碍密码技术传播的知识产权："出口法和专利法通常用于明确投射（原文如此）国家实力和帝国主义、殖民主义国家法西斯主义。"[26]

1996 年，巴洛发表了《网络空间独立宣言》(Declaration of the Independence of Cyberspace)。这篇文章是在瑞士达沃斯举行的全球权力峰会上发表的，行文风格好似策马狂奔般豪放，非常符合蒂莫西·梅笔下开阔地高原上狂风呼啸的调性："工业世界的政府，你们这些疲惫不堪的钢铁巨人，我来自网络空间，那里是心灵的全新家园。我代表未来，请来自过去的各位不要打扰我们。我们并不欢迎你们。你们在我们的聚集地并不享有主权……你们正试图通过在网络空间前沿架设岗哨来抵御自由的病毒。"[27]

这一连串的隐喻、类比和引文都与美国西部的真实历史没有任何关系，就像吉布森笔下的赛博空间与真实的服务器、电信交易或网络浏览器没有任何关系一样：它们都是历史虚构，是对"黑网"等近期平台科幻小说的补充。与西进扩张一样，定居者边界是国家权力的产物，而不是逃避国家权力的后果：它由法律框架、军事部署、海军和商业航运、地图和政治承诺、投资计划和补贴构成。[28] 他们在为扩大主权服务，而不是重新分配主权。然而，精确性并不是关键。密码朋克讲述的故事不是真实的，但他们也没有错——因为他们的任务不是进行历史论证，而只是为了传达一种感受。

将狂野西部和网络空间这两种截然不同的想象相提并论，这种对比之所以更加凸显出来，是因为它们都不是真实的，而是描摹了一种潜在的未来生存模式。想象中的历史边域可能更加引人注目，因为它是在 20 世纪 90 年代由拥有博士学位的工程师们提出来的，周日他们会在伯克利的泰国寺庙吃早午餐，讨论加密技术，然后参观靶场。（实际上，巴洛确实是怀俄明州巴克罗斯牧场的一名牧场主，这家牧场是由他的伯祖父所创建的，所以他确实是以"高原浪子"的方式来到了这里。）"这是一个全新的领域，外部世界的强权政府无法触及，"蒂莫西·梅写道，"文奇笔下的'真名实姓'成真了。"[29]

他们认为数字边域只是个幻想，这样就能更容易映射到他们所预测的非物质化体验方面，即无形网络的共享外部与日常生活相互渗透。"我们的世界是既无迹可寻又无处不在的，但它并不是身体存在的地方，"巴洛写道，口气就像是诺斯替派①的先知，"我们的身份并没有身体，所以，和你不一样，我们不能通过肉体压迫来获得秩序。"³⁰

有谁会加入这些无形移民者的车马行列，前往无迹可寻又无处不在的边域，并基于数字现金建立起属于自己的经济体系呢？"这些领域的先行者往往都是早期采用者，也就是那些出于风险回报权衡而采用新技术的人们。"³¹吸引人们加入需要提供现成的激励，以及可为在未来空间蓬勃发展的群体提供掩护的实验性社区：这些人才有理由去建立一个不太可靠的，时而危险的，有时甚至是灾难性的秘密货币和价值交易网络。

信息解放

蒂莫西·梅将加密无政府主义的奇袭部队，也就是数字货币的持有者称为"第十纵队"。这是对"第五纵队"这一术语赋予了数学游戏般的叫法，该术语是指颠覆团体从内部去破坏一个国

---

①　诺斯替派是深受诺斯替教影响的派别，又称灵智派。诺斯替教是一种哲学与宗教的混合体系，起源于 1 世纪，2 至 3 世纪盛行于地中海东部沿海地区，5 世纪衰落。它主张本体上的二元论，强调得救（或解脱）的条件在于获得"诺斯"（意为真知）；物质世界并非由高神所创，而是由一位典米尔（意为巨匠造物主）所造，并有一套复杂离奇的宇宙生成论（流溢说）学说。——译者注

家，实则为敌方势力服务：他的破坏者和间谍由代表未知元素的变量来表示。他写道，你需要外部压力去招募人员进入"第十纵队"。对于非法药物等受限制商品的需求提供了其中一个驱动因素，而其他因素还包括经销商、客户、管理人员、情报秘密传递点，以及审查质量和声誉的秘密安排。[几十年后，罗斯·乌布利希（Ross Ulbricht）将他的暗网市场，即"丝绸之路"的灵感归功于这一想法。] 但是真正让梅感兴趣的是被压制的信息——有价值的数字化数据。

密码朋克社区，无论它是否参与了整个密码无政府主义项目，都已经在从事"信息解放"活动了，因为他们的共同兴趣和研究领域都是高度保密且受到监管的。创建邮件列表的吉尔摩致力于研究图书馆以及《信息自由法案》（Freedom of Information Act）中对于解密、数字化的要求，他与密码学家、密码分析师夫妇伊利泽贝斯·弗里德曼（Elizebeth Friedman）和威廉·弗里德曼（William Friedman）、拉尔夫·梅克尔共享相关研究工作。本书上一次提及拉尔夫·梅克尔还是在 20 世纪 70 年代，当时他还是加州大学伯克利分校的一名从事密码学研究的本科生，他对哈希系统的研究有朝一日会为比特币发展奠定基础。当时如果有需要的话，人们必须去借阅、翻拍或扫描发表在专业学术期刊上的相关论文，还需要手动打印出来以后才能在网络上分享。

"密码朋克自己写代码"，埃里克·休斯说道。他们这样做的心态，就像那些知道秘密易受攻击的密码产品未经公开审查就可发布的历史的人们一样。他们也有着共同的背景，就像 Unix 黑客曾在几代人之间传阅专有操作系统指南的复印件，电话飞客都能写出在贝尔电话技术期刊上发表的控制音调列表一样。许多密码朋克深度参与了自由 / 开源软件运动，该运动的基本诉求是软件必须是开放的——可供审查、研究、共享、调试和改进——并且是免费的。"这就像'言论自由'一样，"正如理查德·斯托曼（Richard Stallman）的评论所说，"这是自由的问题，而不是价格的问题。"[32]〔1997 年，当蒂莫西梅在数字隐私会议上谈及无法追踪的交易的重要性时，斯托曼出版了题为《第谷之路》（*The Road to Tycho*）的科幻故事，该故事以某个反乌托邦社会为背景，在那个社会中，阅读别人的书是种盗窃行为，因为所有的书都是数字化的，这种行为很容易被人发现。〕

隐秘信息还有着其他受众：比如无法接触到大型图书馆或出版物资源的海外研究人员，以及寻求参与内幕交易的经纪人，作弊的学生（"考试归档和学期论文库现在已经存在了，"梅写道，"但想象一下若有个类似'美国信息交易所'的前端又会发生什么呢？"），寻求非法信用报告的贷款方，寻求健康记录的保险公司，寻求犯罪记录的雇主，等等。辞职或被解雇的员工通过窃取数据和违反保密协议为自己打造了一副"金色降落伞"①。人们可能会对于如何设置超频电脑、免费拨打长途电话或修理超出保修条款的改装冰箱感兴趣。每一位电影爱好者都是潜在的招募对象，以及每一位游戏玩家、粉丝字幕组、动漫爱好者、旧漫画收藏家或绝版书籍读者、四处淘唱片的收藏家、爵士乐爱好者、倒卖"感恩而死"乐队（The Grateful Dead）盗版唱片的策展人、歌剧死忠粉（也正是拜他们的非法留声机录音所赐，我们才有了许多早期现场表演的唯一记录），更不用说色情作品制作者和他们的客户了。

政治活动家、持不同政见者、泄密者和告密者都是天生的合适人选，他们既需要获取被压制的信息，也需要秘密沟通的手段。早期的匿名在线重邮器就主要被前山达基教徒和反山达基教会的积极分子用来交换更高级别的文件。在教会的要求下，国际刑警组织针对芬兰的匿名新闻组系统"anon.penet.fi"进行了一次具有里程碑意义的突袭，目的就是确定特定泄密者的身份。运营该重邮器的芬兰互联网技术专家约翰·赫尔辛吉斯（Johan Helsingius）在项目启动时就曾发出过警告："好吧，如果警察或

① "金色降落伞"是指雇用合同中按照公司控制权变动条款，对失去工作的管理人员进行补偿的规定。一般来说，员工被迫离职时可得到一大笔离职金，它能够促使管理层接受公司控制权变动，从而减少管理层与股东之间因此产生的利益冲突，以及管理层为抵制这种变动造成的交易成本。——译者注

当地特勤局来敲我家的门，并带着法院的命令要求我交出数据库，那我可能会照办。"[33] 但是除此之外还能有什么替代选择呢？

"除非每个人都运行 PGP 这样的公钥密码系统，"他警告说，"否则并没有办法去保护用户免受恶意管理员的攻击。"[34] "PGP"是"完美隐私"（pretty good privacy）的英文首字母缩写，是一种用于加密和验证保护信息的软件。它是在"禁止核武器运动"（Nuclear Weapons Freeze Campaign）这一背景之下创建的，其成员经常处于国内监视之下。赫尔辛吉斯的建议听起来像是支持每个人都应采用这一系统——通过政治抗议为加密无政府主义奠定基础。1991 年，密码朋克技术企业家萨米尔·帕雷克（Sameer Parekh）当时还在美国伊利诺伊州读高中，他将梭罗的《论公民的不服从义务》（*On the Duty of Civil Disobedience*）转录到了苹果 IIGS① 机型上，此举将美国异议历史上一部具有里程碑意义的作品进行了数字化并在网上分享了。（直到今天，当你在网上偶然看到梭罗的文章时，你很有可能会在文末处发现一条注释："由萨米尔·帕雷克录入。"）在本书的后半部分，帕雷克将出现在北海一个理论上拥有主权炮位的离岸数据避难所的发布会上。

上述所有这些团体也都基于常识性理由而需要类似数字现金交易系统的东西。毒品贩、色情内容创作者、盗版文件共享

---

① Apple IIGS 是基于苹果 II 系列电脑生产的个人电脑第五版机型。——译者注

者、秘密或非法知识的零售商及其顾客和支持者都需要秘密交易的工具。社会活动人士和持不同政见者需要一些方法和工具来支撑他们的工作，并在形势对他们不利时相互照应。这些担忧并不只是理论层面的，最近几年以来，从信用卡公司阻止向维基解密（WikiLeaks）捐款，再到贝宝（PayPal）和帕特龙（Patreon）等支付与募款平台开始冻结并禁止"成人内容"和性工作者的资产及交易，都是如此。类似的事件已经很多了。

还有一个群体对隐秘知识和数字现金的需求不那么明显，但未来将会变得更加重要——永生主义者。蒂莫西·梅详细地讨论了他们：开展非法医学研究的学生，寻求成为"后人类"的个体，他们致力于积累、分享并去实践延长寿命和抗衰老的技术。这样一个团体将寻求匿名的声誉系统，来发布被禁止的科学研究及其成果，以及评估秘密诊所的工具。他们需要对实验药理学、离岸医疗旅游，以及非法或未经证实做法支持的社区。

这一群体需要专门的金融工具：奇葩的保险计划，针对实验性死亡或是能活上几个世纪的群体制定联合养老保险、遗嘱、投资和为准备暂时进入"代谢性昏迷"状态的人们所准备的预留性资产工具——换言之，这些人会被冷冻起来以备在未来复活。他们需要各种形式的资金来资助他们的实验和身体保存，并且还要能在相当长的时间跨度里依然实现储蓄、交易和支付。

蒂莫西·梅对于他们的描述一部分是虚构的，但这个当代群

体的确是实际存在的，他们计划和设计的实验性货币将是迈向永
生的一步。但是数字现金仍然面临着一系列尚未被克服的基本
问题。

第 7 章

纳秒手提箱

假设密码朋克真取得了胜利会发生什么呢？匿名数字基础设施如何才能不被垃圾邮件、欺诈和伪造的数字现金所淹没呢？他们的密码乌托邦所需应对的一些问题可以通过一种叫作"工作量证明"（proof of work，简称为 POW）的计算工具来解决。探索这项技术如何发挥作用也向人们展现了各色实验性数字代币和数字货币——包括"哈希现金"（hashcash）、"可复用工作量证明"（reusable proof of work，简称为 RPOW）、"比特金"（bit gold）、"B币"和其他比特币前身——同时也介绍了建立秘密银行所要面对的诸多挑战。

如果我们赢了呢

亚当·贝克（Adam Back）为革命制作了 T 恤衫。这些 T 恤衫的特色是黑色棉布上印有白色文本方块，其中包括一条警告、相关法律文件的文本、四行代码和一个巨大的方形机器可读的条形码。在美国，这些 T 恤衫在法律上被归类为军需品：你不能让外国人看到这些 T 恤衫，更不用说拍照或者出口了。在国际航班上身穿贝克制作的 T 恤衫属于一种复杂的犯罪。在法国，身穿这件 T 恤衫可能会招致巨额罚款和监禁。T 恤衫上的代码是 RSA 加密算法①，这是公钥加密的有效实现方式，采用的是极其简洁的编程语言 Perl② 来呈现的。

这些 T 恤衫的存在本身就是对于现行监管结构的嘲弄。身上文着用编程语言 Perl 写成的 RSA 加密文身的人们也是如此：他们就和 20 世纪 80 年代动作电影中的武术家一样，声称自己的身体可被归类为致命武器。穿上 T 恤衫，为杂志拍照，或者更糟糕的是出现在电视上，都像是在暗示人们不可能遏制密码朋克工具包的广泛使用。这件衣服就暗示着胜利。

亚当·贝克随后也面临着蒂莫西·梅在"第十纵队"计划中

---

① RSA 是 1977 年由罗恩·瑞文斯特（Ron Rivest）、阿迪·萨莫尔和伦纳德·阿德曼提出的，RSA 就是他们三人姓氏开头字母拼在一起组成的。RSA 是被研究得最广泛的公钥算法，被普遍认为是目前最优秀的公钥方案之一。——译者注

② Perl 是一种功能丰富的计算机程序语言，适用广泛，可运行在超过 100 种计算机平台上，其易于使用、高效、完整，支持过程和面向对象编程，对文本处理具有强大的内置支持，并拥有第三方模块集合之一。——译者注

的隐含问题：假如密码朋克真的赢了会怎样呢？

　　高达数百万人使用的密码！公钥加密软件使用变得如此之广泛、可靠和方便，以至于人们没有理由再去进行不安全的通信。人们最不经意的在线交流也要通过公钥签名进行身份验证，通过匿名重邮器进行信息交换，并且完全从外部加密。政府实际上已经放弃了网络空间，密码朋克的梦想已经实现了。

　　然而，垃圾邮件却能立即将它变得毫无用处。新的加密无政府主义秩序还在发射台上就熄火了，然后淹没在各种虚假承诺、冒牌手表、房屋再融资和无库存的电器广告、网站骗局、网络钓鱼诈骗，以及"你好，亲爱的基督教徒朋友，我拥有 1 850 万美元的财富……"等垃圾信息当中。

　　将垃圾邮件流量保持在可管理水平的最有效工具是使用身份和地址（白名单）或者利用邮件内容本身（无论是基于关键字还是持续机器学习的过滤机制）。个人广泛采用加密技术，使得邮件对除了目标收件人之外的所有人都不透明，因此即使是最粗暴的过滤器——比如通过寻找"色情"或者"$"等关键词来过滤邮件，也会变得毫无用处。匿名重邮器等工具激增，在不透露原始发件人的情况下传递邮件，消除了拦截可疑或已知不良地址邮件的效用。对于密码朋克的梦想而言，这是多么不光彩的命运：他们在美国国家安全局及其顶级数学博士大军的巨型黑色玻璃幕墙面前取得了成功，却被垃圾邮件世界的小商小贩、药丸兜售者和骗子们击败了，这就好比美国国家航空航天局（NASA）不知何故在佛罗里达州分时骗局中丢掉了任务控制权一样。"另一面"会充斥着无休止的敲诈、网络钓鱼信息、欺骗、垃圾邮件和恶作剧吗，这是毫无价值的信息经济吗？

1997 年 3 月 28 日，贝克展示了他的第一份邮资系统草案，这个草案可以用来应对上述尴尬局面。如果用来创建和发送加密信息的计算工作——几十年来这些工作的效率也在不断提高——可以被用来对付加密网络的滥用，那会怎样？为了理解贝克究竟创建了什么，以及这些对于数字现金的影响，我们必须首先理解"计算工作"（computational work）到底是什么意思。

纳秒手提箱

格蕾丝·赫柏过去常常提着装满纳秒的手提箱去旅行。

与学生和将军会面时，与国会、工程师交谈时，或者在电视上露面时，她总提着装满计算时间单位的手提箱，好让她的观众带回家。[1] 作为一名计算机科学家和最早的程序员之一，赫柏很喜欢物理类比：当她开发第一个编译器（编译器是一个将编程语言编写的指令转换为计算机执行的机器语言的程序）时，她想到了她打篮球时的传球规则——在程序步骤之间"跳转"的方式。[2]

她明白理解计算和电信的时间有多困难，尤其是被浪费掉的时间。人类很难用十分之一秒或百分之一秒来思考，更不用说百万分之一秒（微秒）和十亿分之一秒（纳秒）来思考了。佩戴着闪闪发光军队徽章的军人会发问，为什么卫星传输需要这么长时间？我们怎样才能制造出更快的计算机？这时赫柏就会把手伸进她的包里。

她用一根差不多 30 厘米，也就是 11.8 英寸长的电线来代表纳秒——这是光在真空中每秒钟所能传播的距离，这也是宇宙中任何信息传输的上限值。[3] 她会告诉海军上将，海上的船只和轨道上的卫星之间有许多纳秒，因此会产生延迟。一台计算机的各类部件之间有几英寸长的电线，每一条指令和每一个结果的传输——伴随着一个来回传递的电脉冲——都在以纳秒为单位累计时间。[她工作所用的第一台计算机是哈佛"马克一号"①（ Harvard Mark Ⅰ），它有着长约 853 千米的布线。[4]] 相较来说，一台设计糟糕或编程很差的计算机则会浪费掉很多极难察觉的纳秒，赫柏这时会举起一大卷长约 1584 千米的电线来说明这一点。"我有时候会想，我们应该在每个程序员的办公桌上挂上一个线圈，或者

----

①　"马克一号"（Mark Ⅰ）是美国第一部大尺度自动数位电脑，被认为是第一部万用型计算机。它的生产和设计者给它起的名字是 Automatic Sequence Controlled Calculator（全自动化循序控制计算机，缩写为 ASCC），"马克一号"是它的用户哈佛大学给它起的名字。——译者注

挂在他们的脖子上——这样他们就直观地理解了当他们浪费了很多微秒时究竟浪费掉了什么。"[5]

这种视角可能会令人眼花缭乱：高端现代计算机处理器（3 000 兆赫）的一个时钟周期大约需要三分之一纳秒，在此期间，它可以执行一些工作。如果我们把那个时钟周期想象成整整 1 秒——一个"密西西比"——那么通过光缆从纽约向旧金山单向发送一个数据包所需的时间是 21 微秒，这大约相当于两年。在艾奥瓦州（Iowa）过冬的货车列车或绕合恩角（Cape Horn）沿智利海岸航行的快船可能都会超过这个时间表——但 20 微秒的持续时间仍然远远低于人类的可感知能力范围。这就是计算的时间尺度，赫柏工作的时间尺度，以及贝克提议所设定的时间尺度。

贝克提议说道，当你给我发一封电子邮件时，你的电子邮件程序会生成一个信息的"散列"，即一小段对应于整封电子邮件的数据。散列数据包括诸如消息发送的日期和时间以及接收者的地址等组成部分，因此每个散列只适用于一条消息。生成这个散列只需要完成少量的计算工作。由于一组被称为部分哈希冲突算法①的特殊工具所具有的属性，人们可以去调节计算机产生这个有效散列所需的工作量。

①　也译作"散列碰撞算法"。——译者注

然后，在接收端，用户的电子邮件程序会去检查散列是否正确。如果散列确实与发送的消息相对应，那么用户就能接收到消息；否则，该消息将被丢弃。这个概念深层的精巧之处在于，你和我来回写信，甚至是向邮件列表发送邮件，过程中我们从来没有注意到这些事情正在发生。计算工作发生得太快，以至于人们根本没有察觉到。

然而，如果你开始给大量的人发送电子邮件，这项工作就会变得非常繁重。为每一条信息生成正确的散列在总体上会成为一个问题，当风扇呼呼转动以冷却过热的芯片时，你的计算机就会变慢了。由于大多数垃圾邮件发送者只有在数千万到数亿条消息的规模下才能盈利，这就对他们的业务能力造成了内在的制约，迫使他们从批发转向零售。从长远来看，随着新计算机性能的提高，提高散列问题难度的能力将让这个系统跟上步伐。

因此，伴随消息的散列起到了一种类似于计量邮资的作用——一种努力的象征，一种支出的象征，它阻止了大量的群发邮件，同时并不会影响个人信件发送。提供一些"工作量证明"，如果你愿意的话。在贝克宣布这个提案之前，有人也曾提议使用数字现金系统，去倡导通过某种小额支付邮票、某种小额金融动作或计算工作量来完成支付。[6] 这就是为什么尽管这个代币似乎与我们通常认为的钱并没有什么关系，贝克也将他的概念命名为"哈希现金"。

在接下来的几年里，贝克将继续完善这个想法。除此之外，你还能用散列来做些什么呢？这些散列象征着你付出的努力，证明了你的工作量，容易用来处理小事却难以完成大事情。贝克在2002年发表的一篇关于"哈希现金"的论文当中列出了该想法的潜在应用，并提出以"哈希现金"作为戴伟"B 币"电子现金提案的铸币机制，这是一种没有银行接口的电子现金方案。事实上，散列工具在对铸造货币和创建银行的作用不止于此。

摧毁所有结构留痕

"因此，散列的概念得到了更加广泛的应用，而不仅局限于计算地址方面，"加里·D. 诺特（Gary D. Knott）在 1975 年一项针对散列函数的调查中写道，"这是一个在许多情况下都很有用处的基本概念。"[7] 的确如此，散列，就像通过细切、分割或剁碎产生的随机混杂成分一样，最初是为了解决一个看似简单，却带来了深远影响的问题：计算机查找某项内容最快的方式是什么？

程序运行所需要的数据可能分散在各处可用内存空间中——比如硬盘的旋转盘片中，或是一卷卷缠绕的磁带当中。即使是一个简单的程序，也会由于其工作内存中各种状况而引发许多微小的改变。它是如何找到这些位置的，当它将一个部分复制到另一个位置时如何进行重定向，又如何重新返回到已经被改写的位置？尽管机器运行得很快，但是读/写磁头仍然需要花费时间在磁盘上找到特定数据的位置，正如格格蕾丝·赫柏提醒我们的那样，时间总在不断累积。每次发生变化时，你要么去更新整个列表，系统地列出内存中每个项目的位置，要么采取非系统的方式添加到列表中，并在每次需要时重新检查整个列表。

针对这个问题的一个解决方案是"分散存储"，这是一种生成键的方法，这个键可对应于存储中的任何给定条目，即将数据在磁盘或磁带卷轴上的位置通过某种转换将键均衡分布到要查找的事物的列表中去。[8] 如果分布确实很均衡，那么你就能在任何地方都找到所需的内容。这种方法由 IBM 纽约州波基普西工厂的汉斯·彼得·卢恩（Hans Peter Luhn）首创，它对人类来说效果不佳，但对计算机来说却效果极佳。正如马修·基申鲍姆（Matthew Kirschenbaum）在他有关散列在计算机内存和数字取证中的应用研究中总结的那样，"结构以及随之而来的驱动器机械读取头的可预测访问例程，来自数字索引之间的统计正态分布模式，而不是从索引和键之间的任何语义关联中产生的"。[9] 或者，我们也可以采用 IBM 早期计算机发展史中的优美表达："（卢恩的）基本洞察是看到了故意滥用键的优点，从而试图去摧毁结构中的每一处留痕。"[10]

要做到这一点，你需要一些神奇之物：一种数据转换方法，这种方法要对于相同数据输入总是给出相同的输出结果，而对于不同数据输入则总是给出不同的结果输出，因此，相同的键不会对应不同的输入。（这种偶然的对应关系，即为不同的数据提供相同的散列键，被称为"冲突"或"碰撞"。）这种神奇的转换已经成为计算机科学中司空见惯的事情：一种被称为哈希或散列的函数，它接受任意长度的数据输入并返回固定长度的数据输出，通常其输出数据相对于原始数据而言要精短得多。对于原始数据的任何更改都会产生不同的散列。因而，你可以选择一种特定的散列算法，并根据不同的参数对其进行调整，来生成与数据直接对应的消息摘要。

散列方案和散列算法成倍增加，散列用途也是如此。散列可以用来确认两个数字对象是否完全相同，其形态可以是文本、代码文件、媒体片段，并且没有被破坏掉或被对手的蓄意行为所篡改。此外，你可以通过这种方式去确认对象的身份，也就是你可以只去比较对象的散列，而不必去比较整个对象，甚至不必精确地揭示对象究竟是什么。你不需要知道原始文本就能知道其中一项并不一样。并且，你也无法从数据散列中找出原始数据。这个过程是不可逆的，至少在理论上是如此，即使在实践中并非总是如此。特定散列只与某项特定事物相对应，但散列本身并不会透露任何关于事物本身的信息。如果运行某项需要密码的在线服务，当用户登录时，服务系统会向用户发送密码散列，而不是密码本身。借由散列验证，你可以去确认对方拥有秘密信息，而你自己则无须拥有它——也就是所谓的不为人知但可被识别。

后面我们将进一步探讨这项技术，而接下来将通过散列工具的两个非正统应用来解释它是如何被构建到数字货币核心中去的。第一，散列可用于创建不可篡改的链接、时间戳、事件链，即事件信息区块组成的链条（如果你愿意的话，也可以将其应用到区块链中）。第二，让我们回到贝克和"哈希现金"，散列也可用于要求和验证计算机的确切工作量。

熵存档

让我们考虑一个深奥同时也至关重要的问题：也就是分配可验证、可靠的随机数带来的挑战。我们需要使用可靠的随机性用来对新车和药品进行质量保障检查，重新计票以确保投票过程的公正性，用来进行医疗筛查，甚至用来生成加密所需的密钥，或者做出无法预测的财务或军事决策。一旦随机性可以造假，那么你就可以操纵市场，操纵彩票，或者用你知道的密码破解方法去制造安全的幻觉，并隐藏各种不法行为。为了应对这一挑战，一些组织从内部去生成随机性。网络安全公司 Cloudflare 位于旧金山的办公室里有一面墙，上面挂着 100 盏熔岩灯。灯中的流体运动是高对比度的熵源，估计值为 16 384 位，非常适合用数码相机（环境光线会发生变化）去拍摄，而数码相机的图像可以成为生成随机数的种子。（Cloudflare 还使用了双摆旋转、铀块衰变，以及其他不太具备娱乐性的行业标准随机性来源。）但这是私人的，而且也可能会受到人为操纵。

那么，如果使用一个公共的、共享的、可靠的随机性来源结果会怎样呢？你怎么才能确定自己可以信任这些信息呢？试想一下，一个对手想要伪造一组随机数，以利于自己。例如我们的敌人打算植入"随机"因素从而决定我们在哪里进行投票审查，以便其可在预选地区进行，并以此来掩盖选举操纵行为。这一挑战及其解决方案将对数字现金产生重大影响。

美国国家标准和技术研究所（National Institute for Standards and Technology，简称为 NIST）维持着一个随机性信标，这是一种"公共随机性服务"：每分钟产生一个新的随机字符串，512 位熵，并在互联网上进行广播。他们从 2013 年 9 月 5 日临近中午时就一直在这么做；第一条信息以"17070B49D……"开头。如果你在生死攸关的决策和过程中加入了随机性，你怎么能确定来自美国国家标准和技术研究所的最新随机字符串不是由侵入其网站的敌人安插到系统中的呢？每一个新的熵单位都采用了美国国家标准和技术研究所的私钥签名，就像使用大卫·乔姆的系统从银行提取的数字现金一样——但也有可能你的对手同时也偷走了那个密钥。

美国国家标准和技术研究所的每个初始随机数都与一些相关信息（时间戳、状态码等）结合在一起，同时包含先前随机广播的值，接着再将这个数据集合散列在一起。美国国家标准和技术研究所用它的私钥对散列进行签名，接着再次散列整个内容，并广播所生成的字符串："63C4B71D51……"散列过程的结果很容易与相对应的输入数据进行验证，但是它却不可能被提前预测。也正是在这里，初始随机数要包含以前广播的值的意义就显现出来了。你的敌人也许可以窃取美国国家标准和技术研究所的密钥，他们也许也能搞清楚你将如何利用随机性，这样他们就能编造一些因素来产生他们想要的结果了。但是来自美国国家标准和技术研究所的随机广播必须包括之前的广播，而任何人都可以去检查，这就使得敌人的散列结果变得无法控制了。一条广播的散列包含了之前的广播，以此类推，前一条广播的散列又包含着在它之前的广播，再通过一条链条将所有的链接都串联起来了，每隔 60 秒一次，此前四年都是如此。使用先前散列的散列通过将最新的广播链接到公共存档来使其变得可靠，每个事件都以加密方式并入先前事件，这样试图篡改历史的后果显而易见——链条会中断掉。

昂贵的比特

现在让我们考虑可以利用散列来做的最后一件事情。回想一下，之前我们说过，由相同数据生成的不同散列称为"冲突"或"碰撞"。如果你使用散列来查找一些东西或者验证密码，则应该去避免冲突的发生：一个散列算法为相同输入给出一堆不同的散列输出将是灾难性的。

然而，对于这样一个系统，你可以运用算法从一些给定数据中产生的许多可能的散列中要求返回一个特定散列。如果算法可以从输入中生成许多可能的散列，那么你可以要求返回一个具有某些属性的散列——例如，它某些初始位的总和为零。你可以在精确知道找到正确散列输出（满足你的要求并与输入数据一致的散列）有多难的情况下发出这个请求，而无须事先知道输出本身是什么。有了像 SHA-1[①] 这样的特殊散列算法——该算法也被亚当·贝克、哈尔·芬尼和比特币的最早草案所使用——产

---

① SHA-1（Secure Hash Algorithm 1）是一种密码散列函数，美国国家安全局设计，并由美国国家标准和技术研究所发布为联邦数据处理标准（FIPS）。SHA–1 可以生成一个被称为消息摘要的 160 位（20 字节）散列值，散列值通常的呈现形式为 40 个十六进制数。——译者注

生正确的散列没有捷径可走。"由于 SHA-1 的特性,"芬尼写道,
"在大规模散列碰撞中找到正确的字符串的唯一方法是通过彻底
的搜索:不断去尝试一个又一个变体,直到你运气爆棚找到它
为止。"[11] 下面是芬尼的一封电子邮件中的"哈希现金"令牌的
示例:

"1:28:040727:halmail1@finney.org::1c6a5020f5ef5c75:63cca52"

该字符串的 SHA-1 散列值如下所示:"0000000a86d41df172
f177f4e7EC3907d4634b58",其中包括七个零。而某人的计算机将
必须从芬尼写的电子邮件中生成并丢弃许多散列结果,才有可能
找到开头有七个零的正确字符串:他大约需要尝试一百万次 20 位
碰撞,尝试约十亿次 30 位碰撞。[12] (芬尼的例子则是一个 28 位
的碰撞。)与其他类型的散列一样,每生成一个散列都需要去完
成一些工作,但是一旦你掌握了它,要去验证它是否正确就易如
反掌了。通过更改所需返回的数据散列的属性,你就可以人为控
制计算正确散列的难度了。

　　我们能从这样一台看似荒谬的机器中获得什么用处呢?你可
以用它去构建一个机制,它就像狮身人面像一样,让人们去猜
一个谜语。而这个谜语只有一个正确答案。作为这个机制的创
造者,你并不知道答案,但你确切地知道想要猜测成功会有多困

难，会有多费时间。如果人们太快猜出来，你可以将棘轮向前转动几个齿位，以增加难度，要求他们提供更多的"工作量证明"。有了这样一台设备，你可以去设定亚当·贝克感兴趣的工作量：生成一封特定电子邮件散列所需要的计算时间。对于一个正常的日常邮件通信者而言，一个散列冲突可能根本不会被人们注意到，但是对于试图向数百万人群发邮件的人来说，这却是一个不可逾越的门槛。我们可以把这个可展示的工作量称为"邮资"，它是一种很难生成的数字对象，同时其生成难度也很容易被人验证。

历史学家安森·拉宾巴赫（Anson Rabinbach）在《人体马达》（*The Human Motor*）一书中记录了对人体力量消耗可量化指标的探索，以及用来测量和表现人类身体工作和肌肉能量的"人体工学"工具。这些仪器（比如特殊的手套，哑铃的排列）是为一个更大项目服务的——了解疲劳的本质，并找到可以克服疲惫和体力下降的"神经鞭"。但现在我们再去阅读拉宾巴赫的历史时，却很容易将这些系统想象成是基于人类努力单位的货币铸造机制的原型。他记录的项目不断被衡量努力和疲劳的混杂因素所影响：是肌肉？是神经？是保持固定姿势？或者是沉闷乏味、饮食、还是温度？

通过部分哈希冲突算法，这种幻想得以实现——但它只适用于机器，并不适用于人类。这些算法是一种要求和展示大量计算工作极其精确的方式，就像用中央处理器的周期来表示消耗功率的瓦特数一样。此外，作为特定数据的散列，这些工作与特定的数字对象相关联。有了部分哈希冲突系统，你就有了一个设备，它可以要求精确数量的计算工作量——例如猜测的次数——任何人都可以根据你指定的数据去验证这些工作是否已经完成了：而这就是"哈希现金"。

比特金

邮票就像手机通话时间一样，很容易成为货币。例如，在美国内战时期，零钱短缺引发了一项正式命令的出台，邮政局局长要求，不再兑现"弄脏或污损"的邮票，以防止其作为货币流通。[13] 1862 年《纽约时报》（*New York Times*）在谈到这些邮票时表示，"只要社区选择接受它们，它们就保有同样的价值，也有完全相同的用途"，这就像 130 年以后的"哈希现金"字符串一样。但这需要平台能流通这些"工作量代币"，以便它们可以被人重复使用，而不只是一次性发送邮件的"哈希现金"邮资，其功能不是计量邮资，而是更接近于金钱。

哈尔·芬尼急于拓展贝克的想法。他设计了一个系统，可以将"哈希现金"的令牌发送到一台特殊的服务器上，该服务器再返回一个可复用工作量证明令牌。你可以去花掉它、兑换它或者与某人进行交易，而这个人也会将它发送到服务器端，进而换取另一个这样的令牌。"通过这种方式，"芬尼写道，"一个工作量证明令牌将成为一系列可复用工作量证明令牌的基础。这种效果就好像工作量证明令牌可以从一个人传到另一个人手里，并在流通过程中的每一步都保持其价值"，这就像现金一样。它将保持其价值，至少在理论层面是如此。一次性交易意味着你不能去复制粘贴同一工作量证明的"哈希现金"并重复使用它。这将依赖于他正在开发的"透明服务器"系统：这是一种让每个人都可以去验证工作量证明更新系统是否正常运行的方式——既不是去复制它，也不是去删除它——同时也不会让服务器本身变得脆弱。

芬尼勾勒了这种奇怪的工作载体和价值载体应用。他描述了一种将可复用工作量证明代币作为筹码的扑克，并且设想提出一种点对点文件共享协议"比特流"（BitTorrent）的版本，该版本给予向他人提供文件共享下载链接的人们以可复用工作量证明代币作为奖励，而这些代币反过来可以用于支付获得下次在下载队列中排在更快的位置——这有点像蒂莫西·梅提出的作为"黑网"内部货币的"加密积分"。换句话说，有了这样一种设备，你就可以去构建类似于计量邮资、信用卡积分和赌场兑换筹码的系统了。

尼克·萨博（Nick Szabo）探讨了工作量证明如何发挥更类

似于黄金等稀缺商品的作用。萨博曾与大卫·乔姆在埃因霍温的数字货币系统中合作过，并且他也在密码朋克的通信列表中。[萨博即将出现在下一章有关逆熵主义者的内容当中，他也被人们认为是比特币创造者"中本聪"（Satoshi Nakamoto）这个假名背后的真实人物之一。] 20 世纪 90 年代末，在与芬尼和其他人的谈话当中，萨博随意提出了使用类似"哈希现金"的技术去创建一种价值存储的方式，他称之为"比特金"。在 2001 年的一篇论文当中，萨博将芬尼的可复用工作量证明代币称为"比特金一个版本"的实现（当时他还感谢了"世外桃源"项目程序员马克·米勒的评论和鼓励）。[14] "不可伪造的昂贵比特，"他认为，"可以在对受信任的第三方依赖程度最小的情况下在线创建生成，然后以类似的最小信任度去安全地存储、传输和分析。"[15] "昂贵的比特"将是对一组输入（即"挑战字符串"）进行工作量证明计算的结果，该组输入源自最近验证的"比特金"工作量证明，并将它们链接在一起。

新的"比特金"工作量证明将加盖上时间戳，并登记到萨博的另一个系统中，即"分布式产权登记系统"。这是一个"不可伪造的系统"……"数字签名链"将保障"比特金"所有者对其的控制权。随着它们被出售和交换，"比特金"的所有权也将被签收和重新分配，这些独特且价值不一的凭证将被组合成有用的块，类似于"今天许多大宗商品交易商所做的"一样。这是一种预示着比特币区块链的机制，是一种分布式账本，其"货币"除了通过工作量证明和一系列数字签名所分配的所有权之外什么也没有。

这有些像赌场，有些像邮政系统，又有些像大宗商品经纪商的黄金柜台。如果你能将这项技术再往前推进一步，进而去建立一个类似于银行的东西——这不仅是基于网络硬件的货币，而是来自网络硬件的货币，情况会怎么样？基于"哈希现金"的银行又会是什么样子的呢？

暴力的不可能性

隐秘的密码朋克银行的标准思维模式是从实体银行继承而来的，这种思维模式是：有一台中央服务器，一台存储账户列表和分配给每个账户以某种"数字钱币"数量的计算机。比如，我有五枚钱币，你有十枚钱币。作为提供服务的交换，你登录银行把自己的三枚钱币存入到我的账户中。这些"钱币"是一串字母和数字，永远不会离开银行的服务器，它们只是被重新分配到另一个账户中。这些"钱币"的发行可能与存放在保险箱中的实物黄金挂钩，这就像是美联储在纽约黄金储存库的"柠檬水摊"低配版本一样，所有权转移只涉及在隔间或隔间货架之中移动带标记的金条，而无须离开金库。银行是"加密"的，因为我们的交易和账户是匿名的，而进行所有这些活动的计算机也是加密的。

这就带来了两个问题。

第一，如果服务器暂时或永久消失了，会发生什么？银行所在的服务器必须被放置在某个地方：比如被藏在某个悬挂着加兹登旗[①]自由意志主义者的壁橱里，而这个人因为参与大麻合法化活动而被列入了警方名单；或者位于刚刚租约到期的办公园区；或者是容易发生飓风的加勒比海管辖区。那么，这些服务器还会受到保护吗？

第二，更糟糕的是，你对信任服务器的负责人有多大把握，尤其是考虑到他本身也是银行的人？你如何确定你在秘密银行账户中的数字"钱币"真的具有价值支撑？管理机构真能按其想法制造和发行那么多"钱币"吗？照片中当天报纸旁边电子秤上放着的那个金锭是真的还是假的？它们的安全是绝对无懈可击的吗，还是黑客可以做到清空账户或去复制样的"钱币"，随心所欲地想花多少钱就花多少钱呢？

如何确保虚拟银行的安全？蒂莫西·梅写道，维持无形、不可触及的网络空间幻想需要隐喻层面的"坚固性"，这是由加密

---

　　① 加兹登旗是一面具有历史性意义的美国黄底旗帜，上面有一个卷曲的美国西部响尾蛇和一行字"不要压迫我"，被视为美国爱国主义、与政府不和或支持公民自由的象征。——译者注

提供的"墙壁、门、永久性结构"构成的——但实际上，这个空间是由不断渗透的薄膜所定义的。[16] 信号会穿过墙壁，人们将密码和地址保存在便利贴上以供参考，计算机、服务器和数字媒体也会被实际扣押、打包并放入国际刑警组织或联邦调查局的货车中。一个拥有强大电磁铁的人，或者只是一个可以接触到保险丝盒的人，他们可能以任何理由去损坏甚至摧毁秘密留言板或秘密银行，其目的从免除累积的债务到为自身利益而去制造混乱（互联网上可从来不缺乏冲动的行为）。"物理安全是必须的，"梅辩称道，"你还不可能真正运行一个完全脱离其所在星球的网络。"[17]

一些参与其中的机器需要"受控访问"和保护——长期策略之一是在卫星上运行加密无政府主义网络，这将更难被击落。一些密码朋克预料到会遭到来自敲诈者或犯罪集团的潜在报复或危险。毕竟，保护网络安全的工作不仅是数学问题，还需要硬件、设施和间谍技术。"出于几乎相同的原因，'数字钱币'无法存在。"梅总结道：你不能依靠机器的安全性来保护交易记录和铸币厂。没有对建筑环境的控制，交换和积累系统就永远无法摆脱易受攻击的嫌疑。在"另一面"，无形的信息空间也需要物理空间。它需要区域、主权领土、例外空间——而这条轨迹有朝一日会通向某个位于北海 ① 的废弃炮台。

---

① 北海是位于英国东海岸附近的大西洋海域。——译者注

蒂莫西·梅和后来出现在北海平台上的一名技术专家瑞安·莱基（Ryan Lackey），他们希望建立一家匿名银行。他们讨论了德拉古诺夫枪瞄准镜的优点和 AR-15 突击步枪的相对实用性，这些对话通常发生在对抗政府突袭的语境下。他们承认，武装抵抗反对这种针对国家主权的有形主张是一个糟糕的想法。"我想，如果我处于必须快速攻击多个目标的境地，"蒂莫西·梅在回应对突袭防御中"苏联式武器"的详细分析时写道，"我可能已经死了。"[18]

1998 年 1 月，戴伟在邮件列表中写道："我不明白为什么最近这里有这么多关于枪支的讨论。除非有人能想出一种具有一些不同寻常经济属性的武器，否则个人根本无法指望能在致命武力领域与政府抗衡。"[19]（经济武器：人们也许会想到技术官僚科幻小说中科学义警开发的射线，这种射线能将钞票变成白纸，将黄金变成锡，并服务于理性政变而去削弱人类地域）"那请各位想想，"他继续说道，"如果我们用枪支就能保护自己，我们为什么还需要加密呢？"

1998 年 11 月 27 日，戴伟在密码朋克的邮件列表中发布了一份提案，他提出了"一种新的假名货币兑换和合同执行协议"，并将其称为"B 币"。[20]现在回想起来，这个想法其实非常杰出，但他只是在文章当中顺便提及而已。这个链接出现在一篇关于"管网"（PipeNet）的笔记末尾，该项目使用网络加密通信来混淆消息，从而使得对手难以弄清楚是谁在和谁说话。［它类似于洋葱路由系统，后来变成了"洋葱头表层代理网络"（Tor）］他在提案开篇就写道："我对蒂莫西·梅提出的加密无政府状态很着迷……这是一个让暴力威胁无能为力的社区，暴力是不可能被实施的，因为其参与者无法与他们的真实姓名或实际位置联系起来。"

不过，戴伟的提议与梅设想的"数字代币"有所不同，后者需要对机器进行物理保护，就像银行所做的一样。这是一种建立在交易机制之上的现金形式，是一种本身在机制上就实现完全加密的货币，而不仅只是在交易过程中加密。这是第一家原生于"永恒边域"的铸币厂。"它过于简单到难以描述，"哈尔·芬尼在谈到"B币"时写道："本质上看，这其实只是每个人都在跟踪记录其他人有多少钱的问题。"[21]这是对第一个问题的回应。再让我们回到有关密码朋克银行幻想的第二个问题：你怎么确信你可以信任银行家呢？

金钱与原子无关

戴伟的解决方案是将银行解构为分布式组件：包括一组可以存放资金的账户，一种可以在不同账户之间进行资金交易的机

152

制，以及一种事先确定下来的货币发行方式。这样一来，银行不再处于所有客户都指向的某个中心位置（在字面和隐喻层面都是如此），而是由每一个一起工作的客户共同来构成银行。戴伟将"银行"概念向外扩张，形成了一个由所有参与者组成的去中心化网络。

在戴伟所设想的网络上所有账户都是假名，每个假名账户均采用现在人们都很熟悉的公钥－私钥加密方式，都保存着整个银行分类账副本：每个人都记录着其他人有多少钱。芬尼继续他的描述："每当有转账发生时，这个事实就会被广播出去，每个人都会更新他们的数据库。"[22] 当你花了一些钱，这一行为便会向整个网络公布（使用你的私钥签名）；每个人都可以去检查他们的分类账，如果你账上有钱可花，他们会相应地去更新账本：比如账户 A 借记为三，账户 B 贷记为三。

最后，也是最巧妙的一点是，网络上的任何人都可以根据一套集体商定的规则产生新的货币。在戴伟的第一个版本中，新的货币可以通过广播"一个以前尚未解决的计算问题的解决方案"来添加到系统中。这需要使人们很容易就能判断解决方案是否正确，同样很容易就能准确衡量出问题解决的困难程度，这样就可以用"一揽子标准商品"来校准价值。因此，铸造新的货币将非常具有挑战性，成本适中，但并非是不可能的，而且其与每桶石油、每蒲式耳 ① 谷物、每米木材的某种混合价格挂钩：随着货币变得更加稀缺且价值递增，花费计算量去铸造更多的货币就是值得的；但是随着铸币产量的增加，供给随之膨胀，价值会相应下降，花费计算能量去铸币的人就会因此减少，这些计算能量包括工作量和金钱，因而这些铸币又将再次变得更有价值。[23]

该项目的核心是基于计算线路，尤其是加密线路重建货币：其中包括用于身份认证和鉴权的公钥和私钥，支撑交易的不可追踪网络，以及一些设置待解决计算问题的成熟方法。（戴伟还讨论了如何将用于协调交易的相同工具也用于设置和验证合同。）对于问题设置，正如贝克指出的，部分散列碰撞系统是理想的匹配；他在几天之内就针对戴伟的原始提议给出了公开反馈。"B币"是从特定机构或既定人群中抽象出来的，它本身就属于网络，而不仅是运行在网络上；它是由加密工具构建而成的，而不仅是被加密工具隐藏了起来，它原生于"另一面"。

十年之后，比特币的假名创始人中本聪写信给戴伟："我饶有兴趣地阅读了你的'B币'页面。我正准备发表一篇论文，将你的想法扩展成一个完整的工作系统"——而这个"完整的工作系统"就是比特币。[24]"亚当·贝克（hashcash.org）也注意到了其中的相似之处，他建议我去看了你的网站。"第二年的一月，

---

① 蒲式耳是一个计量单位，1 蒲式耳在英国相当于 36.368 8 升，在美国相当于 35.238 升。——译者注

中本聪继续跟进："我刚刚发布了几个月前发给你的论文中的完整实施方案，也就是比特币 0.1 版本……我认为它几乎实现了你在'B 币'论文中所设定的所有目标。"[25]

2002 年，芬尼在结束对"B 币"的总结时，将这一问题放到了一个更大的背景下去探讨："这些货币概念中非常重要的一点在于，它从根本上看其实是一种信息形式。'B 币'最为清晰地说明了这一点。货币与原子无关，它与比特有关。逆熵主义者应该摒弃基于物质商品的老式金钱观。"[26]

第 8 章

生物停滞的哈耶克

现在让我们跟随所有这些技术，以及许多相关的人物，进入到硬核乌托邦主义领域，也就是逆熵主义运动。逆熵主义者将奥地利经济学理论与新技术及湾区技术乐观主义精神杂糅融合，再通过投机性资金——其形式从思想息票到匿名数字现金——催生了一种转型模式，该模式可通过加密来验证，其价值支撑则基于他们承诺所要谋求实现的未来愿景。这些人试图利用一个金融项目去加速他们乌托邦世界的到来，以实现对人类文明的超越。

未来先锋

1995 年夏天，马克斯·莫尔（Max More）（原名为马克斯·奥康纳）在《逆熵》（*Extropy*）杂志上写道："大多数自称是未来主义者的人们所持的社会和经济观点都与自发性秩序原则不一致", "我们将继续探索一种不同的未来"。[1]

逆熵主义者创造了一种明确思考他们所处时代的历史和时间条件的方式,这种方式直接表现为金钱,而这也将立刻成为实现他们所期望的未来的建议、原型和机制。"取代大多数未来主义者的世界政府、技术官僚和货币超国家主义的理想,"莫尔在谈到这一运动时写道,"我们需要去研究多中心/私人制定的法律以及竞争性私人数字货币的替代方案——后者就包括'电子货币''自由银行或竞争性货币'以及'匿名数字货币'。[2]"如果我们要保持在未来的先锋地位,"他继续写道,"让我们看看我们能做些什么来加速这些关键点的发展。"

他们的愿景建立在一众奥地利经济学家的理论基础上——尤其是基于弗里德里希·哈耶克的研究成果。"我对哈耶克的去世深感遗憾,"莫尔写道,"由于没有被置于'生物停滞'状态,哈耶克永远不可能复活,也不可能看到他的思想催生了电子现金和相互竞争的私人货币时代到来。[3]"生物停滞",即将肉身冷冻保存在亚利桑那州的某个冷冻仓库里,然后等待着在征服星际野心得以实现的"后人类"未来到来,再将身体或大脑复活过来。从某种维度来看,比特币的第一个版本是由逆熵主义者塑造的全新宇宙图的回溯性人工制品——他们所期许的未来模型,以及可能塑造的世界。

有些乌托邦形态随着它们的消失而变得更加纯净、坚硬和严酷，这就像一汪结晶盐湖岸围着的湖泊，每年都会因为水分的蒸发而变得更咸一些：想想理论家兼革命家居伊·德波（Guy Debord），他一直排斥参与情境主义国际运动的人们，直到他们在巴黎酒吧的后桌上适应了共产主义艺术委员会的未来。些许乌托邦色彩被稀释到周遭赋予其背景的社会中去——带有包豪斯风格，明亮、闲适、干净的，由玻璃和钢铁材质打造出来的空间，现在是高档公寓和银行大厅的默认装修风格，人们对于它们的神秘幻想内容已经减少到了顺势疗法的剂量。有些乌托邦形态和他们的创始人一同死去，或者转身以商业的面目二次亮相：就像奥奈达完美主义者的银器，斯金纳行为主义者双橡园社区里的吊床，或者阿科桑蒂的风铃，而这些曾是遍布各地的蚁丘生态建筑的发端。

在所有这些结束的方式当中，少数乌托邦项目——也许也是最成功的——在实践中消失了，但它们却为一个群体或一种亚文化创造了一个持久的未来偶像，一种共同的愿景安排，一个在不知不觉中为他人设定指南针的磁场。逆熵主义运动就是其中之一。

逆熵主义者——包括一个电子邮件列表、一系列会议和活动、一本杂志和一家基金会、几个著名的组织者——看起来似乎"微不足道"，尤其是在他们那堪比宇宙一样宏大的野心面前。即使按照最乐观的数量估计，逆熵主义者及其同行者，再加上感兴趣的旁观者也从未超过几千人的规模，而他们在成立不到 15 年

数字现金

后就消失在后人类、超人类和奇点项目的"千禧迷雾"当中了。然而，这数千人中却汇聚了大量重要人物，其中包括比特币诞生过程中几乎所有的关键人物。萨博曾在《逆熵》杂志中预测了数字货币的采用。芬尼、梅克尔和马克·塞缪尔·米勒（即"世外桃源"项目的开发者以及基于市场的"敏捷"计算系统的先知）也为该杂志撰写过文章，并与戴伟、蒂莫西·梅和其他密码朋克讨论了关于逆熵主义者邮件列表的想法；该邮件列表是由佩里·梅茨格（Perry Metzger）创建和主持的，他同时也运营着密码学邮件列表，而中本聪将在 2008 年万圣节期间通过该列表发表比特币论文，并在 2009 年 1 月发布首个比特币系统代码。（梅的"黑网"思想实验中提议监控加密消息的新闻组之一就是 alt.extropian。）

如果回过头来阅读第一期《逆熵》杂志中所设定的议题，人们会产生一种似曾相识的感觉：这是一份近乎全面的清单，列出了迄今为止网络文化中某个特定连贯领域中绝大部分的兴趣主题。清单开头列着："人工智能、认知科学和神经科学、智能增强技术……"这份清单的作者是汤姆·贝尔（Tom Bell）和马克斯·奥康纳（Max O' Connor），之后他们给自己改名为 T. O. 莫罗（T. O. Morrow）和马克斯·莫尔。接着清单继续列出："生命延续、人体冷冻术和生物停滞、纳米技术、自发秩序、太空殖民、经济和政治（尤其是自由意志主义者）、科幻小说"，研究和生产迷因，"道德和非道德"、迷幻剂和"精神胡搞"（这是指恶作剧怪异行为和自以为是的喷子行为）。这份清单是 1988 年列出的。[4] 但只要稍微更新一下其中的术语和参考文献，大部分材料与当下诸如黑客新闻（Hacker News）、少犯些错（Less Wrong）、红迪网（Reddit）专题等报道主线相比并不会显得不合时宜，甚至融入当代英语理性主义者乌托邦极客场景当中、融入索伦特（Soylent）、融入火星殖民计划当中、融入养生"益智"智能药物补给方案以及比特币戏剧当中也不会显得突兀。

当然，逆熵主义者并非他们自称的"未来先锋"（请注意，这里对于名词单数形式的使用——"未来"是单数形式，是一个未来；"先锋"也是单数形式，是一位先锋）。但是他们是纯粹的基准，可以用来评判一个非常特定的时间、地点和亚文化的精神：20 世纪 90 年代西海岸数字乐观主义的典范表达。他们是早期航空发展中"天空意识"的可计算等价物，这预示着有望通过新技术涌现去加速实现全面的社会变革。[5] 有关他们的期刊，以及其他出版物与短时效物品的档案散发出了耀眼的金色光芒。马克斯·莫尔很早就框定了他们的信条，包括：一是，无限扩展；二是，动态乐观主义；三是，自我转换；四是，智能技术；后来他又加了第五条，自发性秩序。[6] 他们的项目旨在将累积热力学和信息熵的时间之箭移向相反的方向，即迈向"逆熵"的方向：增强智力、延长寿命，增加能量、信息、生命与增长。为此，莫尔还给自己取了一个新的名字。更名是逆熵主义者核心圈子的一种常见做法，更名后的新身份包括"MP–无限"（MP-Infinity）"西蒙! D. 利维"（Simon! D. Levy）"T. O. 莫罗""斯凯·德奥雷奥斯"（Skye D' Aureous）等，马克斯的搭档同样也更名为娜塔莎·维塔–莫尔（Natasha Vita-More），他们的前辈和精神领袖更名为"FM-2030"〔他原名为费雷敦·M. 埃斯凡迪亚里（Fereidoun M. Esfandiary）〕。

他们杂糅融合了美国自由意志主义、奥地利经济学、最新的科学技术进步（以及前瞻性幻想）、科幻小说的敏感性和时髦的涌现理论。在这一点上，他们还融入了美国加州沿海地区的文化，包括实验性饮食、自助心理学、健身、高端科技设备和看上去闪闪发光的积极微笑的正能量。正如莫尔所说，他们运行在一个定制的历史模型中，寻找着一系列不同的技术来"加速"其全面发展。他们研究新型货币，尤其是数字现金，并将其作为投机工具和助燃剂。在这个问题上，逆熵主义者持有着一个独一无二的反身性立场。

15 元 "哈耶克币"

《逆熵》杂志的封面上印着有趣的未来货币模型，它是由

"逆熵主义虚拟银行"通过"逆熵分布式网络"发行的，发行日期为 2030 年，面值以"哈耶克"作为计价单位。哈耶克本人也出现在椭圆形的肖像框当中，他看起来严肃、儒雅而又有些疏离感。5 美元的反面印着林肯纪念堂，而"哈耶克币"的反面则印着马克斯·莫尔和 T. O. 莫罗，他们戴着太阳镜，挥着手，这姿势就像正在谢幕的摇滚明星一样：看上去他们的未来是如此之光明，以至于他们需要戴上墨镜。是什么让逆熵主义者 15 元"哈耶克币"的正面和反面联系在一起呢？逆熵主义者项目从维也纳经济学的"奥地利学派"与硅谷未来主义的反直觉嫁接中汲取了概念上的力量：弗里德里希·哈耶克的身体被密封在冷冻罐当中，他将在未来复活，这就像电影《异形》（*Aliens*）中逃生舱里的艾伦·雷普莉一样。

　　奥地利学派的谈话从今天算起可以一直追溯到 19 世纪 70 年代；奥地利经济学家群体的核心人物来自同一环境，在某些情况下甚至出自同一派系和同一沙龙，包括哥德尔（Gödel）、维特根斯坦（Wittgenstein）、卡尔纳普（Carnap）、马赫（Mach）、玻尔兹曼（Boltzmann）、奥图·纽拉特（Otto Neurath）、弗洛伊德（Freud）、穆西尔（Musil）和卡尔·克劳斯（Karl Kraus）等。对于他们这一代人而言，如何以及以何种方式去了解事物并进行交流是至关重要的问题，维也纳学派就是例证，哈耶克和卡尔·波普尔与维也纳学派中其他人的关系也很密切。[7] 奥地利经济学家及其对话者的水平也各不相同。例如，路德维希·冯·米塞斯

（Ludwig von Mises）创造了一个古怪而错综复杂的理论框架，叫作"人类行为学"（praxeology），它从逻辑、公理化第一原则中推断出了所有主观的人类行为和欲望"不受经验和事实的验证或证伪"。[8] 卡尔·波普尔最著名的身份是一位科学哲学家，他是一位世界主义作者，著有政治著作《开放社会及其敌人》（*The Open Society and Its Enemies*）。米塞斯的学生默里·罗斯巴德（Murray Rothbard）是一名无政府资本主义激进分子、单一领域理论家、种族主义"古典自由主义者"，同时也是罗斯·乌布利希创建的"丝绸之路"上用毒品交换比特币市场的灵感来源。哈耶克是一位博学的、自我认同的古典自由主义者，他是 1974 年诺贝尔经济学奖得主之一[①]，他支持智利的皮诺切特独裁统治并为其背书。就我们本书的目的而言，将这些不同人物联系在一起的核心问题其实是一个认识论问题——一个与未来本身的问题密切相关的知识性问题：我们如何知道某样东西应该值多少钱？[9]

价格是一种信息形式。它们以购买者愿意支付的形式，表明了主观需求、欲望、环境以及对于未来的预期。但我们如何确定这些以价格表示的信息是准确的呢？如果事物的定价方式并不正确、资源分配不当，或是不公正以及需要调整，我们又怎么确定

---

① 1974 年，哈耶克和贡纳尔·默达尔一同获得了诺贝尔经济学奖，以"表扬他们在货币政策和商业周期上的开创性研究，以及他们对于经济、社会和制度互动影响的敏锐分析"。——译者注

其准确性呢？假设有人需要注射一针胰岛素、有人想要卡车底座的衬垫、一家半导体公司必须更新价值 10 亿美元的微芯片生产线，在这些情境下我们该怎么办：奥地利学派的论点是，为这种多样化事物合理分配资源并进行定价，实际上已经超出了任何形式的经济规划的能力范围。价格是主观需求和欲望的信息传递系统，而市场是对所有事物相对价值持续且不可判定的计算。价值，也就是价格——不是来自可以分配价值的某个伟大框架，而是来自特定人群的支付意愿，也就是价格信号，而这反过来又驱动了其他形式的行动。任何试图控制这个系统的尝试，无论多么轻微，都会降低市场发挥作用的效率和主观效用。

用霍华德·斯科特的话来说，技术治理公司承诺的革命即将从"粉碎价格体系"开始：本书开头提到的技术治理计划，就是通过从其计划经济中减去变量来解决主观价值的混乱问题，其中包括在能源预算中没有获得预先分配位置的任何人类活动——这就是试算表极权主义。对哈耶克的同事、朋友和记者波普尔来说，这些运动体现了源于对历史特定理解中产生的"乌托邦工程"倾向。[10] 而奥地利经济学家的替代方案（在波普的论点当中）是试错和开放不确定性，由个人的主观猜测、假设和冲动所驱动。这种方法将尊重个体的主体性和个人的欲望，同时创造一种流动性更强和充满活力的经济——用哈耶克的观点和看似矛盾的短语来表述，这就是一种"自发性秩序"。（而哈耶克和米塞斯更喜欢使用晦涩的术语"交易获利学",而不是"经济学",因为前者在词源上侧重于交换的含义,即"在市场中由许多个体经济相互调适带来的秩序",而后者在词源上则更强调"家庭"意味,其中暗示了市场成员通常会持有某种集体目标。[11])

这里没有控制、没有计划、没有集权式的深谋远虑;他们寻求一种万能的"溶剂",能够"溶解"掉任何试图固化市场流动性的结构。价格在不断变化,继续创造新的价值制度以及颠覆性突破,它不是用来纪念过去劳动和发明的教堂地下室,而是通过低廉定价来加速未来的到来,并在其到来初期维持社会运转,再继续驶向下一个阶段。[12]

奥地利学派理论提供了一些令人眼花缭乱的无政府主义想法——尤其是对于非经济学家群体而言,这就像大多数逆熵主义者一样,他们创造性地解读了,甚至误读了奥地利经济学的思想。奥地利经济学家谈论的其实并非科学虚构的主题,而是科学虚构的情感:经济是一台指向不可知目标的机器,它无法被控制,在计算上不可被简化,它超出了人类的操控或猜测的能力范围,它是一台由所有欲望、冲动、幻想、饥饿以及其他主观驱动力所组成的机器,它会消耗和改变它面前的一切。在最为极端的形式下,他们成了"对市场持有普遍性、绝对性超凡信仰"的使徒,他们还拥有着一套与此对应的神奇实践、仪式和禁令以谋求好的结果。而这些都始于金钱的生产。[13]

要让这些观点能够成立，货币本身必须不受任何政府或机构的干预。否则，我们如何才能确保任何价格、任何信号都是准确的——任何东西的价格都是它理应？货币是奥地利经济学家所谓"机器"赖以存在的认识论基石。如果货币变得不确定，这个系统就会在本体论崩溃的边缘岌岌可危。经济学家为这个问题提供了以下的两个主要解决方案。

第一，货币必须具备"内在价值"，这是米塞斯倡导的方法。他认为，经济均衡实际上是不可能实现的，但是不管市场自身如何发展，市场愿景都会导致市场干预的行为；因此，货币必须脱离国家的调节能力体系。（而哈耶克获得诺贝尔奖的部分原因就在于奥地利学派商业周期理论，该理论认为，经济衰退和经济崩溃是央行设定了过低利率与创造了过多宽松信贷的结果。对于货币供应的干预会给市场带来误导性信号，助长投资狂热和泡沫，进而导致无法规避的经济崩溃。）当然，寻找本质上具备内在价值货币的挑战转向了贵金属和易货经济的故事，而这些故事又被"人类行为学"精心设计的叙事所强化，它逻辑严密地描绘了所有的人类动机和价值。

第二，哈耶克所提供的替代性方案是去创建可相互竞争的私人货币世界，这会带来新方式的激增，而这些新方式可以是银行，可以是货币，也可以是其他可交换物品。他们的波动，及其主观价值的流动，在自由价格体系当中流转运行，最终将产生无异于"自发性秩序"的局面：这是一种人类行动的产物，而不是人类计划的产物。正如哈耶克喜欢的表达方式一样——这是一种从"集体大脑"这种新型信息平台中涌现的价格体系，这就像语言本身的发展一样。

构建奥地利经济理论模型是一个包含着追逐利润、盈余获取、定价和竞争的无情过程，是一个永无止境的重新估值过程，也是一个稳步加速无限扩张的过程。它以异常纯粹的方式表达了马克思对资本作为一种力量的本质的描述："拆除掉束缚生产力发展、需求扩张、生产全面发展，以及束缚自然和精神力量的开发与交换的所有障碍。"[14]

在这个不断加速扩张的体系中，逆熵主义者计划发行自己的数字货币：以他们的灵感计价，并通过密码学进行认证，这是一种两次世界大战期间的维也纳认识论，由加利福尼亚超级乐观主义者在信息处理热潮的中心得以重新发明。除了"全知之眼"外，这些货币还装饰了一个同样属于奥地利传统的逆熵主义者符号：一圈弯曲的箭头都向外扩展，一个系统同时向四面八方爆裂开来。

思想期货和"测地线"传销

"谁发明了语言？谁发明了金钱？谁对我们的社会习俗负

责？"[15] 逆熵主义者认为，所有自发性秩序的产物都是比计划更加优越的发展来源（本着哈耶克的精神）。他们不想沉溺于纯粹的愚昧之中——"无谓地浪费金钱就是熵"——而是想大量拓展通往已知未来的未知路线可能出现的机制，在成倍增长的节点上表现出突发的高效发展。[16] 逆熵主义者发现自己陷入了一个货币历史的悖论当中：为了到达已知未来的富足和转型时刻，在指数级增长和创新的"曲棍球杆曲线"上的某个地方，他们必须尽可能多地放弃对当前未知事物的控制，并将自己的事务安排到最大化的"自发性秩序"中去，而创造他们自己的货币是第一步。

他们创造了声誉货币，代表包括霍桑交易所（Hawthorne Exchange），它也被简称为"HEx"市场，他们以"索恩斯"（thornes）为交易单位，针对特定逆熵主义者的声誉、最喜欢的概念以及对未来的预测进行份额的买卖交易——这是一场几乎纯粹的信心游戏。这些交易代码符号几乎就是针对逆熵主义兴趣主题及其名人的点名：HFINN（代表哈尔·芬尼）、EXI、CYPHP、HEINLN、LEARY、RAND、MORE。蒂莫西·梅用刚发行的"索恩斯"来抬高自己的价格，然后他在该市场历史上最大的交易中从别人那里以 15 美元的价格买入"索恩斯"，这样他就可以继续推高自己的个人股价了。

他们完成了新货币的草图、论文和有趣原型，其中许多项目试图重塑乔姆的数字现金或围绕他的专利开发开源的等价物。有些人只是承诺，虽然"乔姆式盲签名"已经获得了专利，但"仅用于实验目的"应该不会让你被人揪住。[17] 芬尼本人在《逆熵》杂志上撰写了一篇有关大卫·乔姆论文的全面概述：他详细解释道，这才是真正的"数字现金"，尽管它仍然依赖于现有银行及其由政府所背书的资金。[18] 乔姆想要数字现金是出于直接的隐私问题考虑（"计算机化正在剥夺个人监控和控制有关他们自身的信息的使用方式的能力"），但逆熵主义者能够毫无困难地将其纳入他们宇宙项目的时间推进表中去。[19]

"神奇币"是乔姆式数字现金项目的分支之一，其由令人敬畏的假名逆熵主义者"Pr0duct Cypher"所开发。在概述了他对于乔姆的构想的实施之后，他在运行交易的命令行界面上对货币本身进行了四段话解释："现在，如果你还醒着，接下来就是有趣的部分：你是如何将真正的价值引入到你的数字现金系统呢？"她或他需要理解'神奇币'差不多是一种工作软件，还是一种投机性货币，同时也是某种亚文化以及这一群体对于未来发展模式的表现形式，人们应该加以适当的戏剧性来看待它。"你可以通过给你的服务器起一个带有挑衅色彩的名字，使你的'现金'更加有趣。通过重邮器来运行它可能会给人一种'地下'的感觉，这会很吸引人。你的数字现金应该是很稀缺的。"

马特·汤姆林森（Matt Thomlinson）尝试了（挑衅性命名风格的）"幻影交易所"（Phantom Exchange）发行的"幽灵马克"

（Ghostmarks）。迈克·杜沃斯（Mike Duvos）发行了"俗气币"（Tacky Tokens），而前 10 个向他服务器发送邮件的人每人可以免费领取到 100 枚"俗气币"。哈尔·芬尼采用了现有模型的代币，并试图在密码朋克的邮件列表上引起人们的兴趣，因为它突然发动了数字货币体系，让一些交易得以实现——你可以使用数字货币去购买 GIF，或者去购买各州对于身份证的要求列表。"黑色独角兽"（Black Unicorn）发行的"数字法郎"（DigiFrancs）在华盛顿特区能以十箱温热的健怡可乐做价值支撑并进行兑换，同时还能以浮动汇率去兑换"幽灵马克"——这一协议带有讽刺性的清醒色彩，就像在英国《金融时报》（*Financial Times*）发布的新闻稿一样。

还有"思想期货"，即根据未来事件按日期发行的类似息票的货币：假设在约定年份的第一天，有超过约定数量的人类已经在火星上生活了，那么这些货币就会到期承兑。《逆熵》杂志某一期就装订好了一张关于"纳米计算机将在 2020 年问世"的息票，"自 1990 年起，每年递增 5%，以美元为单位"，2025 年将由指定法官对其发行人，即自由意志主义经济学家罗宾·汉森（或他的个人财产）提出的主张进行研究之后再支付。［汉森最后一次出现在本书中是在 1990 年，当时他正在"世外桃源"项目中开发一个内部预测市场；他又接着创建了一个名为"克服偏见"（Overcoming Bias）的博客，很多奇点理论家、理性主义者先锋和各色新保守主义者都在这个博客上发表过评论。[20]]

汉森用息票发行解释了他的目标：为长期未来结果产生一个市场价格，就像一幅展现可能性的图片一样，也就是下注者的赔率，以及对于愿景实现的激励。购买息票涉及的押注问题包括对未知物理常数、海平面上升和人类向外太空迁移等的预测。这是另一种倾斜太阳能电池板以捕捉尚未湮灭的光线的方式："就像人体冷冻术一样，思想期货是在当下利用未来应该充满力量和知识这一事实的另一种方式。"[21]（也有一些货币项目及其建议，适合那些通过人体冷冻术去追求永生的人们所需要的超长期财务规划和财富管理。）

"金钱，无处不在，"理查德·波特文（Richard Potvin）在千禧年刚刚到来之时就写道，"但现在并没有足够的钱流入到超人类导向生物的银行账户，去加速我们需要看到的变化。"波特文是一名超人类主义者，同时也是"湾区人体冷冻术协会"（Bay Area Cryonics Society）以及一些类似机构的成员。在千禧年一月初的时候，他扩展了"向逆熵主义者发出购买虚拟股票的邀请"。[22]波特文写道，逆熵主义者应该成为"股票生成"（StockGeneration，简称为 SG）项目的"玩家"，这是一个使用真钱来参与的虚拟股票交易游戏。随着市场需求的增长，这些股票也将用真钱支付股息，其中一些股票的价值被人承诺会以固定利率上涨。但其实这些收入的来源是那些已经在游戏中的老玩家所源源不断招募进来的新玩家。整个操作由一家欧洲公司负责运营，其银行业务设在爱沙尼亚（和其他地方）开展，但是他们的服务器却是在加勒比海多米尼加岛注册和运营的。[23] 该计划的市场卖点之一是其完全虚拟性——它是一个与外部世界隔离"完全稳定的金融系统"，在其"游戏形式"中是完全"虚拟自治"的。任何政治动荡或经济衰退对于"股票生成"项目造成的冲击，其程度并不会大于永动机中摩擦力所产生的能量。当然，这是一个直截了当的传销骗局，但是波特文接纳了这一点。"这可不是'普通'的金字塔式传销体系，"他写道，"它更像是测地线穿顶网状结构一般的多层级超级传销体系。"[24]

换个合适的角度去看，传销属性在此也是有积极意义的：这是一种故意制造泡沫的方式，能够将足够多的资金投入到跨人类项目当中去，这让你可以在泡沫破裂之前完全摆脱传统的稀缺经济。毕竟，进入到后人类时代，人类对繁荣和萧条造成的常规性毁灭又能产生什么影响呢？利用一种资金自给的测地线式传销体系，把荒谬不经的网络狂热变成你的火箭助推器，一旦你脱离了重力井 ①，就将它分离抛弃，任其在大气层中燃烧吧。

---

① 重力井，又称为引力井，是在空间中围绕着某个天体的引力场的概念模型。天体质量越大，重力井越深，范围越大。——译者注

超频人类文明

大卫·乔姆追求数字现金是为了保护隐私，而蒂莫西·梅却在寻求一种特殊的、狭义的自由形式（"真正的选择是在完全国家以及加密无政府主义之间做出的"）。逆熵主义者同样也出于这些原因需要数字现金，但同时也是为了激发乌托邦式的变革。[25] 乔姆致力于数字现金相关工作，以支持匿名代币的提取、流通和存储，但这依旧依赖于银行对货币供应的生产与管理，以及对于重复支出者的去匿名化。逆熵主义者想要成倍增加铸币厂——这意味着五花八门、相互竞争的私人货币与支付系统将遍地开花。

在丽贝卡·斯潘反思法国革命时期货币项目的箴言中，有一句是这样写的："信任是通过重复凝结成为信念的习惯。"[26] 逆熵主义者模型的矛盾策略是将对特定技术（例如应用密码学）的经验性信任，以及对计算机行业中技术冲击所积累的可重复性经验（似乎每一天都会带来一些新的改进）的信任，转化为对逻辑上势在必行的未来的信念。对可证明事物的信任可以转化为对处于永久性破坏状态的系统能够自发运行的信念，寻求永远不会被找到的平衡状态。然后，这种信念又可以逆向发挥作用，成为"动态乐观主义"的自我强化表达。这种模型把因果关系完全

颠倒了，它用已知未来呈现不可知的当下，以确保这种未来必然
到来。

　　这个模型是这样运作的：我们正处于技术突破大势所趋的边
缘（这些技术突破包括计算、认知、长寿、生物技术、自动化，
等等），奇点的扩散处于遥远的一端，那时人类处境将要面对时
间、空间和能源的充裕。但是，我们又不能去刻意追求实现这一
点：通过规划、集中控制、资源分配，整个人类决策的工具包都
无法将我们带向那个不可规避的超人类事件，因为那种未来已经
超出了我们当前平庸、官僚、制度化的智慧了。它只能从一种毫
无摩擦的市场运行中自发诞生而来。

　　任何妨碍这一市场的事物都将减缓，甚至可能阻碍新的、自
发的、不可预见的社会秩序和技术秩序的出现：这包括美国食品
药品监督管理局（FDA）对于"智能药物"的监管、工作签证
和劳动法对于信息流量的监控、有限个人身份模型还有为了管理
经济而去控制货币的行动等。因此，不受限制的奥地利式资本主
义就像是一台时间机器，但是它并非资本主义经典意义上对于未
来结果的投资，其交付扩展了当前经济并且关闭了信贷循环。相
反，它是一种机制，从中溢出了一个彻底的、近乎形而上学的颠
覆性未来——死亡的终结，后人类超级智能的出现，解剖学和生
物学的改革，进入"生物停滞"状态死者的复活，对于行星与星
际空间的扩张，等等。这是一个"通向未来的洞"，正如科幻小

说《路边野餐》（*Roadside Picnic*）中某个角色所描述的外星人
遗留下来的未来地带，而这部小说后来也被安德烈·塔可夫斯基
（Andrei Tarkovsky）改编成电影《潜行者》（*Stalker*）："知识从
这个洞里涌现出来。当我们拥有知识时，我们会让每个人都变得
富有起来，我们会飞向星星，去到任何我们想要去的地方。"

逆熵主义者为这一过程提供了中间草图，首先他们建立了
"逆熵研究所"（Extropy Institute，简称为 ExI），并将其作为一个
永久基金会。该研究所为"自由海洋"（Free Oceana）项目筹集
资金，这是一个"海洋家园"项目，是一项在国际水域建立主
权殖民地的倡议，该项目将建立在"生物圈二号"（Biosphere II）
的研究基础上。["生物圈二号"的首席医生、抗衰老倡导者罗
伊·沃尔福德（Roy Walford）是最受欢迎的采访对象，本书后
半部分将继续拓展与"海洋家园"计划相关的内容]。在公海上，
"自由海洋"发挥了类似"社会圈二号"的作用，成了一个新的
社会和政治制度的试验台。这些模型将成为人类向太空迁移的原
型实验室，最终发展成为"逆熵城市"（Extropolis）——而那些
以"哈耶克"命名的货币也将从那里发行。[27]

换句话说，这是关于世界可能发展成的样子及其轨迹的宇宙
图景。但只有创造适当的环境和机制使世界无法被控制——这样
自发性秩序才能自由发展——然后再退出，才能实现这一愿景。
尽管逆熵主义者对西海岸的享乐乐观主义充满了幻想，但他们非

常清楚当前的技术极限——整个工业世界的性能极限——要实现他们的愿景，就必须超越这些极限。推动这种转变需要新的货币、新的交换系统、新的市场和投资。正如逆熵主义者灵感来源罗曼娜·马查多（Romana Machado）所说的，"你现在花的钱塑造了你未来的自我"。[28]

这种思路的最后一个后果在于：如果我们知道特定未来势必到来，并且我们知道如何为它的诞生去安排有利环境，我们难道不能以某种方式加速这一过程并且掌控命运之手吗？我们无法预测市场，就像我们无法确定计算停机问题的输出一样，但我们可以去制造运行速度更快的计算机。为什么我们就不能有效地超频人类文明呢？

金钱可以做到这一点——不仅是通过"超人类导向生物银行账户的金库"，还可以通过创造新的激励流、秘密市场、寻求创新的定价机制和利用自发性秩序能量的繁荣模式。尼克·萨博在逆熵主义者活动中对这种新货币的到来做出了深思熟虑的预测。[29]尽管萨博的许多预测以逆熵主义者群体的标准来衡量是很保守的——他认为"上传思想"（运行在计算硬件上的人类意识）的实现要比其他发展遥远的多——但是考虑到"需要克服经济或文化障碍"，他看好短期内人们对于数字现金和加密技术的采用。

1995 年，尼克·萨博预测，到 1999 年使用匿名电子现金的人群规模会达到 100 多万；到 2005 年，每年免征税款的匿名数字现金经济规模将超过 10 亿美元。我在这里强调这一点并不是为了嘲笑他——毕竟预测并非一门宽容的艺术——而是为了捕捉他们所感受到的紧迫性，正如莫尔所写的那样，"加快这些关键发展"的必要性。因为生活在逆熵主义者的历史模式中始终面临着一个问题：我们正处于我们几乎无法想象的变革边缘，但如果这些变革最终是在我们死后才开始该怎么办呢？

第 9 章
对未来的渴望

通过他们的计划，逆熵主义者构建了一个历史性陷阱，若要挣脱陷阱，他们只能通过人体冷冻来等待在未来复活，这是一种与他们所创造的货币密切相关的实践，同时也在比特币的创造实践当中发挥着作用。我们将跟随他们的想法去看看针对永生的极端投资所要求的金融安排，其与弗里德里希·哈耶克理论的进一步联系，以及有关从布尔什维克革命到千禧年之交人体冷冻的幻想与现实中所蕴含的经济含义。

人体冷冻编史

凭借这一未来主义悖论，逆熵主义者创造了一个异常辛酸且无比忧郁的历史模型——尽管他们总是乐此不疲地谈论着充满活力的乐观主义——但是对于生活在其中的人来说，这却是一个异常残酷的宇宙图景。逆熵主义者们知道等待他们的将是一个荣耀的未来，一个远远超出现代预期的未来，它将像一束连贯的光一样点燃了"未来的现在"的结构。有了声誉货币、虚拟金融计划，更认真的是，还有"思想期货"和数字现金实验，他们可以寄希望于这个未来，同时为它的产生提供担保。但是他们既无法准确预测这个未来的到来，也无法控制它将如何实现，更不用说什么时候会实现了。对于一群敢想敢干的超理性主义者来说，这是一种非常痛苦的状态。如果你为创造一个新兴的后人类天堂奠定了所有经济和金融基础，但自己却没能活着看到它实现，你会怎么样？

如果你生不逢时，只是在后人类生存时代来临之前的最后一代普通人中的一员呢？如果你能够再多活个几年——借助"沃尔福德高低寿命延长饮食"、装满营养品的瓶子和药盒、通过冷水淋浴产生热量、校准的健身方案（哈尔·芬尼的配偶弗兰·芬尼为《逆熵》杂志写了这篇文章[1]）——你也许就能长生不老了。

于是就有了"生物停滞"和"人体冷冻术"——这只是权宜之计，一种聊胜于无的紧急策略，来跨越距离我们并不遥远的历史边境线，就在虽然看上去马上就要到达，但当下仍未到之时。你安排了人寿保险的赔付计划——在某些情况下，还设立了更复杂、更怪异的金融工具。你戴上一个写有医疗说明的手环，甚至在胸前纹上医护人员需要知道的必要信息：紧急电话号码、所能提供的奖励，以及"静脉注射 50 000 单位肝素，用冰冷却至 10℃同时进行心肺复苏——不做防腐，不做尸检。"[2] 而万一意外发生了，你不会错过未来 10 亿年的狂欢——但不幸的是，你仍然不得不死亡。

人体冷冻术是终极的思想期货。它以一种比金钱本身更加纯粹、更加成功的形式表达了逆熵主义者的金钱精神：没人用"霍恩币""哈耶克币"或"幽灵马克"来交易，也没有人等待去兑换一沓思想期货息票，但目前已有一百多人接受了人体冷冻术，还有一千多人已经签署了手术协议。随着 20 世纪 90 年代数字现金的发展和千禧年到来，我们发现了一些争论，这些争论是有关如何将人们的意识带入这些投机性乌托邦货币所创造的未来："一种以生物医学为媒介的自我投资形式"，正如人类学家蒂芙尼·罗曼（Tiffany Romain）在她对冷冻学家研究中所说的那样。[3] 人体冷冻术使得在罗曼所说的"超长期"中去开发新形式的数字货币成为可能，将几乎匪夷所思逆熵主义者的未来转变为当下的极端投资形式。

投资和金融投机的"超长期"时间框架不再是计划退休和衰老的问题，而变成了通过资产配置来超越你的生活，最终完全超越你的金钱。阿什温·德·沃尔夫（Aschwin de Wolf）是《人体冷冻术》（Cryonics）杂志的编辑，这份杂志是生命延续与保存领域非营利组织"阿尔科"（Alcor）（而"阿尔科"的现任 CEO 是马克斯·莫尔）旗下的行业杂志，沃尔夫谈到了将"病人"从零代谢储存状态重新融入未知的未来状态所要面临的挑战："如果对这个问题给予适当的提前考虑，这个人至少在未来应该有机会获得那个时代的住宅和通行货币（假设如果在未来，我们所知的'钱'也具有同样意义的话）。"[4]与此同时，你可以建立一个朝代信托①基金，而不是将你的资产分配给自己的继承人，该信托基金将持有你的资本并赚取利息，直到你在未来"死而复生"后再去兑现它。

在这种情况下，数字现金不得不在作为价值储存手段，以及作为混乱的溶剂和媒介之间游走。前者内隐着一种保守立场，尤其是对于那些要求货币具有"内在价值"并保持维持货币的社会和技术结构的奥地利经济学理论的追随者而言。而后者是要通过获取投机性利润去破除超越道路上的所有障碍。它将摧毁现有行业，创造和摧毁市场，使法律变得无关紧要，使现有的社会实践和承诺变得毫无意义，并最终将人类自身转变成完全不同的东西。在那之前，它将像国债一样稳定，像房地产一样坚挺。

这使得数字现金工作陷入了一个自相矛盾的困境。它需要稳健的，适合在未来超长期中计价和持有的金融架构，该架构强调自然和数学常量的可靠性，如密码学的关键系统和散列方案。但

---

① 朝代信托（Dynasty Trust）是一种信托工具，理论上可以永续存在。——译者注

如果这一切的目标在于建立一个极端富裕、宇宙扩张和永生的社会，它最终可能也将被抛弃，像"测地线方案"一样摇摇欲坠。也像许多想象中的奇点机器一样，数字现金所要做的就是保障自身运行良好，从而让自己过时，然后从人们的视野中消失。

人体冷冻术使人们得以构想一个近乎匪夷所思的未来，并将其作为一种极端的投资工具。专门的"露水"——装满液氮的巨大不锈钢烧瓶里保存着人体冷冻病人的身体或头部——这实际上也是破损的时间机器，由粗糙的零部件组装而成，希望未来的工程师能够成功激活他们的货物，再把乘客从过去带走。它们整齐地排列在"阿尔科"的建筑设施中，它们是二战后美拉尼西亚的千禧年主义信徒的跑道和竹制收音机的生物医学版本——局外人称之为"货物崇拜"[①]——除了其他更直接的社会目标外，它们还意味着要去召唤必要的技术：为即将降落的飞机清理和平整着陆跑道，试图利用一种效果来推动一项事业。

科幻小说作者、技术作家和人体冷冻技术员查尔斯·普拉特（Charles Platt）（他拥有用于快速冷却身体的"液体通风"系统以及其他医学应用专利）描述了推进人体冷冻术目标所必需的态度："在科学和医学领域，首先你要证明一种技术是有效的，然后才去应用它。如果颠倒了这个顺序，你参与的就不再是正统科

[①]　一种宗教形式，尤其出现于一些与世隔绝的落后土著之中。当货物崇拜者看见外来的先进科技物品，便会将之当作神祇般崇拜。——译者注

学了，你就是在投机，就是在赌未来。"⁵虽然特定的赌博精神是必要的，甚至是至关重要的，但你必须能够交付得出"有效产品"。这种工作产品固有的挑战是，它不仅是一个成功恢复功能秩序的身体，一个将自己拼凑在一起的大脑（也许它还记得在医院病床或临终关怀门廊上的最后时刻），而且是一个能将人体完全复活的对应的未来：一个光明、健康、辉煌的后人类时代。将身体冷冻起来在将来复活，意味着必须要拥有一个可以指望得上的未来。这就是数字现金、颠覆性机器、创新引擎必须能够实现的未来。

1996 年，在同一期《逆熵》的封面上发布了两份公告。第一份公告是，乔姆的美元计价电子现金通过一家位于圣路易斯的银行发行了——"逆熵主义者可能特别感兴趣的是自由主义图书即将接受电子现金支付。"第二份公告是一则公开誓约，一个鼓励他人的例子：在十年之内，每年给一个名为"普罗米修斯项目"（Prometheus Project）的倡议捐赠 1 000 美元。这将启动一项业务，去开展一项能"令人信服地证明和发表"成功的"完全可逆的大脑冷冻保存"的研究。⁶

用罗曼的话来说，生活在这些技术的交汇点意味着"生活在可能性框架中"，而不是生活在当前现实条件中。逆熵主义者的生活是通过将经验、理性、生物医学、计算研究与科幻小说、想象力外推和创新幻想等"梦寐以求的工作"相结合来进行的。[这些"梦寐以求的工作"包括：1990 年航空工程师兰德·辛伯格（Rand Simberg）提出，通过将人体遗骸送入太空，一举降低发射和冷藏的价格，从而使得人体冷冻和太空旅游具有成本效益；菲利普·萨林的美国火箭公司当时的总裁是相关方之一。[7]而思想期货、数字现金以及亚利桑那州沙漠中的液氮"露水"（里面冷冻着本书中讨论过的几位人物的头部）就是这种特殊可能性框架及其所依赖的历史模型得以体现的卓越的人工制品。而对经济学和冷冻睡眠的两种替代解释使得逆熵者项目有了正确的视角。

我在 20 世纪的最后一夜

"你不必知道未来会发生什么，"物理学家利奥·西拉德（Leo Szilard）写道，"你所要做的就是比其他大多数人早一天了解未来会发生什么。"德国国会大厦大火之后不久，也就是阻止和审问离境人员命令生效的前一天，他离开了柏林；纳粹掌权时，他一直把两个手提箱放在门边，他把毕生积蓄藏在鞋子里带走了。总的来说，他似乎总是提前一天或几年生活，他生活在一系列难以想象的未来中，就像一个以相对论速度旅行的人（他和爱因斯坦是朋友）。

在芝加哥大学内的斯塔格场（Stagg Field）进行第一次核链式反应试验之前，为了验证他几年前在伦敦散步时开发的理论，西拉德吃了第二顿晚餐，"以防"试验效果太好，导致一部分芝加哥大学校园和许多最优秀的物理学家，包括他自己在内，都会被毁灭掉。[8] 当他们将链式反应推向临界状态，反复调整记录设备的刻度以适应中子强度水平时，西拉德感到过去和未来分裂了。（那天下午，在新时代的海岸，物理学家们用纸杯喝着基安蒂红酒，进行着低调的庆祝。）西拉德预见到在科学和技术进步的影响之下社会将经历崩溃，地球上的人类将遭遇核灭绝，机器社会来临，世界政府各国不得不去遏制威胁。他余生的大部分时间都在酒店中度过，他的所有家当都装在两个手提箱里——"能够在接到通知后立即搬家对我来说很重要"——思考潜在的未来以及如何实现它们，并撰写专利、请愿书和科幻小说。[9]

1948 年 7 月，西拉德描写了一只兔子死而复生的场景，开启了一个新故事。这只兔子被保存在 1℃ 的环境中数天后复苏过来，期间没有"明显的代谢活动"。通过注射"多莫诺"和"新陈代谢素"，这只兔子可以被安全地冷却到略高于冰点："这样我们就可以让兔子'睡着'一周、一年或一百年，就像一天一样……如果这对兔子有效，对狗也会有效……而如果能对狗有效，对人类也会有效。"20 世纪 20 年代，西拉德和爱因斯坦合作设计了一种无须移动部件的实验性冰箱（在经济不景气的年代里，西拉德就依靠这个制冷专利带来的微薄收入来维持自己的生活），而这冰箱就变成了讲述人口中的时间机器。

西拉德的故事与罗伯特·埃廷格（R.C.W. Ettinger）同年的人体冷冻科幻故事《倒数第二张王牌》都使用了长眠这种相同的叙事设计。埃廷格是一名物理老师，他的余生和职业生涯均致力于推广实用人体冷冻术的理念，而他的推理性非虚构书籍《不朽的前景》（*The Prospect of Immortality*）和《从人到超人》（*Man into Superman*）直接激励了逆熵主义者。[10]（但讽刺的是，埃廷格那影响了逆熵主义者的故事却是以贪婪、兰迪式的大资本家主人公反转作为结局的：故事主角在某个未来社会复活了，但未来社会评判了他过去的罪行，并把他扔到火星上的一个流放地。）埃廷格主张将现在的钱套利到未来无限的时间里，让你的投资获得上千倍的回报：投向"开放式未来"，他写道。[11]

西拉德故事的讲述人解释了他的计划。"我自己就打算在方法完善之后立即'退出生活'（正如我们提议的，将这个过程称为"退出生活"），并安排在 2260 年复活。"在冷冻长眠中，讲述人可以跳过几个世纪再进入到令他着迷的未来（但是，"我可不敢长眠超过三百年"，因为害怕未来世界太过陌生，会让他"太过落后于时代"）。在解决了一场关于他状态的法律纠纷后，讲述人在大厅里为自己的"冬眠"举办了一个暂时离别世界的派对，来庆祝"我在 20 世纪的最后一个晚上"。故事讲述人和他的客人之间的历史错位是非常严重的："他们中大多数人似乎有一种感觉，那就是他们正在参加我的葬礼，因为他们再也无法看到我还活着；然而，对我来说，又似乎是我在参加他们的葬礼，因为当我再醒来时，他们都不会再活着。"[12]

仅仅过了 90 年，而不是最初计划好的三个世纪，他就从冷冻的中间状态中苏醒过来，他发现自己身处一个充满冬眠可能性的社会：数千万人选择了"退出生活"。下一次大萧条来袭时，数百万人进入了由联邦补贴的冬眠状态，直到情况再次好转，并被授权在劳动力市场同样恢复活力时再次苏醒。（"为 2 500 万睡眠者运营公共宿舍的冷冻设备工厂是我们民生工程计划的一部分"，一位政治家顺便提到。）西拉德的故事中充满了讽刺性的经济策略——比如，可以帮食客将食物咀嚼成泥状的盘子，这些食客必须长期暴饮暴食，才能消耗掉为如此多的人口在未来几十年或几个世纪时间里所生产的食物盈余。

这个关于加速历史的故事核心其实是一个让历史减速的项目：讲述人担心未来会出现更极端的混乱，他成了阻碍科学进步的阴谋集团一部分——通过精心策划，让几个世纪以来几乎没有取得过真正的科学和技术进步，给"生活的艺术一个迎头赶上的机会"。随着科技进步在受人支持的幌子下被人为地扼杀，讲述人考虑是否要带着他的手提箱再离开个几个世纪，穿越边境进入未来。他说，如果变革一直停滞不前，那么"200 年后，这个世界应该是一个宜居的地方"。换句话说，他为自己赢得了一些时间。

人类复活工作坊

19 世纪末，居住在保加利亚索非亚州的物理学家兼生物学家波菲里·巴赫梅特耶夫（Porfirii Bakhmet'ev）对一个问题非常好奇：为什么昆虫在冬天不会被冻死？[13] 它们在春天如何才能复活？他研究飞蛾和蝴蝶可能进入的一种冬眠状态，并煞费苦心地把这些状态记录了下来。他发现在一定的温度范围内，昆虫看似被冻住且能无限期地保持下去，但实际上它们并没有死亡，并且能够复活。他将这种状态称为"间生态"（anabiosis），也就是一种生命活动暂时停止的状态。自然而然地，他开始好奇包括人类在内的哺乳动物是否也会进入"间生态"。我们已经可以成功地冷冻精子和卵子以备将来使用，许多动物也可以进入一种冷代谢停滞状态，然后再次恢复活力。如果人类也能做到这一点，那么能够持续多久？是一个季节、十年、还是一千年？

巴赫梅特耶夫对于这种介乎生死之间的状态的应用是简单直接而实用的，就好像他计划在炼狱般暴风雨的悬崖上安装风力涡轮机一样。你可以利用铁路运输处于"间生态"的牛和马，到达目的地之后再复活它们，这样可以在运输途中节省饲料、保持清洁以及减少牲畜的痛苦。类似地，你也可以"活"运鲟鱼和鱼子酱。如果结核病菌会在 $-6℃$ 死掉，而人类可以从 $-8℃$ 的状态复活，那么你就可以将结核病患者冷冻一周，然后治愈他们。也许其他时代的生物——严寒历史的遗迹——仍然在西伯利亚以"间生态"保存了下来，我们应该开展探险活动，寻找并复活它们。（在我写这篇文章的时候，人类物种以令人钦佩的主动性，接纳了巴赫梅特耶夫提出的最后一个概念，通过集体将地球大气层温度升高几度并融化了永久冻土，来看看我们是否能找到未知的古代病毒和细菌，并在人类生物质能燃料生长培养基中培养它们。）

在俄国革命期间，"间生态"的时间性发生了变化：它不再是一种进入到过去的方式，也不再是对当下短期经济和医疗项目的援助方式，而成了一种与未来间接互动的方式。这是一个实验性时代，"我们即将彻底重塑新生活，"未来主义者、苏联诗人弗拉基米尔·马雅可夫斯基（Vladimir Mayakovsky）承诺道，"甚至连你背心上的最后一个纽扣这种细节都不例外。"就正如重塑世界经济一样，其目标从来都不仅是健康，而是超级人性和永垂不朽。从解剖学维度来看，这相当于打开迄今未知的丰裕、效率和组织的闸门——就像亚历山大·博格丹诺夫（Alexander Bogdanov）的苏联火星题材科幻小说中所描述的一样，全自动工厂由原型计算机和数据传输工具所管理，这一切都处于劳动力、供应和生产需求的"移动平衡"中。博格丹诺夫公开宣扬并参与输血实验，这是未来社会的前奏，在那时的社会中，人类活力本身就是价值的终极储存和交换媒介——这是一种"生理集体主义"，在这种经济形态中，同志般生活的储存和流通是一种近乎心灵感应的亲密行为，而这种经济是一种自我调节的有机体，是一种自我平衡的机器。（博格丹诺夫本人在 1928 年与一名来访学生进行了换血，之后死于肾和肝功能衰竭。）

在发展现代计划经济的过程当中，另一些人转向了"青春源泉"内分泌疗法，他们通过注射"腺分泌物"和山羊激素，以及"斯坦纳"输精管切除术来恢复能量：这就是"按需"供给的后人类潜能，这也是对夺去未来先锋生命的"革命性疲惫"与"神经失调"的纠偏。埃廷格笔下的资本主义行业领袖主角，在他被冷冻安葬之前也体验了一系列类似的技术——这是 20 世纪上半叶流行的生物医学想象的一部分："他们为他注射了腺体提取物和维生素，并为他安排输血。"

本着这种精神，如果你可能在"间生态"中度过被多场内战、恐怖战争、创伤、偏执、"自上而下的革命"、营养不良和"战争共产主义"无情折磨的悲惨岁月，然后又在未来某个夏天醒来，当之前承诺的未来终于到来时，又会发生什么呢？撼动马克思主义历史必然性的想法无处不在。流行的俄罗斯科幻故事与几十年后利奥·西拉德所想的概念完全一致：邪恶的资本家在经济衰退期间将他们的劳动力冷冻起来，以此避免劳工骚乱并保持"充分就业"，并在资本主义经济进入繁荣周期之后再将他们解冻。列宁去世后不久，克里姆林宫里主张把他冷冻起来的派别几乎在辩论中占据了上风，他们承诺，也许有一天，他能在马雅可夫斯基所说的"人类复活工作坊"中被复活。诗人向未来的科学家喊话，恳求他们将自己带回一个富足与和平的时代，那时将没有人再需要钱了。他和他的缪斯——莉莉·布里克（Lili Brik）将在"30世纪"回到"繁星无数"的"未来之夜"，他们的身体将完全恢复生命力？"给我植入一颗心脏，"他请求道，"把最深处血管里的血都换掉。"

然而，其他故事中那些被冷冻保存的人们所经历的剧烈时间错位，也会随着"'间生态'的同志"被解冻，一同去到未来，他们将变为"外星人"——就像博格丹诺夫感觉到自己是外星人一样，他称自己为"被困在地球上的火星人"。他们被困在历史中，他们周围的世界变得不可理解，他们也厌倦了"时间的分裂"。复活的"'间生态'的同志"表达了不合时宜的经历——苏醒得太早或太晚。他们从历史出发，进入了一种新的时间里再也无法返回，变成了"与一切人和事物而言都格格不入"。

逆熵主义者对此冲击深感迫不及待——事实上，他们热切盼望着这一冲击的到来——尤其是因为他们从中看到了自己在未来预言中的所扮演的角色，看到了未来的社会原型与社会秩序。他们对于由技术、态度和最佳结果构成的特定动量充满了信心，而他们自己就是这种动量的社会原型。如果他们能够创造出正确的社会、货币和技术框架，他们就能够被唤醒，他们已做好了准备去迎接震惊和改变——但是他们却并不会感到意外。他们知道这些即将发生，他们知道自己并不清楚如何到达那里，只知道如何创造世界变革的初始条件，这样他们才不会被落下。

未来欲求与渴望

逆熵主义者将可预测与不可预测的事物结合起来，并从这种乌托邦运动中汲取了力量。他们糅杂了对于未来伟大事物的动态乐观主义精神与不切实际的确定性，以及对于人类规划和现有社会结构能否实现这些目标的轻蔑怀疑——期望的地平线上已有可见的曙光，增长和改善的指数曲线几乎与图表上的 Y 轴垂直。当然，我们将来肯定能够实现这些目标，但并非所有人都能做到，只有那些大胆、勇敢的人和天使投资者以及早期采用者才会到达。而这一点被标志性图片"'生物停滞'中的哈耶克"完美地捕捉到了：就像一位躺在石棺中的法老被发射到未知也不可知的未来，这既是法老持久的痴迷，也是逆熵主义者持久的痴迷。

哈耶克对于"自由"的界定非常具体——考虑到许多追随者高举他的旗帜的方式，这一点是非常令人惊讶的：他认为自由与当下的我们无关，而是与未来某些未知的人物有关。"重要的并非我个人想要去行使什么自由，而是某些人可能需要什么样的自由去做有益于社会的事情。而这种自由只有通过给予所有人，我们才能保证那些特定的未知人物能够享有自由。"[14] 这是逆熵主义者宇宙图和逆熵主义者版本的数字现金发挥作用的历史模型：一种有利的社会安排，"未知人物"可以借此来改变世界。哈耶克在 1979 年出版的《法律、立法和自由》(*Law, Legislation, and Liberty*) 第三卷中抽象总结了他的哲学模式和思想——是下面这句话，其原文全部采用斜体加以强调："人并不是，也永远不会是他自己命运的主人，人的理性总在持续进步，它引导着人进入未知和不可预见的领域并获知新的事物。"[15]

这句话总结了哈耶克对于经验主义、科学社会主义和心理学洞察力的批判，而这些都是他年轻时维也纳学术环境的特征。就个体而言，我们对自己来说是神秘的；但就集体而言，我们受制于超出我们认知范围的复杂力量和环境的支配。哈耶克是最具广泛影响力的奥地利经济学家之一，他同时也是古典意义上最具悲剧性的人物。但这并不能为他的选择或所持论点开脱——尤其是他对于独裁政权的钦佩，这些独裁政权将公共机构私有化并维持所谓"自由"市场，就像皮诺切特的做法一样——但这也解释了他理论框架的敏感性。人类与万物在宇宙中运行，身处其中的大多数人即使并未受到极力误导，但也都是无知的，而诸神反复无常，死亡等待着我们所有人。我们所能得到的最好的东西来自冲突的需求、冲动和欲望的自发涌现，而不是富有远见的计划。

哈耶克在《法律、立法和自由》一书中立论的核心是（用他自己的话来说）去区分出租车和宇宙：也就是区分由组织"制造"出来的秩序，以及从各种情境中自发"生长"出来的秩序。"它的复杂程度，"他在谈到宇宙时写道，"并不受限于人类大脑可以掌握的东西。"[16] 他将其比作晶格和有机化合物，宇宙本身源自一套描述其构成元素行为的运行规则——接下来的问题就是如何去正确地组织规则，好让我们期待的世界会自发性诞生。毫无悬念地，哈耶克又回到了他的理想模型："尤其是市场秩序，通常只会确保预期关系占上风的一定概率，但这也是诸多依赖分散知识的活动能够被有效地整合到一个单一秩序中的唯一途径。"[17] 这是哈耶克宇宙图核心的宇宙运行机制，但奇怪的是，它被移植到了逆熵主义者的运行机制中去。

正如科里·罗宾（Corey Robin）曾详细论证过的那样，这一切是典型的尼采主义——除了尼采一直都很鄙视的那种对于市场、经济和货币的痴迷之外。同样地，哈耶克寻找神秘继任者的冲动也是非常尼采主义的，"未来的哲学家"，哈耶克所称的"未知人物"，被揭示为是下一位"超人"①（Übermensch），他将去证明曾经发生的事情都是合理的——他能够实现一些我们现在无法做到的事情。[18] 哈耶克的精英主义也是如此，渴望拥有品位、优雅和财富的高级贵族，他们可以在时机成熟时开发和创造"下一系列的欲望和可能性"以及"毫不妥协地拒绝每种现代民主社会的政治结构"［正如罗伯特·德里南（Robert Drinan）所说］。[19]

在哈耶克的未来版本中，没有寡头工业王朝和永久的资本持有精英，世界将继续与人们一起辛勤工作，人们只是满足现有需求，甚至是满足于更少的需求，套用亨利·福特（Henry Ford）的名言就是"要求更好的马匹，而不是去研发汽车"。皮凯蒂的收入不平等差距——除了偶尔的再分配倡议之外，资本回报率超过了工资——对哈耶克来说这不是一个漏洞，而是一个特征。超级富豪可以满足胃口，买得起奢侈品，这将刺激新技术，压低价格，使得前卫文化能够保持活力。最后一个细节也许是最具维也纳风格的：哈耶克描写巨头和继承人的方式让人们想起他年轻时伟大的"环形大道"家族，比如维特根斯坦家族，他们会去资助诗人、画家、作曲家和建筑师。

他认为，拥有所有这些钱会让富人对未来的价格信号敏感，

---

① "超人"是德国哲学家尼采所提出的著名理论，超人是他对人的理想典范，对人类未来的最高期许。——译者注

对他们可以采取行动的冲动和欲望保持敏感。"今天可能看似奢侈甚至是浪费的东西，因为它只被少数人享受，甚至是大众做梦也想不到的，实际上却是对一种实验性生活方式的报酬，而这种生活方式终将面向大众。"[20] 哈耶克的贵族们不一定投资于这些体系，他们只是沉迷其中：这是一种将前沿技术视为奢侈品的涓滴理论，哈耶克认为从廉价冰箱、收音机到飞机飞行的所有东西都是如此。从历史维度来看，这一切都不适用于技术，尤其是在一般情况下。这是一个关于富人优越购物习惯的童话。但这不应该分散我们对这些神秘人物、对那些跟随奥地利学派而来的人产生更大意义的注意力，比如逆熵主义者：金钱提供了进入未来的试验区，而哈耶克称之为"侦察兵"的人们可以在那里找到"新目标"。[21]

　　哈耶克甚至还概述了社会主义国家应该如何去利用这一概念，这也是经济学历史上最为奇特的建议之一了："在计划经济当中……有必要去指定一些人，他们的职责就是在最新的技术进步面向大众之前去尝试这些进步……从而获知在每个阶段应该去开发哪些新的可能性，应该如何以及何时去将特定改进融入总体的发展，一个有计划的社会必须面向所有阶层提供这些……而这个指定阶层总是比其他阶层要领先几步。"而这也正是逆熵主义者试图为自己塑造的角色，用马克斯·莫尔的话来描述就是要成为"未来先锋"。这是一个融入了他们的数字现金和自由市场的项目，而自由市场是建立这个项目的基础：投机货币将是无约束、自发性秩序的燃料，它的创造者将是已经生活在未来的实验性群体，他们总"比其他人领先几步"，生活在充满新欲望和新可能性的国度。这既是货币体系，同时又是乌托邦；这既是奥地利，同时又是加利福尼亚；这既是 20 世纪 20 年代，同时又是 20 世纪 90 年代。这就是处于生物停滞状态的哈耶克。

还有一件事也将 20 世纪 20 年代后期与 20 世纪 90 年代联系在了一起：它们都是全球金融危机爆发前的繁荣时期。项目、思想、技术和逆熵主义者社区成员适应了每次危机的新背景——先是 21 世纪初，然后是比特币和 2008 年的全球金融危机。新的货币不再是思想息票和测地线计划，而是与贵金属和铸币，与自由主义政治灾难密切相关的货币形式，与有关未来行将分崩离析的理论联系在一起。数字现金再一次被赋予了新的用途：不是为了创建疯狂的密码乌托邦而推动政府消亡，不是为了保护隐私免受未来无处不在的监控侵犯，也不是为了推动持续创新加速走向一个新兴的富足和不朽的乌托邦，而是作为一种反乌托邦货币旨在预测即将到来的崩盘——对紧急情况的押注。

数字现金技术很容易拼接成属于群体、学校和亚文化的反乌托邦投机性货币的传统，接下来的章节将会详细解释：阿哥拉主义者、金虫和银虫、安·兰德的客观主义追随者（她的名字来自她的打字机，但碰巧也与南非金币的复合名称相同）、自由主义飞地和微型国家的海洋守护者及建设者、"主权个人"、数字黄金货币（DGCs）的所有者以及自己铸币的铸币人。他们的金钱，就像所有的金钱一样，都是建立在对未来的承诺之上的。他们所预期的未来是这样的，现有的体系崩坏沦为暴政、堕落和无政府状态的某种组合，而这将迫使他们回归"客观价值"的来源，并对其哲学进行验证——如果事情推进得太慢，这种崩溃可能会加速。

对于一个逆熵主义者的思想何以变得面目全非的故事来说，用哈耶克式的忧郁而不是"动态乐观主义"来结束这一章是再合适不过的了。《法律、立法和自由》是哈耶克最后一本重要的著作，也是对于他思想的总结。在最后一卷的结语部分，他写完结语最后一句话之后又跳过了一行，添加了一个简短的段落："在结束这篇结语部分时，我越发意识到它不应该是这样，它应该是一个新的开始。但我几乎不敢奢望它对我来说是这样。"哈耶克的工作对于与他同时代的人们而言只是微不足道的，他的希望——以及他的历史模型——是去创造一些东西，为那些他无法预知的人们提供新的环境。他相信这必将是一个新的开始，但是对于他个人而言却不是。

第 10 章
应急资金

.

接着，我们来看看在全球金融危机最低谷之时发行的比特币。本书之前提到的许多人物和技术又在本章重新出现了，这一章解释了数字现金发展史上出现的诸多事物是如何融入比特币的提议、思想及其代码的。追踪交汇在一起的这些片段，有助于准确解释比特币最初版本自身是如何运行的，以及该系统在运行中产生的一些悖论和问题——其中包括世界上最值钱的垃圾，以及作为热量副产品的信任。

万圣节之夜

2008 年 10 月初，全球信贷危机达到了一个临界点。随着危机在全球范围内迅速蔓延，美国政府于 10 月 3 日启动了《紧急经济稳定法案》（Emergency Economic Stabilization Act），这是一项大规模的纾困措施。"TED 息差"——贷款人如何感知信用风险的金融表达——在 2008 年 10 月 10 日当天已经超过了 4.5%：这项数据展现出了一幅前所未有的画面，说明关键金融参与者把钱藏到了安全的地方，远离了毁灭性的市场。[1] 由于投资者争相持有美国国库券和美元、瑞士法郎等看似安全的货币，较小规模的货币和发展中国家货币因此遭受了沉重打击。人们正在采取绝望的措施去维持贸易往来。以上就是比特币在 2008 年万圣节之夜宣布发行时的经济背景。"比特币 P2P 电子现金论文，"化名为"中本聪"的人在密码学邮件列表中发帖，他开篇就写道，"我一直在研究一个新的电子现金系统，它完全是点对点的，中间无须通过授信第三方。"[2]

金融乱局不仅构成了比特币的发行背景，而且一旦该软件的初始版本启动运行，这一背景就会被记录在比特币本身的分类账本当中。在启动比特币区块链的"创世纪区块"中，中本聪收录了以下文字：

"《泰晤士报》，2009 年 1 月 3 日，财政大臣即将对银行实施第二次纾困救助。"

这发挥出了类似时间戳的作用——相当于《泰晤士报》头版（这确实就是《泰晤士报》的头条新闻）放在一沓现金或人质旁边被人拍摄下来了——以及记录了对这一关键时刻的评论。这里可以做个比喻，也不算扯得太远，这是区块链账本承诺逐项忠实记录每一笔交易、每一条记录的历史性开场白：一个过度杠杆化世界的解体，记录了一项嵌入新货币的政策的彻底失败。2009年1月9日，比特币区块链第三个区块加入了时任美联储主席本·伯南克（Ben Bernanke）的 ASCII 艺术肖像。第二天，哈尔·芬尼在他的推特（@halfin）上发帖："运行比特币。"

当时，芬尼是中本聪的通信人，也是比特币第二笔交易的收款人，他积极参与了面向邮件列表所发布的最初项目版本的解读、辩论和完善工作，收到的回复包括谨慎的兴趣与相当强烈的质疑。邮件列表上有些人见证了几十年以来数字现金和匿名点对点网络项目的起起落落。其中许多项目都面临着与比特币相同的挑战：也就是规模、安全和价值问题。[3] 芬尼也曾面对过所有这些问题，事实上，他自己也曾经创建过几个类似的项目。但他在比特币论文中看到了一些新的东西，他的第一感觉是有希望——"比特币看上去似乎是一个非常有希望的想法"——当然他在很长时间内都一直在寻找类似的东西。[4]

在比特币的早期发展过程当中，芬尼并非本书读者唯一知晓的人。中本聪与亚当·贝克通过信，后者曾建议中本聪参考戴伟的"B 币"项目，中本聪在最初的比特币论文中也引用过贝克、戴伟和拉尔夫·梅克尔的前期工作。芬尼曾提到尼克·萨博的"比特金"项目，并将其作为进一步比较和讨论的主题。比特币最初发行的邮件列表是由佩里·梅茨格运行管理的，他是一位密码朋克，创建并主持了第一个逆熵主义者电子邮件论坛，甚至连"世外桃源"项目的泰德·尼尔森稍后也会出现，并提出他对有关中本聪这个假名背后人物真实身份的看法。[5]

比特币所使用到的所有技术组件和概念早在 2008 年就已经存在了。许多内容我们已经在之前的章节中介绍过了，其中包括工作量证明系统、公钥加密、戴伟对于"B 币"的广播和竞争协议的概念概述等。比特币项目的早期草案——中本聪和戴伟在通信中讨论过——当时他们仍然称其为"电子现金"（electronic cash）。几十年前相关辩论、提议、程序和原始模型构成了比特币首个版本诞生的背景：而这条概念主线也贯穿于逆熵主义者、密码朋克和实验性基础设施项目（例如"美国信息交易所"和"世外桃源"项目），以及展示数字现金可能发展前景的最早草图当中。

在 2008 年万圣节的前后几个月里，围绕着中本聪有关比特币的提议及其相当粗糙和古怪的原始代码实现，人们展开了多轮对话，并提出了诸多建议和改进，而这些汇集在一起，激发了渐进式的技术进步与惊人的理论突破。相较于后期的夸夸其谈、炒作、大手一挥就改变世界的海口，以及笼罩在比特币周围的修辞迷雾而言，中本聪自己的信件与留档材料则显得令人耳目一新，因为这些材料毫不做作，而且对于前期相关工作保持着谨慎的兴趣；中本聪与戴伟的部分谈话涉及如何去准确引用他的"B 币"

提案。（第一次发布之后，中本聪写信给戴伟介绍比特币项目时说道："我认为它几乎实现了你在'B 币'论文中提出的所有目标。"[6]）这并不是一种从不明飞行物货舱中横空出世的新技术，它整合了几十年来已发表的密码学和计算机学科的研究成果，从点对点网络技术到数字时间戳再到数字现金方案的概念框架——这些对于前期原创论文的文献引用最早来自 1957 年，这是一个被称为"赌徒的毁灭"的概率理论问题。

比特币是一种混合技术的举措，是一种在新的安排下对先期发展的重新组合，其中有缺失的部分、杂乱无章的部分以及大量需要进一步改进的领域。在比特币论文首次发表一周后，芬尼通读并写了一篇长文回复，回复中融合了鼓励与一系列精确的技术问题，试图去弄清楚实际系统中有多少部分是可以实际运行的。得知中本聪正在开发该软件时，他温和地建议道："我认为更加正式的文本描述……将是有益的下一步工作。"[7]

计算工作货币

当我们去审视第一版比特币的运作方式时，我们看到前几章描述的早期技术及其工具迅速到位了。但这并不意味着前期相关工作就是比特币直接的借鉴先例或灵感来源——例如，中本聪显然是在与贝克通信后才知道戴伟的——但这确实揭示了一系列共性问题和解决这些问题的方法。其中，最突出的问题是芬尼2002 年为逆熵主义者社区所写，关于"B 币"的笔记中所暗示的："货币与原子无关，它与比特有关。逆熵主义者应该摒弃基于物质商品的老式金钱观。"前期诸如"B 币""比特金""可复用工作量证明系统"等项目，以及现在的比特币项目似乎表面上都满足了这一需求——它们都创造了完全基于计算的货币，而没有任何支撑、证明或保障其价值的物质基础：金钱就是信息，信息就是金钱。

芬尼所指的不仅仅包含迪·霍克的意思，这位维萨公司的首席执行官在 20 世纪 70 年代提出了以"受到担保的字母数字字符数据"形式进行电子价值交换的设想。霍克感兴趣的是，如何将金钱存储为数字电子信息——作为"遵照约定的能量"——以及如何通过电话线、无线电波和迄今未知的通信媒体进行货币的传输、接收和验证。而芬尼寻求的则是超越这一步：货币自始至终都是计算性的，而不仅仅是格式上的改变。（即使是乔姆的数字现金，尽管其非常出色，但它也只是一种创造现存货币临时数字版本的方法。）芬尼做的并不是将智能手机引入本来就可以用支票簿进行的交易当中，也就是将现有交易关系数字化和电子化，他所追求的货币本身就是一系列计算过程的产物。

因此，加密货币中有"crypto-"这个前缀。该前缀通常表示

"把……加密",其中包含"秘密"的意味,但人们经常将它与比特币最初所承诺的"参与者可以匿名"混为一谈;这种理解虽然没有错但具有误导性。从发布伊始,比特币系统的核心——类似于"比特金""B 币""可复用工作量证明系统"代币的组件——就在于一组加密(或加密相邻)过程,就像工作量证明系统中使用的部分哈希冲突问题。这些都离不开计算本身:其过程脱胎于密码数学、计算机科学,以及迪菲和赫尔曼所说的"廉价……通用数字硬件"的交叉领域,并且实际上也只能在这些交叉领域中发挥作用。[8]

当芬尼下载了中本聪的"比特币 v0.1"软件版本草案时,他得到了什么?中本聪在论文中承诺,其"主要属性"如下:

通过点对点网络防止重复花费;

没有铸币厂或其他授信方;

参与者可以匿名;

新货币由"哈希现金"风格的工作量证明来生成;

生成新货币的工作量证明同样也可用于支撑防止重复花费的网络。[9]

在本书中,"重复花费"问题已经以各种形式出现过了:从设计上看,数字信息是完全可以被复制的。你如何防止一个数字代币被同一个人重复花费两次及以上？有什么办法可以阻止对于货币的"剪切和粘贴"？从另一个角度来看，同样的问题可以重新表述为，有什么办法可以阻止一些新的"神奇计算机货币"（Magic Computer Money，简称为 MCM）的创造者去生成比他们所声称数量更多的 MCM 代币？

你可以通过中央服务器或分类账来核对交易，从而避免货币用户的重复花费，但你必须信任服务器。"可复用工作量证明"让服务器变得可见，因为它接受已使用"可复用工作量证明"代币并发行未使用代币；芬尼的"透明服务器"系统提供访问接入，接入者可以访问查看服务器在任何时间正在进行的事情，而不会轻易受到人为操纵。"比特金"和"B 币"都维护着共享的公共分类账；萨博的项目设有分布式、"不可伪造的……数字签名链"，可以用于证明何人在任何时候拥有什么，戴伟的"B 币"本身有针对新币生成成本的投票系统和对于活动的公开广播。上述三个项目在生成新货币时都要应对相同的工作量证明挑战——这是一种生产"昂贵比特"的方式。

中本聪的比特币将上述这些想法融合在一起，将银行、现金和铸币厂融为一体："新币生成所需要的工作量证明同时也为网络提供了防止重复花费的能力。"它保有一个单一、共享、广泛分布、仅允许添加的数字分类账——这个分类账可以跟踪每笔交易，将其活动捆绑成"块"，其中包含每枚比特币过去和现在的所有权信息。信息可以被添加到这个分类账中，但永远不能被人删除或更改。所有"节点"——比特币网络上的所有参与者——都持有一份账本，即"区块的链"（chain of blocks）[中本聪在原始论文中从未使用过"区块链"（blockchain）这个词]：也就是针对每个事件的存档，在这些事件中，认领给定比特币的权利从一个地址转移到另一个地址。每笔新交易的散列值都附带时间戳，由双方使用私钥加密签名，并被广播给所有节点以供核查。尚未添加到账本中的新交易累积成一个新区块，所有节点开始尝试为这些数据生成一个困难的工作量证明散列值。（从技术上讲，出于安全考虑，他们实际上必须应用两次散列函数——这更具挑战性。）这被称为"挖矿"，其中原因很快就会变得清晰。

第一个成功完成哈希挑战的节点将区块信息发送给其他所有人，其他人将链中的新区块添加到他们保留的账本记录中——至少在理论上是这样。在实践中，比特币网络的结构意味着可能同时有多个候选区块——例如，在地球表面不同地方"挖矿"的计算机在传输结果时可能存在数微秒级的延迟。如果存在不同的区块链，或者是节点试图为主分类账循环不同的下一条目，那么网络上的每个人都会自动使用更长的条目链，即拥有更多网络整体处理能力的条目链会更投入其中。

这一点，再加上工作量证明挑战的难度不断攀升，就意味着至少理论上是如此——除非特定节点在解决问题方面始终领先于网络的其他部分，否则任何节点都无法伪造交易或恶意干扰账本的整体运行。坏节点必须控制整个网络一半以上的总计算能力才可能实施这种方案（但是事实证明，这种保护远不如最初看起来那么可靠，但目前还是让我们聚焦探讨最初的版本吧）。通过该系统，区块链就分类账达成了共识——但这是一种非常特殊的"共识"，其基础并非集体决策，而是替代版本成功挑战规范记录的概率必然稳步下降。[10]

如果工作量证明挑战变得越来越困难且日益昂贵，为什么网络上还有节点会费心去"挖矿"呢？答案就是为了"生成新比特币"。首先解决当前工作量证明挑战的节点将被分配可获得 50 枚新比特币的权利（自那以后已减半至 25 个），同时支付交易费用。因此，"挖矿"就像你在电子游戏中挖掘资源一样，每按 30 次按钮你就有机会获得矿石奖励（萨博在他的"比特金"提案中描述产生"挑战字符串"散列的计算工作时，同样也使用了"比特金矿工"这样的表述）。因为工作量证明问题的难度会随着每个解决方案或一组解决方案的增加而逐渐增加，所以你可以来设计系统，使问题随着更多计算机加入网络而变得更加困难，这些问题总是需要一定时间去解决。而这就保持了新币生成速度的一致性，并且随着所有比特币节点的网络变得更加强大，新币本身的生产成本也变得更加昂贵。

中本聪在最初的论文中写道，比特币的生成总量是有限的：

"一旦预定数量的比特币进入流通，激励形式就可以完全转变为交易费用，并且完全不受通货膨胀的影响。"面对那些并不知道这个选择有多重要的人们，中本聪采取了据实告知的方式，他在2009 年 1 月 8 日发布的第一版软件公告中添加了一个细节："比特币总发行量为 21 000 000 枚。这些币将在网络节点制作区块时分配给不同节点，其数量每 4 年减少一半。"[11]

这就是账本。账本用来跟踪记录货币，而添加账本的工作创建了货币。那么，这些货币究竟是什么呢？

签名链

早在 20 世纪 80 年代末，蒂莫西·梅就曾向密码朋克社区发出提问："什么是'数字钱币'？"这里有一个答案：它根本不是"币"——既不是一些离散的比特串，也不是一些数据单位——而是一个集体验证所有权的系统，在这个验证系统之外，它其实并不存在。[12] 没有目前拥有它的比特币账户，任何币都不复存在；"币"本身就是被拥有的财产。（整个系统可以用泰德·尼尔森在 20 世纪 70 年代针对"世外桃源"项目的描述来概括："技术结构和所有权公约"。[13]）这是中本聪提出的前提中的含义之一："我们将电子钱币定义为数字签名链。"一枚钱币无法与其签名验证的交易历史剥离开来——事实上，它就是那些交易本身。

实际上，你并不拥有比特币——因为构成特定比特币的"比特"是无法被任何人拥有的。相反，你在分类账中拥有的是认领特定比特币并可以将其转让给他人的权利。交易并不意味着比特币被"易手"了（身体隐喻从未如此具有误导性），而是权利被"易手"了，即通过添加到分类账中的交易更新来重新分配权利。

在萨博的"比特金"项目中，上一个已解决问题的结尾充当了寻找下一个稀有散列的"挑战字符串"，将标题链中的条目密不可分地持续链接到第一个；在美国国家标准和技术研究所可靠的随机数生成器中，每条新广播都包含前一条广播的散列，而上一条广播又会包含再之前一条广播。在中本聪的比特币中，账本上最近交易区块的散列一旦被验证和接受，就会成为下一个区块的起点，并将它们链接成一个连续的交易链，一直延伸到"创世纪区块"——也就是"财政大臣即将对银行实施第二次纾困救助"的那条——以及中本聪和芬尼之间的实验性交易。类似地，比特币的"币"本身只是数字签名链：对于认领权的记录。这里所谓的币其实是一个档案系统的产物，其中针对币的来源和监管链进行了细致的、自动化的记录，但是其中并不包含实际的项目——只有交易记录和所有权日志，这些币的存在是由它们的交易记录和所有权日志所构成的。

中本聪清单上的承诺之一是"参与者可以匿名"。这种有条件的"可以"规避了账本和签名系统实际要求的权衡。它不需要带照片的身份证、电子邮件地址，也不需要真实姓名；持有和交易比特币所需要的只是账本上的一个地址，它只是一个新生成的加密公钥（或者更准确地说，是该密钥的散列值）。还有什么比这更匿名的呢？但是你的地址所参与的每笔交易都在公共账本中永久可见。乔姆的数字现金在交易上是匿名的，甚至比钞票本身更加匿名：一旦从你在银行的（指定且已识别的）账户中提取出来，这笔钱就不能与你的购买活动联系起来。比特币则有着相反的安排，一个匿名账户使用的资金是无条件可见的、可被追踪的和公开的。（后续项目一直在研究真正匿名、不可追踪的现金，无论是通过在比特币上构建，还是开发新的加密货币。[14]）想象一下，这就好似每张钞票都能够像家谱卷轴一样展开，同时附上整个流通过程的故事供你查看。

对于好奇的人来说，之前每一笔交易都可以立即被联系起来，并建立起所有互动的网络。正如随后事件所揭示的那样，将比特币地址与可能同你真实身份相关的信息意外联系起来，例如电子邮件地址、论坛帖子、邮政地址，或者试图将比特币出售为其他货币或商品，不仅会暴露你的身份，还会通过账本中的交易历史暴露你的活动和同事网络的时间戳日志。人们试图使用大量地址来隐藏自己的活动，但事实证明，这种策略在网络图消歧面

前是非常脆弱的，很容易暴露出共同的联系和关联。人类可能会
去试图隐藏自己，但他们的钱却只有一个身份，而且永远不会被
人忘记。

51° 33'31.6224" N，2° 59'57.987" W

要理解这种制度可能产生的特殊安排和悖论，让我们来看看
来自威尔士的詹姆斯·豪厄尔斯（James Howells）的案例。

"实际上，他们开着卡车把我带到了垃圾填埋场，"豪厄尔斯
在 2013 年回忆道，"一路开到他们当时正在处理的沟渠。"[15] 过
去几个月内镇上任何被扔到垃圾桶里的东西现在应该都在那片填
埋场的某个地方，就在三四英尺深的垃圾和泥浆下面，浸透在威
尔士的雨水中。填埋场某处埋有一个废弃的硬盘，当时价值近
3 000 万美元。当然，这个硬盘本身并不值钱——它是一台戴尔
笔记本电脑的一部分，这台电脑因为被液体溅洒而报废了，因此
也被拆成了零部件。后来这块硬盘在抽屉里放了三年，直到豪厄
尔斯在清理抽屉时发现了它，然后就把它扔掉了。

硬盘上存着 2009 年的资料：那是一串字母和数字——一组
衰减的亚微观磁条。这些是或曾经是比特币钱包的私钥——一
个被赋予了交易 8 000 枚比特币的专有权的地址。（正如我们将

会看到的，时态在这里是一个棘手的问题。）这些比特币是 2009 年豪厄尔斯利用几个月的闲时"挖矿"得到的产物，直到当年 4 月底，比特币平台是全新的、网络上节点很少，挑战因此异常容易。但豪厄尔斯停了下来，因为在"挖矿"过程中解决部分哈希冲突问题时，笔记本电脑风扇会持续不断地发出噪声，还有电脑散热的问题。当时，比特币"挖矿"对他而言只不过是一个业余项目，没有私钥就没有办法访问或交易这些比特币。到 2013 年，它们的价值——也就是其他人愿意用其他货币支付的价格——已经从零上升到每枚超过 1 000 美元。

豪厄尔斯研究过如何去翻挖垃圾填埋场，但这可不是一项简单的任务：他需要雇佣一个团队，租用两台挖掘机和保护设备，在足球场大小的场地里翻挖几个月的湿垃圾——这似乎也是一种不同的"挖矿"方式——去寻找一包香烟大小的东西。当然，在那堆积了几个月的垃圾和泥浆当中，可能还有其他被丢弃的硬盘，哪个硬盘才存有确切的模型？取证数据恢复工作需要花多少钱，他们真的能恢复出任何东西吗？如果他们找到的是错误的硬盘，那么需要花多长时间才能发现？有人还提出让纪录片工作组拍摄并资助挖掘计划。"为什么我现在不拿着铲子出去开挖呢？"他在采访中问自己。

你或多或少知道这块硬盘在哪里：它就在威尔士纽波特镇的垃圾填埋场，位于艾布河的拐弯处，大约在 51° 33'31.6224 "N 和

2° 59'57.987" W 的位置。你也知道比特币在哪里：其区块链地址是"198aMn6ZYAczwRE5NvNTUMyJ5qkfy4g3Hi"，只要区块链本身仍然存在，它仍将保持可见和不可访问，它仍将存在同时也已丢失。[16]

信任灯泡

早在比特币系统诞生之初，芬尼其实就注意到了这个能让豪厄尔斯放弃"挖矿"的悖论：计算货币，即完全由比特而非原子组成的货币，实际上却移动了大量原子。空气分子来回运动，在尝试一个接一个地解决部分哈希冲突问题时，需要在微芯片上散热；为此风扇需要不停旋转；芬尼的儿子在注意到软件运行时需要他的笔记本电脑去做大量工作之后就卸载了它。尽管比特币被归类并被描述为"虚拟货币"，但在实践中，它远比 17 世纪商人的汇票更具有物质性。确保这种数字现金稀缺的是将电能通过摩擦转化为热量；它是一种生产和交易都受到支出和浪费限制的货币。比特币不是魔法，而是一种特定背景下的技术，而构成这种技术背景的一部分是电网、微芯片制造业务和地球大气层的发展与变化。

使用中的电线必须耗散能量，这意味着会产生热量。导线，尤其是从微观和亚微观尺度来看，微芯片上迷宫般密布的导线尺寸是如此之小，而距离又是如此之近，以至于我们几乎可以把它们想象成抽象的物体，就像物理学入门中的无摩擦平面和无质量滑轮一样——引用工程师和科学家丹尼·希利斯（Danny Hillis）的话说，这是一种"无成本、无体积的理想连接"。[17] 但实际上，电流通过导体是需要时间的（请回想一下格蕾丝·霍珀的"纳秒"），同时导致焦耳加热，电子和原子、离子之间的碰撞会释放出动能：热量与电流的平方成正比。你能通过皮肤感受到白炽灯泡的发热，白炽灯泡里的灯丝对通过它的电流产生电阻。

因此，发热从一开始就是电子计算必须面对的问题，而计算噪音时散热风扇产生的轰鸣声在过去和现在都是问题。[18] 里程碑式的克雷超级计算机是热量循环和散热管理方面的杰作：有如家具大小的散热器碰巧也能进行计算。最初"克雷 1 号"所有专利都是冷却方面的创新。[19] 这些机器的构建师西摩·克雷（Seymour Cray）还拥有一项惰性液体的使用专利——这种液体不导电，因而对计算机组件来说是安全的——你可以在其中浸泡冷却电路板："但不幸的是，理论上可行的高密度微芯片在实践中却无法实现，除非如此高密度的电路组合产生的大量热量能够被成功去除掉。"[20] 如今，世界各地只要有廉价或免费电力供应的地方，都会有这样的"高密度组件"在安全设施中运行着，同样的液体（氟惰性液体）在装满安装了微芯片网格板架的罐子里沸腾。这些芯片每秒产生数十亿次散列，试图实现一场超大规模、不太可能实现的单列碰撞，这场碰撞除了证明它自己的艰难发现之外什么也证明不了：它们都在"挖掘"比特币。

在部分碰撞挑战中发挥作用的 SHA-256 算法本身并不有趣；你也可以用铅笔和纸手工计算来猜测比特币"挖矿"的解决方案——尽管"与硬件挖矿相比，这个过程非常缓慢，完全不切实际。"[21] 肯·谢里夫（Ken Shirriff）承担了这项异想天开的任务，他发现使用铅笔和纸在大约一天半时间内可以算出一个完整比特币区块的散列值——对碰撞挑战的一次猜测，也就是每日计算 0.67 个散列值（"尽管通过练习，我可能会算得更快"），相比之下，为了解决比特币散列问题而定制的芯片是以每秒钟产生数万亿个散列值作为标准的。施里夫还计算了他的相对能量消耗，假设他一直坐在一张桌子旁，以他静止代谢率来完成 SHA-256 的计算步骤：大约每消耗 10 焦耳能量可以产生一个散列值，相比之下，典型的（当时）比特币哈希硬件速率约为每消耗 1 焦耳能量可以产生 1 000 个"百万级散列"①（megahash）——这意味着人类的效率要比机器低 10 万亿倍。[22]

在理论和实践中，比特币都与运行在廉价、强大硬件上的计算过程密不可分：如果没有数字化动态影像（尤其是视频游戏）

---

① 哈希速率值，1MH/s 即每秒钟 100 万散列。——译者注

市场，这个系统就不可能存在，这些市场的发展压低了处理繁重计算业务的微芯片价格。它还对电力有着贪婪的需求，电力必须来自某个地方——燃烧煤炭或天然气、旋转涡轮机还是衰变的铀——并且这些电力没有被用于比计算毫无意义的散列更具建设性的事情上。21 世纪初最复杂、最精细的基础设施和技术的整个体系都被用来征服无用的东西。这是约翰·梅纳德·凯恩斯对金本位制支持者批评其注资提议的讽刺性回应的翻版：他建议，只要把钞票放在瓶子里，埋在废弃的煤矿里供人们去挖掘——这是一项无用的任务，但可以减缓新资金的流通，并为人们提供工作。"的确，更明智的做法是让人们去建造房屋之类的；但如果在这方面存在政治层面和实际的困难，上述措施总比没有强。"[23]

监管交易和防止重复花费的过程——以及货币持有者眼中对于可信度、信心和货币价值的看法——需要将计算的物理学转变成一种摩擦制动器。这是一个故意降低效率去生产副产品的过程，就像可见光来源也会产生焦耳热一样，和白炽灯泡一样它产生的几乎全是热量，其社会功能只是一种非常微弱的连带影响：信任灯泡取代了那些"受信第三方"。通过这种方式，也只有这种方式，让比特币与白银和黄金有了一些共同之处：你可以通过热导率来了解它们的部分属性。它们在一定程度上通过热量部分证明了自己。

通过上述角度，你可能也会对货币另一个完全物质的组成部分感到好奇：它是流通的，它会被人传递。货币之所以成为货币，因为其在未来会被接受：被国家接受用于纳税，被商人接受用于清偿债务，被亲属关系网、朋友和社区接受用来表达承诺、尊重、声望和感情的交流。但这里所解释的加密现金工具所有技术复杂性中仍然缺少最重要的组成部分：谁想要它，为什么想要它？

事实上，比特币哈希冲突问题所产生的信任并不是对比特币价值的信任，这种信任只能通过他人的接受才能产生。这其实是对比特币稀缺性的信任：你可以亲自去验证到底有多少比特币存在、有多少正在流通、又增加了多少。所有的电力、专用芯片、沸腾的氟化物冷却剂、风扇的轰鸣声都服务于保证不存在重复的"币"，新币正以预先设定及固定的数量毫无争议地被生产出来，同时保持着其稀缺性并使其越来越稀缺，正如中本聪所说，"这类似于金矿开采者消耗资源来增加黄金的流通"。[24] 这些币是网络上的数字签名链，它们消耗电力而不产生其他产品，是无法在同一网络之外被消费的币，它们是没有其他价值，也没有内在需求的币——但通过不断的社会努力，这些币在每一点上都可以与黄金相提并论，以此鼓吹对于它们的价值承诺。[货币人类学家比尔·莫伊雷尔（Bill Maurer）、泰勒·内尔姆斯（Taylor Nelms）和拉娜·斯沃茨称之为"数字金属主义"：在黄金模型中"通过对货币供应的算法控制"，在人类社会外建立价值基础，但这依赖于"社区和信任的社会动力",以及通过散文、视频、特技、宣言甚至诗歌产生的兴奋。[25]）当被要求提供账户生日信息时,中本聪选择了 1975 年 4 月 5 日。1933 年 4 月 5 日,在另一场全球性金融危机当中,罗斯福总统签署了第 6102 号行政命令,该命令禁止在美国境内囤积黄金①,这一时刻在自由意志主义者的噩梦当中显得尤为突出。（而中本聪为什么选择填写 1975 年呢?因为罗斯福签署的行政命令在 1975 年时被完全撤销了,美国人再次可以合法拥有和交易货币性黄金了。）[26]

2008 年,当比特币提案首次出现在密码学邮件列表上时,话题转向了对货币本质和数字现金中"客观价值"可能性的讨论,而这有可能淹没技术辩论。列表管理员佩里·梅茨格不得不介入进来,"我自己就是一个狂热的自由意志主义者,但这里不是狂热的自由意志主义者邮件列表。请大家坚持讨论协议本身或是其直接实用性,而不是法定货币的严重危险、税收问题或谁家米尔德里德姨妈的金币收藏等。"[27] 在投入运行的最初几年里,比特币是由当代危机的环境和自由意志主义逃避的特殊幻想所塑造的,这也为比特币的价值提供了一个框架:用稀缺的加密货币来抵消"法定货币的严峻风险",这是非常时期的应急货币。

---

① 该行政命令中,"囤积黄金"被定义为从银行系统中提取超过 100 美元的黄金（金币、金条和黄金凭证）,除非持有者有豁免权。——译者注

第 11 章
挣脱地域

现在我们已经了解了自由意志主义投机货币的背景，比特币在这里找到了自己最忠实的种子受众。追踪这些货币——尤其是理解金属货币和贵金属的重要性——将带领着我们去探索流氓铸币厂、阿哥拉主义者小说、野猫银行、数字黄金货币，以及并不存在的公海微型国家货币制度，最后是西兰公国试图创建离岸数据天堂的余波：适合比特币版本的数字现金，都是极富想象力的领域。

抛　落

对于自由主义者、奥地利学派支持者、客观主义者和（大部分）极右翼铁杆硬通货理论家而言，金属货币很有分量，从字面和比喻含义都是如此：它们是被作为未来历史的钱币艺术品

223

而铸造的。金属货币象征着对有形价值形式的获得和控制，是新主权秩序的实体体现。它们是来自世界领土权力新安排的人工制品和投资，是来自"外部"地域的代币。有时它们只是符号，亏本发行以提振士气；有时它们被溢价出售，成为有待未来赎回的筹资工具。无论是在何种状况下，它们都让人联想到不同的价值秩序。

2009 年被捕时，伯纳德·冯·诺特豪斯（Bernard von NotHaus）仍然是夏威夷皇家铸币公司（Royal Hawaiian Mint Company）的厂长，他自称为"自由美元"（Liberty Dollar）的钱币设计师，这种铸币是在"废除美联储和国内税收法全国组织"（National Organization for the Repeal of the Federal Reserve and the Internal Revenue Code，简称为 NORFED）的支持下，由位于爱达荷州科达伦（Coeur d'Alene, Idaho）的"阳光铸币厂"（Sunshine Minting）铸造的。[同时他还是自己创立的"檀香山自由大麻教堂"（the Free Marijuana Church of Honolulu）的大祭司，"吸上一口'大麻'，归靠上帝"是他们的口号。]他的故事始于 1974 年，当时他和他的搭档特尔·普雷斯利（Telle Presley）写了一篇 19 页的文章：《理解价值——一篇经济研究论文》（To Know Value—An Economic Research Paper）。[1]

这篇风格古怪的文章是作者"精神顿悟"的产物，该文章以献给"奥尔德斯·赫胥黎之梦"（the Dreams of Aldous

Huxley）作为开篇，上来就引用了斯瓦米·克里亚南达（Swami Kriyananda）与"黄金虫"、通缩理论家以及几期《电视指南》（*TV Guide*）的一些内容。本质上，这篇文章是对于本体论和认识论的陈述：有关某个事物怎样才算是"真实的"，以及它们如何被人们认识到是"真实的"。而文章对于这一论点的论证既不复杂也无法令人信服，因为其中充满了循环逻辑、危机煽动言论以及类似"尤达作为经济学家"①的陈述，比如："人们为什么要去购买黄金？理由就在于它是什么，因为它是黄金。"然而，就其直接性而言，它又是一篇对一种基本信念进行论证的示范性文献，即去证明贵金属铸币是一种高级货币的认知。"黄金只有对于那些不了解它的人而言才是不确定的。"他们写道。"每个人都看到了商品，评估了它，并且同意接受它"：这是一系列具有神秘含义的认知方式。[2]

相应的，关于冯·诺特豪斯发行铸币的司法诉讼最终引发了一系列问题，但这些问题并非关于价值，而是关于认知的——关于金属货币的文化和法律意义。它并非金属货币，而只是一枚"徽章"。在美国，"制造、发行或流通……任何用作流通货币的金银或其他金属货币……都是非法的。"因此，"自由美元"发行

---

① 尤达大师（Master Yoda）是《星球大战》（*Star Wars*）系列作品中的重要人物，绝地委员会大师，曾担任过绝地武士团最高大师。此处作者用"尤达作为经济学家"的表述是为了说明文章观点缺乏严谨论证。——译者注

的"私人自愿易货货币"并未采用金属货币和纸币形式，而是以"徽章"和"仓单"的形式发行，人们可以拿着凭证去爱达荷州特定场所兑换贵金属。凭证既有纸质的，同时也以数字化"电子自由美元"的形式存在——这是一种"数字黄金货币"，也是一种奇怪的电子货币分支。

铸币商在发行声明和购买协议中一丝不苟地明确说明，他们并未生产货币："（我们）从未声称过，现在也没有声称'自由美元'是法定货币，'自由美元'并不是法定货币也不自诩为法定货币。"你若想从拥有共同意识形态和受众的不同组织处购买新"自由美元"银币，你必须先回答一系列问题："你是否能理解新'自由美元'是 1 金衡盎司 999 纯银、私人发行的银币徽章，而不是由任何政府发行的金属货币？……你是否能理解类似新'自由美元'的银币徽章本身也可能具有钱币、艺术、情感、历史或其他价值？"[3] 理论上，你应该采取一种直接的、身体感知的方式亲自去接触这些金属制物，而不是以银行或国家作为参考，尽管这些金属货币同时也意味着可以代你针对上述抽象实体提出质疑。冯·诺特豪斯要求重审其案件的动议引发了这样的悖论："陪审团的裁决将一个旨在取代美联储系统运行的项目与一个旨在欺骗人们相信冯·诺特豪斯从一开始就抗议的项目混为一谈了。"

"自由美元"项目与"主权公民"运动密切相关，其想法都是基于一种真实感。其中有真实的体验，是一种立竿见影的、"脚踏实地"的身体体验，还有针对政府和社会的险恶假想内容。这些金属货币之所以有意义，是因为你可以持有它们，可以对其称重与化验分析。这些仓单之所以有意义，是因为理论上你可以拿着凭证去科达伦兑换等额的白银，事实上，仓单上明确标注着五年之后，白银价值的 1% 将被用于支付其存储和保险费用。[4] 为此，必须有人驾驶着叉车在爱达荷州仓库的坚固保鲜库里堆放银锭、检查消防喷淋装置、检查闭路电视录像：而这就是对于真实性的储存与维护。

正如"'自由美元'大学"培训项目所教授的那样，针对意识形态上并不认同这种激进货币的人们，"抛落"是一种他们所惯用的关键性销售技巧：一名联邦调查局卧底特工将此总结为"'废除美联储和国内税收法全国组织'成员拿出一枚'ALD'（'自由美元'）硬币，将其抛落到目标客户的手里，这样他们就能亲身感觉白银的重量了。接着'废除美联储和国内税收法全国组织'成员就会发问，'你接受白银吗？'"[5] 联邦调查局卧底特工指出，该组织成员绝对不会"将'自由美元'描述为或解释为一种替代货币"。但是手掌对于"自由美元"的触感构成了以下想法的前奏：这是一种来自现实世界的钱，是一种为即将到来的灾难早做准备的钱。

贯穿始终的是一种关于未来危急时刻的内隐描摹，这在几十年以来自由意志主义预测和福克斯新闻的每日广告中都非常常见。一场美元大崩盘即将来袭，而恶性通货膨胀、不可持续的赤字、贸易战和系统性危机必将如影而至，并最终引发金融危机。黄金、白银和铂金必将回归价值，突然之间，几十年以来人们将金属货币埋在地板下将被证明是很值得的。

这种货币是一种忠于尚不存在事态的行为，是一种认定价值必定会被传递下去并会成为当下现实的行为，但这些并非发生在普通时期，不是凯恩斯所说的"无限期推迟的未来"去积累财富，而是发生在充满了危机、紧缩和崩溃的特殊时期。[6]"告诉他们"，冯·诺特豪斯为（旧）"'自由美元'协会"写道，那些尚未转换为他提倡的双重金属标准的人们，"为美国的纳粹化和恐怖统治做好准备，这是这个国家从未见过的。告诉他们不要去动用政府资金，而要不惜一切代价寻求隐私，购买白银以抵御可能持续数日或数年阴暗未来的风险"[7]（原文加以强调）。这是一个下单购买既经典又充满未来主义色彩承诺的机会——白银和黄金的"数字仓单"，只需提供电子邮箱就可购买，不设国籍限制，有着比"克里萨斯王"①（Croesus）更古老的客观价值作为支撑。随后几页是"自由美元"的定购合同和订单表格：而灾难性前景则在其中充当了推销技巧。

---

① 克里萨斯王是吕底亚国最后一位国王，以财富甚多而闻名，在位期间为公元前 560 年至公元前 546 年。——译者注

"联邦蓝币"

罗斯·乌布利希在开发一个项目时写道："对于'Pecunix'，我理解它是一种以黄金为支撑的（原文就是 goldbacked）数字货币"，该项目后来发展成"丝绸之路"平台，成了毒品和其他违禁品流通的加密市场——它同时也成了比特币第一个重要的交易平台。"我可以匿名且安全地以法定货币或黄金形式提取资金吗？"[8]

"Pecunix"是一种数字黄金货币（Digital Gold Currency，简称为 DGC）。其他数字黄金货币还包括"OS 黄金"（OSGold）、"Int 黄金"（IntGold）、"电子金条"（e-bullion）、"阿斯彭美元"（the Aspen Dollar）、"第二修正案美元"（the Second Amendment Dollar）（其由肯塔基州的一家枪支商店发行）、"黄金币"（GoldMoney）（其在海峡群岛的避税天堂泽西经营）和"电子黄金"（e-gold）等。[9]这些货币都包含围绕黄金属性的各种承诺：无国界交易、可转换成多种货币、具有金条稳定性——黄金是规避未来应急风险的安全港——以及如果适当处理就可以保持匿名的可能性。

"电子黄金"就是这一类型货币的典型：1996 年，一位美国自由意志主义肿瘤学家推出了"电子黄金"，这个项目比贝宝的创立还要早几年，比比特币更要早十几年。"电子黄金"承诺（并注册了商标）要在世界各地提供"更好的钱"用于支付。它的灵感部分来自维拉·史密斯（Vera Smith）的《中央银行的基本原理和自由银行的替代方案》（*The Rationale of Central Banking and the Free Banking Alternative*）（最初发表于 1936 年），这最初是她在弗里德里希·哈耶克门下读博时的博士毕业论文，其中设想了一个由"自由银行"（free banks）发行钞票的世界，即"承诺以人们普遍接受的媒介按需支付……我们将假设这种媒介是黄金"。[10] "电子黄金"账户以克和金衡盎司的贵金属作为记账单位，其官方网站保存着每一根贵金属条的详细信息列表，包括品牌、重量、序列号和当前位置。同样，这也是一种对特定知识才适用的数字货币："重量单位有一个精确、不变、国际公认的定义。""电子黄金"网站指出，这些资产具备其他物品无法提供的信息，包括来源、量化和保管链信息——例如，源自美国试金化验所（the US Assay Office），编号为 9272-41 的金属条，纯度为 0.9950，重量为 380.775 盎司。

2008 年 10 月，当中本聪在邮件列表中提出比特币的想法时，"电子黄金"项目在承认了多项重罪指控后暂停了运营并进行了资产移交。（该平台当时已成为大量信用卡欺诈、庞氏骗局和洗钱专家集中的场所。）一年之后，乌布利希开始权衡利用其他数字黄金货币在秘密市场做生意的利弊时提道："我能看明白它作为封闭系统的运作方式，但有没有办法将它与经济的其他部分安全地整合起来？"当时他的对话者是阿尔托·本迪肯（Arto Bendiken），一位年轻的密码朋克软件开发人员，他的个人网站上发布过一些内容，比如米塞斯研究所（Mises Institute）关于罗马帝国货币政策中货币贬值的演讲记录。这两人都将自己描述为阿哥拉主义者。

"阿哥拉主义的伟大之处，"乌布利希写道，"在于它是一千场战斗的胜利。每一笔在国家控制关系之外发生的交易，都是交易参与个体的胜利。因此，每周都有数以千计的胜利，每一场战斗都有所作为，加强了市场，削弱了国家。"[11]（而且每笔交易都将用比特币进行。）阿哥拉主义理论是由加拿大自由主义者塞缪尔·爱德华·康金三世（Samuel Edward Konkin III）在 20 世纪 70 年代提出的：不受监管的秘密市场的扩散会将人们从国家安排和法定货币吸引到反经济和反制度的替代性区域。这一概念后来被他的朋友 J. 尼尔·舒尔曼（J. Neil Schulman）借由 1979 年出版的小说《夜行》(*Alongside Night*) 普及开来。对乌布利希来说，《夜行》和康金的作品就是他在构建"丝绸之路"时"缺失的拼图"——这是与蒂莫西·梅"第十纵队"的融合演变：通过提供违禁品和非法商品的途径来刺激新货币和加密平台的采用。

小说《夜行》的时代背景被设定为 1999 年，当时美国陷入了一场货币危机，同时伴随着新的、劣质的、联邦政府发行的

"联邦蓝币"迅速通货膨胀:"这些蓝色的钞票,一面未经雕版印刷,另一面的雕版印刷显得也非常仓促……这类似于垄断货币。"(自由意志主义小说的一大特点就是对于不同种类货币的外观和感觉的细致关注。)四处都是银行挤兑、信贷冻结、配给,遍地都是抢夺私人黄金的政府暴徒。小说主人公的父亲、诺贝尔奖得主经济学家马丁·弗里兰(Martin Vreeland)预测了这一切的发生——而他与诺贝尔奖得主、芝加哥学派经济学家米尔顿·弗里德曼(Milton Friedman)之间任何相似之处都纯属巧合,弗里德曼负责制定了有史以来最极端的自由市场政策。(而弗里德曼和诺贝尔奖得主哈耶克都是皮诺切特对智利进行激进私有化改革的辩护者,他的门徒也是激进私有化实验的设计者。)弗里兰的儿子逃脱出来,并成了革命阿哥拉主义战队(Revolutionary Agorist Cadre)的核心成员,他们当时正在构建一个平行社会,这个社会拥有属于自己的合同、仲裁系统、市场、战斗队、反情报组织,当然还有自己的金钱——由"野猫银行"(wildcat banks)发行的"无政府银行"(AnarchoBank)金属货币与以黄金为支撑的数字资产。

在阿哥拉主义者的某个藏身之处,主人公找到了一座图书馆,它为《夜行》的读者提供了一份阅读清单。非虚构图书类书架上放着米塞斯和罗斯巴德的书。这些小说包括安·兰德的《阿特拉斯耸耸肩》和罗伯特·海因莱因(Robert Heinlein)的《月亮是一个冷酷的情人》(*The Moon Is a Harsh Mistress*)，这些美国自由意志主义经典小说包含着与《夜行》相同的历史空间结构。这些故事的背景都设定在未来，届时政府治理体系将陷入失灵甚至行将崩溃。故事中的角色需要迁往或住在替代性区域，在那里他们得以生活在紧急状况之外，他们激化现有危机，然后返回到灾难另一头、发生了巨变的世界里，在那里他们的乌托邦世界成为现实。《阿特拉斯耸耸肩》的结尾处，兰德笔下的角色俯瞰着被摧毁的风景，"高尔特说道：'道路被清空了'，'我们要回到这个世界'。"《夜行》的结尾处，在宾夕法尼亚车站的上空，"两面旗帜都降了半旗，纪念乌托邦的死者……情况正在好转。"（舒尔曼书中的两面旗帜分别是无政府主义的黑色旗帜和印着"不要压迫我"的加兹登旗帜。目前阿哥拉主义者的旗帜是灰色和黑色，这也是他们首选市场的颜色。）海因莱因笔下的月球革命者准备前往小行星时说道："外面有一些不错的地方，那里还不太拥挤。"

　　在这些小说中，在阿哥拉主义者和自由意志主义者的实践当中，使用正确的钱（以及以正确的方式用钱）是一种认识价值的哲学方式，是去往新实体领域的通行证，是应对即将到来的特定未来危机的承诺，同时也是通往不同社会模式的入口——这是他们的宇宙图，是一种与客观现实保持一致的方式，是一种反对武断法令、进行金融朝圣的方式。你必须找到"值得信赖的反经济联系人"，进入"市场"，离开家，跟随"约翰·高尔特"的脚步，放弃"权威纸币"，转而支持"香港银行纸币，其由诚信的中国银行家背书，而非以执政机关的法令为支撑。100 港元相当于 31.1 克黄金（旧金衡盎司），大家可以在家庭办公室里按需支付。"[12] 通过这种操作，你就参与了一个替代性历史以及注定的未来发展。兰德在《阿特拉斯耸耸肩》中写道："每当有毁灭者出现在人群中间，他们总是选择从摧毁金钱开始采取行动。"这是一大段兰德式独白中的三分之二，在这些独白篇幅里，书中的其他角色都安静且顺从地坐着。"毁灭者夺取了黄金，给黄金的主人留下一堆伪造的纸币。这扼杀了所有客观标准，将人们留给了那些随意裁决价值的武断力量……这些纸币是合法掠夺者开出的支票，开给那些不属于他们账户的支票：基于受害者的美德。要警惕它反弹的那天，上面写着：'账户透支'。"[13] 清算——无论是当前意义上还是古老意义上，都指的是结算账单——即将到来，采用具有"客观价值"的货币使得在清算中幸存下来成为可能：采用它就有可能成为未来社会的一部分。

黄金的物理特性体现了兰德笔下"乌托邦式贪婪"所希望创造出来的坚硬、闪亮、冰冷、基础性等特点。黄金的客观、可衡量和可量化等特性对于一种社会哲学来说是必要的，在这种哲学中，金钱的积累本身就是人类价值的直接表达，也是嵌入其宇宙图中的社会秩序。兰德的货币投机是认识论的陈述。高尔特铸币厂的每一枚硬币都将作为一种对真理的断言，掌握这一哲学将使你处于客观上富有的位置。在落基山脉的客观主义堡垒高尔特峡谷中耸立着的三英尺高的金色美元标志，就像公制机构保存的参考千克单元一样：这是一项可以准确评估世界的基准，一项可以用来对生活在兰德式幻想中的人们进行校准的基准。

知识就是金钱，金钱就是知识。当自由意志主义者、海盗拉格纳·丹尼斯科尔德（Ragnar Dannesk jöld）出现在《阿特拉斯耸耸肩》中，他在偿还汉克·里尔登（Hank Rearden）"强行从你身上夺走的钱"（税收等）时，很自然地给了他一根金条："客观价值。"[14] 里尔登与金锭的相遇既是真爱又是真理："里尔登看到星光像火一样沿着它那镜面般光滑的表面流动着。通过它的重量和质地，他知道自己手里拿着的是一根纯金条。"这并非来自海上的人心怀对于投机性的、真实的（并且是真正投机性的）乌托邦式钱币的唯一幻想——这些物品来自一个梦想，一个认识价值的不同方式，它位于对灾难筹备已久的世界的另一边，一个早期比特币发展能轻易融入的梦想。

铸币与国家

1968 年，沃纳·斯蒂费尔（Werner Stiefel）假以沃伦·史蒂文斯（Warren Stevens）的笔名，他在支持其乌托邦项目"亚特兰蒂斯"的一本小册子中写道:"在这场哲学斗争中,近年来就没有人比安·兰德更能代表自由事业的了"。[15] 护肤品巨头斯蒂费尔在纽约州苏格提斯买下了一家汽车旅馆,他将之称为"亚特兰蒂斯一号"(Atlantis I)。这里是一处廉价的基地,用来容纳他那不断壮大的自由意志主义者团队(兰德和他们之间其实存在着许多理论分歧,但在这里让我们先暂且不表),这些成员都在每个现存政府的近海区域搜寻新的领地:也就是所谓的"海上家园"(seastead),而这些搜寻活动是在这个术语被创造出来之前就开始了——"海上家园"是一个处于国际水域的主权平台,人们可以在那里建设新的社会制度和新的货币体系。汽车旅馆的房间当时充当着最终的船只"亚特兰蒂斯二号"客舱的替身,这艘船将在公海上航行,为"亚特兰蒂斯三号"带来供应和收入。"亚特兰蒂斯三号"则是一座岛屿,无论是购买而来还是建造而成,都是他未来通过市场驱动社会发展的自由港、堡垒和银行。这构成了历史学家雷蒙德·克雷布(Raymond Craib)所说的自由意志主义者"挣脱地域"幻想的前哨——而这个空间后来也采用了比特币。[16]

在他的汽车旅馆里,也就是"亚特兰蒂斯"试验平台的试运行版本中,斯蒂费尔策划发行自己的金属货币,但又在新社会到来之前就弃用了它们。[17] 他在"亚特兰蒂斯"行动后续一系列灾难事故发生前就弃用了它们,这些事故包括:飓风摧毁了他们的废弃石油钻井平台，他们的公民被误认为是海盗然后被一艘海地船只持枪驱赶，坚固的钢筋混凝土驳船"亚特兰蒂斯二号"［建造在巴克敏斯特·富勒①（Buckminster Fuller）授权使用的"网球格顶"下］在哈德逊河域发生事故折断了一个轮轴而在巴哈马附近沉没了。"亚特兰蒂斯"金属货币"德卡斯"（decas）是由 10 克纯银打造的，正面是一个轮船蹼轮的图案，背面是海上落日，正面雕刻着"理性、自由"和"10 克，白银 97.5"的字样。金属货币的正面和背面互为依托：理性和白银。你可以拿着"德卡斯"，幻想着持有理性社会中具有"内在价值的钱"，而这个社会是建立在飓风肆虐的沙洲之上。

或者，更确切地说，你可以幻想持有这样一枚金属货币。事实上，"德卡斯"的发行规模非常之小，而所有自由意志主义者在飞地发行的硬币规模其实都非常有限。（"德卡斯"金属货币是用液压压皂机冲压制作而成的。）在有关"亚特兰蒂斯"行动的出版物当中，"德卡斯"的照片总是与岛屿、礁石和沙洲的照片一起发布：在你所能想象出的乌托邦项目中，硬币和岛屿就是领土的象征。在真正意义上的国家并不存在的情况下，金属货币只

---

①　理查德·巴克敏斯特·富勒（1895 年 7 月 12 日—1983 年 7 月 1 日）美国建筑师。富勒最著名的发明诞生于 50 年代。他将建筑的穹顶设计成圆形的，并向美国专利局申请了一项专利。他将其命名为"网球格顶"，人们也亲切地称这种建筑为"富勒球"。——译者注

存在于你的手中和你的口袋里所能掌控的"领地"上。

"在 70 年代初，密涅瓦人就已经做出了更加认真的努力。"密码朋克邮件列表中的一名参与者写道。正如《逆熵》杂志一名撰稿人所表述的，就在"令人哀叹的密涅瓦共和国的不幸结局"发生之前，"他们在南太平洋珊瑚礁上建造了一个岛屿"。密涅瓦人做出了一次特别大胆的尝试，他们试图宣称建立一个新的国家并发布一种新的货币，而密码朋克和逆熵主义者都希望这能预示新的地理区域，为未来的各种幻想提供原型。有关密涅瓦人及其相关凤凰基金会的离奇故事在别处已经被人们讲述过了：他们总是与受到米塞斯和其他奥地利经济学家工作影响的逃税投资顾问、企业家与贵族，离岸银行家和土地投机者、黄金交易商以及暗杀者、雇佣军和武器巨头米切尔·利文斯顿·韦贝尔三世（Mitchell Livingston WerBell III）等人物纠缠在一起。[韦贝尔的副业还包括设计世界上最好的枪支消音器，并充当金融犯罪巨头鲍比·韦斯科（Bobby Vesco）和尼克松总统之间的中间人]。密涅瓦人试图通过在 1977 年新赫布里底群岛（现在的瓦努阿图）生产新领土（沙洲）和复杂的土地交易——这也是一场武装叛乱、宗教运动和奇怪的新殖民主义权力的攫取——去创造一个自由意志主义的地缘政治和金融地域。[18]

当然，密涅瓦人在试图脱离国家的"某些方面"时也发行了金属货币（正如克雷布所表述的那样）。这些金属货币是在加利福尼亚州兰彻斯特铸造的，上面刻着瓦努阿图独立运动领导人吉米·史蒂文斯（Jimmy Stevens）的头像，下面还刻着"人人享有个人权利"的警句，这种金属货币再次成了地位和承诺的象征。人类学家蒙蒂·林德斯特罗姆（Monty Lindstrom）在他关于自由意志主义–救世主融合项目的研究中写道："带有吉米·史蒂文斯头像的金币和银币的突然出现，必定是一项令人信服的论据，它证明了'凤凰'国在其未来名义公民中的力量"。[19] 还有密涅瓦人试图去创造一个自由意志主义者的近海天堂——人造沙洲——他们的硬币上印有密涅瓦女神本人，上面还有他们未来国家的经纬度坐标：这是一个尚未存在（实际上也永远不会存在）事物的又一个金属证明。这些金属硬币被铸造出来在信徒中流通，这是在未来紧急情况下自由意志主义飞地存在的部分证明。

融汇在数字现金当中的自由意志主义多变风格是建立在两个"外部"之上的，而这两个"外部"在其金属货币的象征图标上交汇了：一个是现有领土的"外部"——从网络化的集市到公海区域——金属货币从那里发行，也可以在那里用于交易；另一个是当前时间的"外部"，一个充满危机和崩溃的未来，那时自由意志主义者的信念将得到验证，而体现这些信念的货币将得以兑换。自由意志主义者所幻想的"挣脱地域"与自由意志主义货币的"挣脱时间"交织在一起，他们那些可在未来流通的钱也可以在当下特定地域被使用。

只剩主权

1997 年，瑞安·莱基在美国麻省理工学院竞选企业家奖，他的参选成果是"一个分布式数据存储，在基于市场的方案中使用强大的加密协议来提供隐私、鉴权和免受审查的保护"。[20] 在密码朋克邮件列表上，他发问道："怎样才能在一个没有税收等类似制度的国家中创建一个匿名的、私有的、安全的……由银行发行的电子现金体系？"[21] 他与蒂莫西·梅详细讨论了枪支问题，同时也引出了戴伟困惑的问题（他之前在"B 币"提案中就提到过了）："如果我们用枪支就能保护自己，我们为什么还需要加密呢？"莱基在他帖子的签名档中引用了《阿特拉斯耸耸肩》中的一句话：当时，达格尼·塔格特（Dagny Taggart）"冷静而不受个人情感影响地"射杀了一名"想在毫无个体意识责任的情况下生存"的警卫。

两年之后，他从麻省理工学院辍学，随后去了一家位于安圭拉岛（Anguilla）的电子支付初创公司工作，并以"避风港公司"（HavenCo）董事会成员的身份找到了前往西兰公国（Sealand）的路径，借用 2000 年某期《连线》杂志封面故事夸张而轻信的话来表述就是，这家公司不仅提供离岸数据存储和管理，还提供"远离政府"的数据存储和管理。[22] 避风港公司的主席是萨米尔·帕雷克，他之前也出现在这本书中，前文提到他转录并在网上分享了梭罗的《论公民的不服从义务》一文，他本人也与密码朋克打成一片。避风港公司的首席执行官是肖恩·黑斯廷斯（Sean Hastings）——他也是安圭拉岛那家电子支付初创公司的成员——他积极参与了逆熵主义者邮件列表上的哲学辩论，尤其是围绕人工智能的辩论，并开发了"价值和义务交换协议"，这是一个合同易货交易平台。［黑斯廷斯将继续与米尔顿·弗里德曼的孙子帕特里·弗里德曼（Patri Friedman）合作，开展海上运输项目。］

西兰公国的法律地位一直是个棘手的问题。[23] 这是一个在北海埃塞克斯海岸建造的高射炮平台，战后被政府遗弃，1967 年登上该平台的一个家族声称其为主权领土。正如阿德里安·约翰斯（Adrian Johns）在《海盗之死：英国广播与信息时代的形成》（*Death of a Pirate: British Radio and the Making of the Information Age*）中所描述的那样，这些都只是有关英国船只、堡垒和离岸平台大历史中的一小部分，这些平台后来又被重新用于变节者的电台——这是糅杂着音乐主持人、黑帮、波希米亚人和受自由市场规训的原撒切尔派信徒的奇怪组合。[24] 西兰公国对于主权主张的坚持比大多数人都要走得更远一些，尽管大部分内容都是玩笑。［西兰公国伪造护照的大量流通对该案件并未起到正面作用——其中一本是由连环杀手安德鲁·库纳南（Andrew Cunanan）所持有，并在他枪杀了詹尼·范思哲（Gianni Versace）之后被人发现——其中还包括据称在该国移交前由西班牙证件伪造团伙出售给中国香港公民的数千本护照。］用《连线》杂志中的话来说，这种戏谑而严肃的主权暗示着"一个诱人的灰色地带"的存在，在那里，真正的离岸司法管辖区实际上可以成为网络空间所幻想的 6 000 平方英尺的物理实例——一个具体的乌托邦和"无法追踪的银行账户"的完美场所。正如莱基后来回忆的那样，"最大的灵感来自弗诺·文奇的著作《真名实姓》"。[25]"另一面"最终会留下一个足迹，数字现金最终会落地到一个合适的区域，除了网络节点"nowhere@cyberspace.nil"之外，它现在也有了纬度和经度坐标。

理论上，这里应该是很适合匿名支付、数字银行和许多其他离岸服务的堡垒，里面配备着高速宽带连接、发电机、电池和电信设备。就像完美的高科技惊悚电影中的细节一样，机房里充满了纯氮，以防止设备生锈和火灾发生，这是一种在石油钻井平台上使用的被称为"惰化"的技术，但这也会使身处其中但没有呼吸设备的人们窒息。

但实际上，莱基在黑暗中靠着罐头食品维持生活——他将旧金山时间保持在格林尼治时间，这一方面是出于商业原因，同时也是为了避免与平台上其他人经常接近，他们通过缓慢的互联网

242

连接传输比特，当他们使用的电信服务商破产时，互联网连接变得更慢了，他们只好又回到了卫星链路，这让当时他们的 10 至 12 个客户（主要是赌场）感到非常沮丧。机房里安装的设备很少，机架基本上都是空的。离开西兰公国之后，莱基曾在黑客大会"防御态势"（DEF CON）上说道："（我们）由于缺乏资金而没有部署技术基础设施的关键组成部分。"[26] 讽刺的是，支付本身一直都成问题。避风港公司将注册地从安圭拉岛重新改为塞浦路斯，而向作为服务商的他们付款的过程也很艰难，投资者的资金通过西联汇款和信用卡注入，再以现金形式向安全团队支付。正如莱基后来沮丧地说道："没有银行的商业支持，主权本身根本没有什么价值"。

莱基曾计划在这个境外避风港推出自己以黄金为支撑的货币，使用匿名数字现金协议——就像冯·诺特豪斯的"仓单"再加上乔姆的交易保密制度，而这些并非位于爱达荷州，而是基于一个办公室园区大小的沙盒君主制公国推出的。最后，他欠下了 40 000 美元的债务，而别人欠他的更多。正如法律学者詹姆斯·格里姆尔曼（James Grimmelmann）所指出的，避风港公司的团队将自己置身于其他法律体系之外，实际上他们将自身视为西兰公国王子和摄政王的臣民。如果莱基在法庭上起诉他们并胜诉，他将会削弱他试图捍卫的西兰公国主权的伪装。

2008 年 11 月，密码学邮件列表上的一位参与者发布了一则通知，打断了当时大家关于"比特币"新型电子现金提议的讨论，他宣布："避风港公司将停止其在西兰公国数据中心的运营工作。"事实上，他们早就退出了，2008年他们关闭了网站，而几年前，西兰公国的主机已经转移到一个位于伦敦的数据中心。事实是错误的，但时机却再完美不过了。幻想从海洋中央字面意义上的平台撤回到了网络上隐喻含义的平台上。

第 12 章
荒凉大地

现在我们已经来到了本书的最后一章，让我们一起来看看早期比特币是如何在自由意志主义梦想背景下被人们理解为一种乌托邦式的投机性货币：它是一种为了可验证的抗通胀生产而创造的数字现金，人们期盼它的出现能够挽救经济危局。每一个数字现金项目都是围绕着更加宏大的议程来组织的，从保护隐私，到确保后人类发展都是如此。但是早期比特币的议程则聚焦于在危机背景下对于稀缺性的建立与保障。

金属的博识

所有类型的钱币都像是档案馆，而金属货币是其中异常生动的例子。金属货币所讲述的故事直接就体现在这些硬币的表面上：包含了发行日期、神灵存在的图案和世俗权力的概览，以及记录着社区、贸易网络、地区和习俗惯例的语言和符号。[1] 哥特兰岛硬币宝藏就埋藏在现今瑞典海岸附近的一个岛屿上，其中包括来自伊斯兰哈里发国各地铸币厂所铸造的数千迪拉姆硬币——从中体现了"丝绸之路"沿线国家和地区的贸易、定价及谈判机制，远至也门和马格里布，它们同时也是记录着覆盖世界半数地区人类事务安排和联系的快照。[2] 即使在被损坏的情况下，金属货币也承载着有关主权、领土和价值的历史。金属货币的表面经过长时间流通会有所磨损，人们在老旧的硬币上刻着新的面值数额，或通过故意划改和抹去数额，损毁硬币上令人憎恨的君主形象或者添加信息来重新设定其价值。例如，英国女权主义者就在一便士硬币的爱德华七世头像上加盖了"女性选票"的印记。[3] 在不改变面值的情况下，硬币也可以被"切碎"成银屑，或者因政治及军事原因而贬值，它们可被找零，或者被制成"碎钱"并按重量估价。[4] 有时候它们也作为时代错误的活化石而存在：例如在君主去世和国界变更很久之后，铸币者仍然在铸造亚历山大四德拉克马银币和威尼斯金洋、拜占庭币、玛丽亚·特蕾莎塔勒银币。塔勒（Thaler）是波希米亚地区一个白银富矿的产物，后来它发展成了标准贸易货币，人们对其需求量是如此之大，以至于它们在 1780 年特蕾莎驾崩之后还继续被发行了几个世纪。[5] 塔勒银币流通范围非常之广：从美洲大陆的领土、殖民地和边境〔因此，塔勒衍生出了达尔（daalder）、达勒（daler），进而衍生出了美元（dollar）^①］到印度洋的贸易网络，在那里它们与东非先令、本票、盐条、英镑、谷物单位和印度卢比一起流通。

通过这些历史，金属货币记录下了相关的哲学和价值结构。它们讲述了意识形态、宗教和想象中的社区遗产——有时这些故事在其他地方被忽视了，或者从未曾被人们记录下来。[作家兼评论家约瑟夫·爱迪生（Joseph Addison）在谈到他对硬币收藏的痴迷时曾说过，他珍视每一枚硬币并非因其"金属材质，而是它们所包含的博识"，硬币是一种"诗意的现金"，它本身记录下了被人们和文化忘却的历史；他还曾经以一先令的角度写过一本自传。⁶]"个人可能会去谈论某种特定货币的价值，"丽贝卡·斯潘写道，"但他们真正做的是依靠他们自己几乎没有意识到的预期，也就是对于当别人拿着钞票、硬币和信用卡时会有什么反应的预期。"⁷硬币记录下了它的什么会流通、谁会接受它，以及其中的原因——这构成了人们对于价值词汇的共同理解。重新建立货币基础——至少可以在一定程度上重新建立起社会的基础。它是对于价值本身、什么是最真实的，以及我们应该如何行动做出的本体论声明。它为宇宙图以及社会内部价值排序奠定了基础。因此，这也是一种认识论的行为：一种关于如何认识重要价值的

---

① 作者在这里指的是词源上的演变。美元单位的英文"dollar"来源于荷兰语"daalder"和低地德语（在德意志北部和西部使用的德语）中的"daler"，而二者都是由"thaler"演变而来的。——译者注

主张。

　　普鲁塔克①曾经记录道，古代斯巴达的半神话立法者莱克尔加斯（Lycurgus）将铁作为当时的货币基础：金属铁沉重、象征性强，若对他人不具备吸引力时又很难获取，而且非常不便携。普鲁塔克写道："当这些铁币得以流通时，许多罪孽也从古代斯巴达被'驱逐'了出去。因为谁会去偷窃、收受贿赂、抢劫或掠夺那些既不能隐藏也不能称心如意地拥有的东西呢，这些东西甚至都不能被切成碎片而从中获取任何利润。"事实上，莱克尔加斯并没有完全做到这一点，但这并不影响普鲁塔克所提出的观点。普鲁塔克笔下的莱克尔加斯将"铁币"作为一种强行抹平社会差距的工具，一种扼杀"不必要和多余艺术"的手段，以及激进、自给自足的动机，这实际上消除了贸易。"铁"既是一种教学工具和社会体系，同时也是一种字面和隐喻层面的讨论（价值观和特定特色的表达）——面向一种完全将社会从大多数市场中抽离出来的对象。1777 年冬天，亚历山大·汉密尔顿（Alexander Hamilton）在福吉谷（Valley Forge）读到了普鲁塔克的书，当时他正要建立一个新的国家，并将担任该国的财政部部长。他将这个决定记录在了笔记中：在货币条例基础上建立社会模式。[8]

---

　　①　普鲁塔克（约公元 46—120 年），罗马帝国时期希腊传记作家，哲学家、历史学家、伦理学家。以《比较列传》（又称《希腊罗马名人传》或《希腊罗马英豪列传》）一书闻名后世。——译者注

　　汉密尔顿的同僚本杰明·富兰克林（Benjamin Franklin）成功为美洲殖民地纸币发行提议创建土地银行——"铸币土地"。[9]他指出，黄金和白银的供应会随着新的发现而大幅波动，贵金属通过贸易出口最终还是会流向英格兰，从而导致殖民地内部商业陷入停滞。相反，土地可以作为纸币的抵押品被质押。当资金变得越来越稀缺，易货难度越来越大时，人们就会用自己的土地作为抵押借入更多的钱，以利用这些宝贵的资金；当系统资金充裕，价值下降时，人们则会通过交易积累更便宜的钞票来偿还抵押贷款。它将使殖民地之间的贸易扎植于殖民地本身，从而建立起它们独立于帝国的经济，鼓励某种形式的进口替代（这也是汉密尔顿特别感兴趣的主题之一），并将货币持有者与他们所处的地域联系起来。这些钞票本身是用美国树木的叶子来鉴定的——用铜板压机冲压而成的叶形铸件，制作和比较起来相对容易，但却很难徒手伪造。[10]（它们也意外地成了植物学档案：这就像是一座流通中的纸质新英格兰森林图书馆。）社会框架、政治使命和实体场所都被融入了这些纸币当中。[11]

　　比特币到底讲述了什么样的故事？他们提出了什么论点？他们提出了怎样的人类预设？他们的宇宙图又是什么呢？

极其愚蠢的诚实

在新罕布什尔州怀特山举办的"豪猪节"（PorcFest）聚会上，白银、比特币和其他加密货币与"FRN"一起用于交易支付。"FRN"是对美元的轻蔑称呼，也就是"联邦储备券"（Federal Reserve Notes）英文首字母的简称。那是 2014 年的夏天，距离战后全球货币秩序的创始事件——布雷顿森林会议的召开已过去了将近 70 年，该会议在往南约半小时路程的华盛顿山酒店（Mount Washington Hotel）举办。"豪猪节"以豪猪命名，而豪猪是一种喜欢独处的带刺动物，这是自由意志主义者的集会，也是"自由州计划"（Free State Project）的招募场所，"自由州计划"是一项通过引入自由意志主义者去接管城镇和县，同时发起投票让地方政府或多或少退出的倡议。活动营地周围停放的车辆都贴着支持比特币、阿哥拉主义、安·兰德和人体冷冻术的保险杠贴纸（例如"死了？我们能帮上忙！"）——甚至还有路德维希·冯·米塞斯的梳妆盘。用天鹅绒袋子和小布包装着的银器，赤膊、编成小辫的胡须、苏格兰短裙、旗帜和横幅，以及植物酊剂和炊烟，这些元素营造出了一种全副武装的文艺复兴集市的氛围感。这是世界上首批尝试在日常人际交易中使用加密货币的社区之一。

枫树和蓝云杉树枝下的商人带着小秤、计算器和手写的兑换
图表，用于计算不同贵金属的有效支付价值——还有智能手机，
用于查询买卖价差和使用比特币进行交易。你可以拿它们去购买
秋葵汤、干燥的袜子、咖啡、无线网络接入服务（需要通过安装
在拖车上的天线连接到虚拟专网，再连接到一个神秘的4G网络，
出口节点在印度尼西亚的某个地方）、古早麦片（里面含有杏
仁、南瓜子、椰子片），以及美国个人主义者、无政府主义者莱
山德·斯普纳（Lysander Spooner）的一本散文集。你还可以拿
它们去做捐款，模拟出一番想象中的国家、经济和世界崩溃后的
景象，以显现你对他们特定未来的承诺。我发现乌托邦货币的组
合非常令人困惑：同样是这些坚定拥护"硬通货"、"诚实货币"、
易货交易和黄金以及"内在价值"的人们，怎么会决定采用加密
货币呢？这可是一个除了漏洞百出的软件、抽象理论和复杂脆弱
的共享基础设施之外什么都没有的系统啊！

后来我察觉到自己一直在问错误的问题。我原本以为这个谜
题的答案与支撑货币的东西有关——因为对于美元和其他国家货
币的蔑视，很大程度上始于这样一种观点：除了承诺，没有什
么东西能够支撑起它们的价值。穿着印有"终结美联储"（END
THE FED）字样T恤的人们发出警告：那些钞票"不过就是纸
张"而已，而且货币已经贬值了。（该领域的一些交易是根据

"1964 年或之前"铸造的 2 角 5 分和 1 角硬币来定价的——这些都是"90/10"硬币，也就是其中包含 90% 银和 10% 铜，由美国造币厂在 1932 年至 1964 年间生产，其金属价值大大超过了现在的面值。金银是有用的，即使只是作为装饰品也是有用的；人们讨论了其他适合支付和交易的有用资产，比如子弹，你可以用它搞到鹿肉或与邻居保持恐怖制衡——子弹弹匣和香烟一样，具有重要的商品货币属性，它们易于拆散而进行小额交易，从整箱拆成整盒，再分拆成散装的单支。

加密货币在这里似乎是个悖论。我原本期望会发现一场本体论辩论，一场关于什么让货币变得真实的争论，就好似 70 年前约翰·梅纳德·凯恩斯和哈里·德克斯特·怀特（Harry Dexter White）在布雷顿森林会议上辩论的小型版本一样。[凯恩斯提出了一种建立在协议和贸易效用基础之上的全球结算货币——其以"班科"（bancor）或"尤尼他"（unitas）作为单位——同时主张"货币供应量应该与它必须承载的国际贸易规模成比例"。而怀特则主张以美元为世界储备货币的"黄金汇兑本位制"。直到 1971 年，怀特获胜。][12] 后来我才发现这实际上是一种关于认识论立场的讨论：这些不同形式的货币可以通过类似的方式被人们认识和验证。

比特币和白银之间的共同点是评估性的：用一位铸币者的话来说，就是你必须通过"相信自己"来验证你所持有的东西。流通中的加密货币无非是区块链账本中对于代币创建、所有权和交易的记录：它们的存在是由用户可见的存在记录构成的。银在身体感官层面的存在证据包括：放在手掌上的感觉、咬下去的感觉、身体感受到的温度、用秤称出的重量和手上实感的重量、在不同光线下的外观等。与我交谈过的铸币者甚至不一定反对纸币——至少他们并不会比冯·诺特豪斯反对纸质仓单那样更甚——只要他们觉得自己能够准确评估出流通中的货币数量并对其生产保有发言权就行（请回想一下"电子黄金"及其编号栏下的分类账；请回想一下"B币"，它的投票协议用于投票决定生产新货币的成本；再请回想一下芬尼的"透明服务器"）。但人们反对在纸币上使用安全属性，因为它们会"分散注意力"：它们将货币验证变成了由其他人负责的事情，这朝着银行和国际秩序的抽象制度世界又迈进了一步。

在第二次世界大战日本占领印度尼西亚期间，塔勒——这种深受喜爱、经久不衰的银币——被人们广泛使用，以至于美国"战略服务办公室"（Office of Strategic Services，简称为 OSS）为地下抵抗运动铸造了自己的银币。（OSS 是美国中央情报局的前身，也是特别行动处的兄弟机构。）常驻"战略服务办公室"的疯狂科学家斯坦利·洛弗尔（Stanley Lovell）回忆道，他的伪造大师团队并不喜欢制造真钱，但是却坚持要求用纯银来制作 OSS 假币："（因为）印度尼西亚人会去咬硬币，听它们在坚硬石头上所发出的声音，因此我坚持绝对的完整性。"[13] 或者，正如一位自由意志主义铸币大师在 2014 年夏天对我说的那样，"白银就是白银，重量就是重量"。

从这个角度来看，比特币许多看似令人沮丧的设计选择有了不同的意义。比特币的整个体系能够用来验证货币，无论是整体上还是特定环节：你不能在其网络之外交换比特币，也不能让它们自由流通——因此，人们有义务验证给定的比特币是否是真实的——毕竟实质上并没有比特币，有的只是在封闭账本中交易的权利。比特币不能被销毁（尽管它们可能归属于某个私钥丢失的地址，就像詹姆斯·豪厄尔斯的账户一样，虽然依然存在，但却不能再被人使用了），而且它们是以固定的和有限的速度被创造出来的。这种可验证性需要一个完全公开的系统——账簿是公开的——以及一种作为自身记录而存在的"货币"形式：每一枚名义上的比特币都承载着它的每一笔交易，从它被添加到分类账开始。你能知道它是什么、在哪里、谁拥有它的哪些部分，只有特定金条才能如此精确地知道其化验印章、小数点后四位的纯度、序列号和监管链文件，而这些文件占据了存放金条的金库中的每个架子。最重要的是，你可以自己去验证——个体有责任确认他们的钱是真的，并投入其计划和想法当中去，如果决策失误，他们就要付出代价。

比特币在早年被构建和采用时，就像赫伯特·乔治·威尔斯所说的金本位一样：是一种"伟大而愚蠢的诚实"。[14] 小题大做的操作复杂性掩盖了其行为的简单性：准确无误地说出到底有多少钱、钱在哪里以及还会有多少钱。这是米塞斯"行为学"学说幻想的一个构建版本：将"他所需要的所有信息都提供给代理人，以便他在充分认识到后果的前提下做出选择"。[15] 在比特币封闭的宇宙中，完美的验证是可能的（至少在理论上是可行的）："硬通货"奥地利主义被改造成了一款视频游戏——也许可以将其命名为"模拟黄金"（SimGold）——其中每一条规则都是明确和具体的。

当然，其中还有一条信息被遗漏了：给定比特币的实际价值到底是多少。货币之所以有价值，只是因为个人和机构能以支付或交换的方式接受它，而他们之所以这样做——如果他们已经这样做了的话——是在对于经验和期望、习惯和希望之间的平衡中进行的。他们相信无论是现在，还是将来，特定货币都能得以流通、赎回或结算；这种思考过程发生在历史和未来模型中。而比特币的特殊架构也有着一个关于未来的故事——一个最初同样适合于自由意志主义货币运作的故事。

树不子

早期比特币的可验证性承诺一部分是在未来设定的。有了账本，你就能知道有多少比特币存在，以及它们当前所有者的地址；你还能知道最终会有多少比特币存在（2 100 万枚），以及它们的引入速度（最初是每次 50 枚，现在是每次 25 枚）和生产它们所需的工作量（越来越困难）。（就像后来比特币的许多方面一样，随着时间推移及其不断使用，这些都变得更加复杂了：其代码由一群贡献者维护，他们可以做出并且已经做出了重大改变，这引发了很多戏剧性事件。但现在让我们还是继续讨论最初的版本及想法。）这产生了一个能够给予种子用户巨大回报的货币系统——这些早期用户在"挖矿"还很容易的时候就进入了，就像 2009 年詹姆斯·豪厄尔斯利用闲时在笔记本电脑上运行该软件就积累了数千枚比特币一样——系统还鼓励他们将这些钱用作储备和抵押品，或者换个角度来看，也就是系统鼓励将比特币用于囤积和投机。

根据这种观点，比特币可能看起来要么是国家发行货币的现实性替代资产，国家货币倾向于通过温和通胀来促进经济增长（偶尔也会出现极端和灾难性的例外，比如委内瑞拉），要么是通缩货币实验的一个奇怪变体，或者可能干脆就是一个产生泡沫的传销骗局，其价值是通过收割一波又一波"韭菜"后来者而推动的。无论是哪种方式，它都给任何使用比特币支付的人们提出了一个问题：为什么要去花掉或投资一种货币，其增值程度可能会超过用它购买或投资的任何东西呢？最好把它藏起来，就像黄金一样——但哪怕是黄金也存在着不确定性，这些不确定性可能来自罢工和抢购（比如发生在美国加利福尼亚州、澳大利亚、南非、火地岛等地），也可能来自作为大宗商品的新市场。但是比特币的未来却是已知的：因为它早已被提前决定好了。

对于已做好准备应对当前货币秩序崩溃的人们来说，这是一个特别诱人的概念。随着事态陷入崩溃，原因在于——好吧，选择好你的自由意志主义毒药吧——这群闲散人口，他们沉迷于不劳而获的权利，在无用战争上泼洒鲜血与消耗财富，国家的扩张、过度监管的资本主义的"垂死"挣扎，对于他们而言，比特币的时间表不会改变。（当然，这里也假设了现实世界将会发生很多混乱的突发事件，比如继续获得实际上无限的廉价电力、微芯片制造和可靠的全球互联网接入。）你不会在银行挤兑中丢失你的比特币，也不会被人从你的保险箱中抢走或没收掉你的比特币。交易比特币的权利仍然在账本上等待分配。你要做的就是等待。

持有投机性自由意志主义资金是为了预测一个时间起点，但这个时间起点并不是逆熵主义者实现突破的时间点，跨过去的另一边是失控的繁荣、富足和享乐主义的太空城市。这个起点是迫在眉睫的紧急情况，是几十年来一直被松散社区的政治模式所热切期待的一场危机。投机性资金并没有像逆熵主义者项目那样有助于实现未来。这不是对于变革的投资。相反，金属货币和加密

257

货币都是回溯性的人工制物。目前，在治外区域和替代区域积累和储存应对世界末日的商品和货币——包括鱼类抗生素的储藏处、重新上好油漆和涂好润滑油的 AK-47 弹匣、电池和防毒面具等——使人们有可能想象未来的灾难，届时这个新的社会将得到验证并发挥作用。早期的比特币企业涌现出来，利用这一共同的信念提供种子、生存工具包、活动材料，并为突击步枪的 3D 打印部件筹集资金，而所有这些都以比特币定价。一家 T 恤公司出售颂扬家庭教育、生牛奶、枪支管制威胁以及下一次金融危机前景的 T 恤，他们接受囤货并承诺道："比特币用户不会受到影响。"[16]

这些营销策略中最能说明问题的是"比特币护照"业务。这是通过圣基茨和尼维斯群岛（西半球最小的主权国家）出售公民身份快速通道现有计划的延伸，其中包括公民身份零售商和比特币投资者罗杰·弗尔（Roger Ver）。[17] 他们的广告文案写着："今天新闻头条充斥着全球动荡、税收增加和政府对公民自由和隐私监控愈演愈烈的故事，世界正处于急速变化和动荡当中，这将给世界各地人民带来越来越多的风险。"[18] 这些文案配着一系列写着"美国国家安全局（NSA）监视""恐怖主义"等字眼的标题。[当其公司情况不明地倒闭之后，弗尔继续充当了"利伯兰自由共和国"（Free Republic of Liberland）的支持者和持续赞助者，"利伯兰自由共和国"宣称对克罗地亚和塞尔维亚之间多瑙河域一座有争议的岛屿拥有主权并居住其上，该项目与区块链治理项目合作并使用比特币作为其国家货币。〕比特币是一种支持新的离岸生活的离岸账户——正如圣裘德在 1992 年所说的"数百万瑞士银行账户"——这种新货币的央行行长和经济学家已经被一种规划好的、一成不变的支出所取代，以躲避预期将至的风暴。[19]

它巧妙地融入了上一章记录的长期愿望，即在现有国家机器之外找到一处地方，你可以立足此处舒适地去观察在劫难逃的崩盘——这也就是高尔特峡谷所实现的——并运用你稳定的资金以大甩卖超低价去收购整个世界。自由意志主义风险资本家和投资者彼得·泰尔（Peter Thiel）共同创立了贝宝，用他的话来说，作为一个平台，"创造一种新的世界货币，不受任何政府的控制和稀释——也可以说是货币主权的终结"，即使是局势变差之时也能让你的资金快速流动。他后来成了帕特里·弗里德曼"海洋家园"风投项目的重要资助者，前文中，他曾与前西兰公国的成员一起出现过。[20]（泰尔后来辞去了"海洋家园研究所"的董事会职务时说道："从工程的角度来看，这项目不太可行。"[21]弗里德曼辞职后，他再次尝试在洪都拉斯建立一个自治的"特许城市"。）

另一些人不考虑现实出口的选择，而设想将自由意志主义外部世界嵌入日常生活中。1936 年，自由意志主义理论家艾尔伯特·杰伊·诺克（Albert Jay Nock）——他和泰尔、弗里德曼一样非常反民主，同时也是反犹主义者——他提出了一项名为"树不子"①的运动。这个神秘的社区"像珊瑚虫一样建造着底层基础"，在历史和社会对灾难救赎的无知当中运行着；他们坚持理想，举行仪式，存留金钱，然后等待。"当下的先知，"诺克写道，"和未来的历史学家知道的其实一样多，也和他们知道的一样少。"他们所有能做的就是为崩盘做好准备，对毁灭及其后果进行预测（无论或多或少）。[22] 自由意志主义金属货币将持续存在，就像"树不子"一样，其作为欺骗性世界中"客观价值"的储备，一旦现有社会被摧毁掉，它就会在当前被人兑现。《阿特拉斯耸耸肩》小说中最后一句写道，约翰·高尔特在"荒凉大地"上树起了"美元的标志"，开启了新的时代。

稀缺性机器

作为在银行业危机中发行的应急货币，比特币很适合这种幻想，其中一些幻想也在人们对比特币的采用中发挥了作用。这是技术设计选择的副产品，也是其中所反映出来的奥地利学派和自

---

① 这是《圣经》中反复出现的概念，有"遗迹、遗族"之义，指拯救未来的"后代"，承担时代和国家未来的"残留者"和"分散者"。也可指树木砍去地面以上所有的部分之后剩余的根部，即"树不（dǔn）子"。——译者注

由意志主义承诺的副产品。账本的透明度和所有权验证、工作量证明的过程、对于剩余数量新货币引入的预知——所有一切，整个体系——旨在生产一样东西：可被预测的稀缺性。

而这就是比特币所生产的东西。抽象地说，除了大量热量之外，这就是它的全部产物了：可验证的、分布式的、无须信赖的稀缺性。它提供了一种确定性，即其他任何人都无权去交易任何特定的比特币，没有仿冒的比特币，而且比特币总体数量是恒定的，并将继续保持数量不变，同时也会变得更加难以生产。它将这种稀缺性内嵌到所有权的基础设施当中：基于区块链的分布式、不可篡改的分类账本——区块链也因此有了许多更加有趣、更富潜在价值的应用，从创建数字艺术藏品所有权到实现财产共享和访问计划。[23]

这本书以创造数字现金的挑战作为开篇，由于数字技术可以去生产、传输和验证完美的副本，数据因此得以作为货币进行流通。早期比特币的解决方案是一个反常的天才之举：在全球信息丰裕的技术环境中构建一种机制，使某种特定类型的数据被证明是稀缺的且无法被人复制。用奈杰尔·多德的话来说，一个旨在创造稀缺资源的系统随后"似乎不仅复制了，而且加剧了现有金融系统中相同的财富和权力不平等"，这也并不足为奇了——这包括集中化"矿池"、投机性卡特尔，以及一些小集团却持有货币总量的绝大部分份额等。[24]

这本书承载了诸多愿景：菲利普·萨林为自己能在将来复活而设计的金融系统；蒂莫西·梅轰动全国的秘密集市；涵盖人类所有知识框架的"世外桃源"项目；能够预测并同时影响未来的思想息票；一座遭受风暴冲击而理论上却脱离了所有政府的平台；一个将冷冻头颅运送到预期未来的杜瓦罐①。其中大多数的愿景仍然只停留在草图、提案阶段，偶尔也有设计原型或发展出了一家小型公司，或者只是一个孤例。但比特币可不是，比特币已经建成了：生产永久稀缺性数字对象所必需的基础设施确实已经存在，而且规模巨大——这是融合在浇筑混凝土、备用发电机、二维码、智能手机应用程序和微芯片制造当中的宇宙图。

当我写这篇文章时，区块链有145千兆字节，再加上比特币的"挖矿"设施，用中本聪的话来说，这些设施需要消耗"CPU时间和电力"——这一排排的芯片板，投入了大量计算工作，这些工作量需要用超出千兆的希腊语前缀"tera-、peta-、exa-"单元来计量。"矿工"们需要电力：确切的用电量很难说，但在拥有廉价水电的地方或中国燃煤发电厂附近建设机房则非常有吸引力。所有这些都是用于解决随机挑战，这些挑战并未解答任何问题，只是以可量化形式去生产困难本身。这种每一天、每一小时、每一秒无休止的投入，只是为了确保了节点之间的共识，即

---

① 超级真空绝热的不锈钢压力容器，为储存、运输和使用液氧、液氮、液氩或二氧化碳而设计。——译者注

账本中的任何内容都没有被人篡改。

　　若拉开足够远的距离回看，比特币机器就是有史以来人们最为抽象的价值幻想的构建实现版本。它并不会让数据变得有价值——只有接受其支付、思考过去和未来的人们及其机构才能实现这一目标——但它确实可以让某种数据具备可验证的稀缺性，因而适用于囤积、展示、请求、炫耀性浪费以及社会地位竞争。这很可能是一个社会最为纯粹与诚实的表达了，然而这个社会除了浪费其技术创造力去生产新的人为稀缺性之外，似乎并不清楚应该如何利用诸如能量、创新和丰裕等技术创造力：而这也是我们这个时代极大的愚昧。

结论：
未来某个时刻

如果说这本书写得还算成功，那么大家现在应该已经基本了解了有关数字现金、乌托邦计算项目，以及当代加密货币先驱的历史，其中包括：最早"以新方式制作的物品"的实验、匿名"电子现金"、"黑网"的"加密积分"；"哈希现金"和"比特金"以及"可复用工作量证明"和"B 币"；逆熵主义者的思想期货、"索恩斯"和"哈耶克币"的草图；自由意志主义者的金属货币、凭证和数字黄金货币；最后还有比特币及其数字签名链的初始版本。读者们能从中感知到创造不同类型的数字媒体对象所带来的挑战，这些对象自身可被人证明、验证和鉴真——其形态包括从签名到邮资，从分类账到钞票——而上述内容也可以作为有关数字对象何以具备权威性的更加宏大叙事中的一章。你们还能从中感知到所有的货币，无论是投机性的还是实践性的，都承载着特定的历史与未来：塔勒银币、"能源券"、"航空美元"、埋藏地下的迪拉姆币、"指券"、比特币……每一种货币都与蕴含着价值、知识、权力和时间的宇宙图有着迥异而独特的关联。

我希望这些能引发你们对于以下实际问题的思考：你们的钱属于什么样的未来，属于什么样的知识和权力安排？这是你们希望去实现的未来吗？如果不是，那么能用来实现期望中未来的钱又会是什么样的呢？

每种货币都承载着特定的时间和历史结构，在这种结构中，货币被交易、囤积、分配，最终被销毁，或者成为收藏家或博物馆的藏品。货币未来的终极范围包含着我们自己的死亡，也就是所有使用货币进行交易的人们的死亡，以及赋予货币以价值的社会的终结。因此，它也充当了未来模型——但总是在特定时间内的未来。本书中每一个投机性货币项目都非常模糊和边缘化，但这些项目为我们提供了非常纯粹的例证，展现了蕴藏在特定货币体系提议和故事当中的社区想象力和时代想象力。它们既是未来理论，同时又是当下的见证。

这样看来，技术治理公司发行的"能源券"仍然是未来主义色彩的——是美国大萧条时期的未来主义，就和舞蹈、马拉松或者电台广播《世界大战》(*The War of the Worlds*)类似，它们都是特定时代的目标。逆熵主义者的数字现金和"思想期货"也是

未来主义色彩的，这让它们成了旧的新经济、繁荣年代、福山①
的《历史的终结》(*The End of History*)和超人类前景的时间胶囊。
早期的比特币发展利用了长期以来自由意志主义者的未来愿景，
即无通胀的"硬货币"，比特币因为一场迫在眉睫的全面危机而
存在，而这场危机在 2008 年至 2009 年似乎真的爆发了。

技术治理公司成了美国人生活中技术文化历史上一个怪异的注
脚：完全屈从于工程师的白日梦，整个大陆都被改造成了科学管理
的校准马达。霍华德·斯科特活着时看到自己被人们当成实业家的
角色扮演者，这就像他一直在干的事情一样，后期他的活动逐渐减
少了，只剩下几个助手在办公室里围着"尔格人"打转。[1]

加密无政府主义最终成了解密平台、文件转储、告密和勒
索计划系统的部分灵感和序幕——用布鲁斯·斯特林（Bruce
Sterling）的话来说，这是一个由内而外、嬉皮士化的"桌面国
家安全局"——他们出售泄密数据去换取比特币，反过来却成了
他们原本计划去摧毁掉的政府的棋子和资产。（这也是众多网上

---

① 弗朗西斯·福山（Francis Fukuyama），日裔美籍政治学者。曾师从塞缪
尔·亨廷顿，现任约翰霍普金斯大学、保罗·尼采高级国际问题研究院、舒华兹
讲座、国际政治经济学教授，美国斯坦福大学弗里曼–斯波格利国际问题研究所
高级研究员。曾任美国国务院顾问、思想库政策企划局副局长。著有《历史的终
结及最后之人》《后人类未来——基因工程的人性浩劫》《跨越断层——人性与社
会秩序重建》《信任》《政治秩序的起源：从前人类时代到法国大革命》等。——
译者注

黑市的灵感来源。）我们最终并没能实现将现金电子化与个人活动保密，而是建立了一个基于广告和积极监控的网络基础设施，进而将用户货币化了，用户沦为待售产品——正如乔姆所警告的那样，就像在饲养场给牲畜贴上标签一样，用户的注意力和支付数据只是另一种可被捕获并被加以利用的资源而已。

就好似海市蜃楼一般，逆熵主义自行消失在了环境当中，而它更为古怪的特征（相对而言）被正常化为"奇点兄弟"，他们撸铁、嚼咖啡因方块，他们为自己的超级理性而自豪，同时为拥有邪恶机器智能的诺斯替教派恶魔而忧虑。逆熵主义者的金钱，本意是作为逆转时间的熵箭，最终却迈向了一个与他们预期完全不同的未来。

早期比特币及其区块链得到了完善和采用，但随着其他机构、议程和系统对该系统的利用，比特币也变得越来越不像最初的版本了。在比特币推出之后几年时间里，爆发了一系列危机、调整适应、黑客攻击、牛市暴涨和萧条、分裂和再造，而此间不同的团体一直在争论比特币到底是什么、可能是什么，或者应该是什么。[2]（当然，许多其他加密货币和相关技术也已分离出来或独立发展，例如以太坊，以及代币发行融资产品的激增；他们的故事可能会，也将会在其他书中被再次详细讲述。）这就像《圣经》摘录把《新约》（New Testament）变成了《旧约》（Old Testament）预言的实现和确认一样，比特币应该是什么的故事，只取决于人们将它理解成什么。当我在撰写这本书的时候，比特币似乎已经找到了一个能够完美体现当前时刻的角色：一种疯狂波动、毫无支撑的投机工具，它像过山车一样大起大落，由炒作、价格操纵、疯狂恐慌的爆发，以及不劳而获还想大发横财的美梦共同驱动着。

悄然成为本书主角的哈尔·芬尼于 2014 年去世。他是肌萎缩侧索硬化症——卢·格里克氏症的患者。他的身体被灌注了冷冻保护液，冷却到冰点以下，然后被长期存放在阿尔科的人体冷冻设施中。他的一些医疗费用是通过出售他在区块链早期积累的比特币来支付的，即使在失去了对自己双手的控制时，他还在从事一个编码项目，目的是开发出能更好保护比特币钱包的软件。[3]

身处极寒当中、在铝制人体冷冻桶里、由复杂的财务安排所资助，芬尼同时存在于过去、现在与将来：过去，他的"离世"被媒体和比特币区块链记载缅怀；现在，他正身处亚利桑那州 $-196℃$ 的某处设施中；未来，是充满了希望和愿景的乌托邦地平线，而所有的钱都将汇向那里。"哈尔，"现任阿尔科首席执行官的马克斯·莫尔在宣布他的人体冷冻保存时写道："当我说我期待着在未来某个时刻再次与你交谈，并举办一个派对来纪念你的复活时，我知道我代表了许多人。"[4]

致 谢

　　我最诚挚地感谢马里奥·比亚焦利（Mario Biagioli）、雷蒙德·克雷布（Raymond Craib）、萨拉·迪恩（Sara Dean）、查理·德塔（Charlie DeTar）、奎因·杜邦（Quinn DuPont）、保罗·爱德华兹（Paul Edwards）、胡东辉（Tung-Hui Hu）、克里斯·凯尔蒂（Chris Kelty）、比尔·莫伊雷尔（Bill Maurer）、妮可·玛丽·米勒（Nicole Marie Miller）、丽莎·中村（Lisa Nakamura）、阿文德·纳拉亚南（Arvind Narayanan）、海伦·尼森鲍姆（Helen Nissenbaum）、莱恩·努尼（Laine Nooney）、玛丽·普维（Mary Poovey）、克里斯·拉维托（Kriss Ravetto）、菲利普·罗加威（Phillip Rogaway）、克里斯蒂安·桑德维格（Christian Sandvig）、拉娜·斯沃茨（Lana Swartz）、约翰·特里西（John Tresch）和凯特琳·扎卢姆（Caitlin Zaloom）；感谢普林斯顿大学出版社的艾尔·伯特兰（Al Bertrand）以及审稿人、编辑和设计师；感谢纽约大学媒体、文化和传播系的工作人员；以及那些要求匿名的支持者。没有你们的支持，这本书是不可能完成的。如有疏漏，责任全部在我。

271

注 释

（所注页码均为引文出处对应的页码）

引言 流通

1. 参见克里斯汀·德桑（Christine Desan）的《赚钱》（*Making Money*），第 331 页。

第 1 章 用钱投机

1. 参见威廉·E. 阿金（William E. Akin）的《技术治理》（*Technocracy*），第 29 页；对于那些对美国历史这一非凡时刻感兴趣的读者而言，这本书是无价的资源。另可参见霍华德·P. 西格尔（Howard P. Segal）的《美国文化中的技术乌托邦》（*Technological Utopianism in American Culture*），第 6 章。

2. 该党派联合创始人还包括马里昂·金·哈伯特（Marion King

Hubbert），他是一名地质学家，以提出了石油生产的"哈伯特峰值"（Hubbert peak）理论而闻名，几十年后，该理论又因引出"石油峰值论"（peak oil）而广受关注。

3. 参见利亚卡特·艾哈迈德（Liaquat Ahamed）的《金融之王》（*Lords of Finance*），第 435 页。

4. 参见利亚卡特·艾哈迈德的《金融之王》，第 21 章的相关内容，该章对美国现金短缺及其后果展开了十分有趣的概述；本段文字主要摘自他在书中的相关叙述。

5. 关于该项目的相关内容，可参见理查德·斯蒂特斯（Richard Stites）的《革命的梦想》（*Revolutionary Dreams*），第 7 章；以及齐格弗里德·齐林斯基（Siegfried Zielinski）等人的《媒体的深层时间》（*Deep Time of the Media*），第 8 章。

6. 参见技术治理公司（Technocracy Inc.）的"总征兵"（Total Conscription！）内容。

7. 参见哈罗德·费泽（Harold Fezer）的"能源券"（The Energy Certificate）内容。

8. 参见约翰·特里西（John Tresch）的《浪漫的机器：拿破仑之后乌托邦式的科学与技术》（*The Romantic Machine: Utopian Science and Technology after Napoleon*），第 17 章。

9. 参见梅利克·奥哈年（Melik Ohanian）和让－克里斯托夫·罗尤克斯（Jean-Christophe Royoux）的《宇宙图》

（*Cosmograms*），第 68 页。

10. 在政治乌托邦项目背景之下，关于这些被称作"滞期费货币"（demurrage currencies）的项目目前有一些极佳的介绍，可参见彼得·诺斯（Peter North）的《金钱与解放》（*Money and Liberation*），第 62–66 页。典型的印花凭证项目包括"沃尔格尔实验"（Wörgl experiment），该项目是建立在无政府主义经济学家西尔维奥·格塞尔（Silvio Gesell）相关工作的基础之上的。关于格塞尔工作精彩而全面的概述，可参见沃纳·昂肯（Werner Onken）的《西尔维奥·格塞尔的政治经济学》（*The Political Economy of Silvio Gesell*），转引自格塞尔的《自然经济秩序》（*The Natural Economic Order*），第 121 页。

11. 若需更加深入地研究社区和时间在创造新形式金钱方面的工作，可参见比尔·莫伊雷尔（Bill Maurer）的《互助保险有限公司》（*Mutual Life, Limited*）。

12. 同上，第 89 页。

13. 这一领域目前已有丰富的学术研究成果，但出于本章的目的，我向读者们推荐大卫·格雷伯（David Graeber）的《债务》（*Debt*）和迈克尔·哈德逊（Michael Hudson）的《如何设定利率——基于公元前 2500 年至公元 1000 年间的历史》（How Interest Rates Were Set, 2500 BC–1000 AD）。

14. "该承诺将让其他承诺变得一文不值"的想法来自金融和全球化理论家阿尔琼·阿帕杜莱（Arjun Appadurai）的研究成果《基于文字的银行业务》（*Banking on Words*）一书。关于耶鲁大学持有荷兰水务债券的内容，可参见：https://news.yale.edu/2015/09/22/living-artifact-dutch-golden-age-yale-s-367-year-old-water-bond-still-pays-interest.

15. 关于"焦虑、恐惧和怀疑在金融理性预测技术中的作用"的精彩分析，可参见凯特琳·扎卢姆（Caitlin Zaloom）的《如何解读未来》（*How to Read the Future*）。

16. "储备技术"（reserve technology）这一术语来自技术历史学家大卫·埃哲顿（David Edgerton），可参见埃哲顿的《传统的冲击：1900年以来的技术和全国历史》（*The Shock of the Old: Technology and Global History since 1900*）第1章。另可参见丽莎·塞尔文（Lisa Servon）关于消费银行业务与月费和透支费的危险的相关研究，以及为何发薪日贷款和支票兑现体系更加清晰可行。[可参见丽莎·塞尔文的《美国的银行体系》（*The Unbanking of America*）]。

17. 若需展开更加深入的研究分析，请参见威廉·德林格（William Deringer）对17世纪不同贴现模式发展的相关研究："事实证明，复利贴现（已胜出的模式）可能不是最能反映出人们对于未来本能感受的方法，即使放在今天也是

如此。"〔参见德林格《给未来定价》（*Pricing the Future*），
第 521 页。〕

18. 参见丽贝卡·斯潘（Rebecca Spang）的《法国大革命时期
的事物与货币》（*Stuff and Money in the Time of the French
Revolution*），第 6 页。

19. 同上，第 20 页。

20. 参见维维安娜·泽利泽（Viviana Zelizer）的《经济生活》
（*Economic Lives*），第 154 页。

21. 这只会引出超出当前研究所能解决的更大的问题：不同形
式的货币和支付系统的性别化问题。除了维维安娜·泽利
泽的作品之外，可参见玛丽莲·沃林（Marilyn Waring）的
《如果女人也被算在内》（*If Women Counted*），以及 J. K. 吉
布森 – 格雷厄姆（J. K. Gibson-Graham）的《资本主义的
终结》（*The End of Capitalism*），以及拉娜·斯沃茨（Lana
Swartz）的《性别化交易》（*Gendered Transactions*）。

22. 参见克里斯汀·德桑的《赚钱》，第 6 页。

23. 同上。

24. 参见瓦尔特·本雅明（Walter Benjamin）的《单向街》
（*One-Way Street*），第 451 页。

25. 参见约翰·梅纳德·凯恩斯（John Maynard Keynes）
的《就业、利息和货币通论》（*The General Theory of*

Employment），第 216 页。

26. 参见约翰·特里西的《宇宙图》（Cosmogram），第 74 页。

27. 参见威廉·德威金斯（W. A. Dwiggins）的《面向变革》（*Towards a Reform*），第 20 页。

28. 同上，第 19 页。

29. 参见沃伦·詹姆斯·贝拉斯科（Warren James Belasco）的《上餐》（*Meals to Come*），第 181 页、第 182 页。

30. 参见赫伯特·乔治·威尔斯（Herbert George Wells）《未来事物的面貌》（*Shape of Things to Come*），第 266 页。

31. 同上，第 285 页。

32. 参见马克·莫里森（Mark Morrisson）的《现代炼金术》（*Modern Alchemy*），第 176 页——这本书针对这种奇特而迷人的类型提供了明晰的描述。

第 2 章　安全纸张

1. 参见瓦尔特·本雅明的《单向街》，第 481 页。

2. 参见丽贝卡·斯潘的《法国大革命时期的事物与货币》，第 46 页。

3. 同上，第 47 页。

4. 参见本·卡夫卡（Ben Kafka）的《写作的恶魔》（*The Demon of Writing*），第 77 页。

5. 参见丽贝卡·斯潘的《法国大革命时期的事物与货币》，第 175 页。

6. 参见约翰·麦克菲（John McPhee）的《橙子》（*Oranges*），第 97 页。

7. 引用参见詹姆斯·贝尼格（James Beniger）的《控制革命》（*Control Revolution*），第 163 页。

8. 该论述是基于詹姆斯·贝尼格的相关研究与理论得出的，可参见《控制革命》，第 4 章。

9. 参见丽莎·吉特曼（Lisa Gitelman）的《纸张知识》（*Paper Knowledge*），第 9 部分。

10. 有关死亡证明的公共卫生方面历史的更多信息，请参见凯瑟琳·舒尔茨（Kathryn Schulz）的《终极表格》（Final Forms）。

11. 参见弗朗西斯·罗伯逊（Frances Robertson）的《真实性的美学》（The Aesthetics of Authenticity）。

12. 参见玛丽·普维（Mary Poovey）的《类型》（*Genres*），第 3 页。

13. 参见威廉·德威金斯的《面向变革》，第 27 页。

14. 参见拉娜·斯沃茨的《社会交易》（*Social Transactions*）。

15. 参见艾米丽·吉尔伯特（Emily Gilbert）的《铸造国家货币》（Forging a National Currency），第 42 页。

16. 埃默里奇·朱特纳（Emerich Juettner）更广为人知的名字是爱德华·穆勒（Edward Mueller），他是居住在纽约的一名长者。在 20 世纪 30 年代其妻子去世之后，他放弃了公寓管理员的工作，转行成为一名清洁工。他一直在生存的边缘挣扎，最后在一种卑微的绝望当中转向了伪造钞票，而他的手法让他几乎不可能被抓住：他坚持伪造 1 美元钞票，因为没有人会去仔细检查 1 美元钞票——即使这些钞票像他一样"笨拙"，被印在文具店的书写纸上、修饰非常粗糙，甚至拼错了"华盛顿"这个单词。当花光自己的钱时，他每天最多去花一两次假钞。因为他不想用无法存入的假钞支付给企业，从而损害其利益，他从未在同一个地方花过两次假钞，因此他会横穿曼哈顿去购买食品杂货和狗粮。年复一年，特勤局破获了许多更加复杂和危险的假币交易案件，但"880 老先生"在十多年时间里都躲过了他们的密集搜索。参见圣克莱尔·麦凯尔韦（St. Clair McKelway）的《880 先生》（Mister Eight-Eighty）。

17. 参见维维安娜·泽利泽关于指定用途和可变贴现货币问题的研究——尤其是其具有里程碑意义的文章《货币的社会意义》（The Social Meaning of Money）。另可参阅行为经济

学的相关研究，特别是理查德·塞勒（Richard Thaler）关
于心理账户的研究，建议可从《心理账户和消费者选择》
（Mental Accounting and Consumer Choice）入手。

18. 参见威廉·吉布森（William Gibson）的《零历史》（*Zero
History*），第 345—346 页。

19. 参见史蒂文·J. 默多克（Steven J. Murdoch）的《货币的软件
检测》（Software Detection of Currency），史蒂文·J. 默多克和
本·罗瑞（Ben Laurie）的《反伪造的融合》（The Convergence
of Anti-Counterfeiting）；马库斯·库恩（Markus Kuhn）的
《欧姆龙环》（The EURion Constellation）；哈维尔·尼维斯
（Javier Nieves）、伊戈尔·鲁伊斯－阿贡德斯（Igor Ruiz-
Agundez）、巴勃罗·G. 布林加斯（Pablo G. Bringas）的《识
别纸币模式》（Recognizing Banknote Patterns）。

第 3 章　可识别但不为人知

1. 这一叙述来自彼得·菲茨西蒙斯（Peter Fitzsimons）的《南
希·威克》（*Nancy Wake*）（这本书非常受欢迎，是基于对威
克本人的采访写成的，但同时也获得了学术研究的再次验
证）；参见艾略特·史密斯（Elliott Smith）的《流星》（*The

Shooting Star)。

2. 参见利奥·马克斯（Leo Marks）的《丝绸和氰化物之间的抉择》（*Between Silk and Cyanide*），第 44 页。

3. 同上，第 590 页。

4. 参见罗伯特·华莱士（Robert Wallace）和基思·梅尔顿（Keith Melton）的《间谍技术》（*Spycraft*），第 436 页。

5. 在此，我也向好奇的读者解释一下，我所使用的是"替换方块"和"一次性随机字母簿"的第一行，马克斯他自己在向达德利-史密斯中校介绍"一次性随机字母簿"加密方案时也使用过。参见利奥·马克斯的《丝绸和氰化物之间的抉择》，第 246 页。

6. 大卫·卡恩（David Kahn）的《密码破译者》（*The Codebreakers*）提供了几十年以来"一次性随机字母簿"不同应用的丰富概述，其中包括隐藏材料所使用的各色工具的照片。迈克尔·史密斯（Michael Smith）的《图书密码》（*Book Ciphers*）是对这种方案在外交中应用的极佳总结。

7. 参见克劳德·香农（Claude Shannon）的《保密系统的通信理论》（Communication Theory of Secrecy Systems）。

8. 参见史蒂文·利维（Steven Levy）的《加密》（*Crypto*）；西蒙·辛格（Simon Singh）的《密码本》（*The Code Book*）；约翰·普拉特（John Plutte）的《惠特菲尔德·迪菲采访记》

（Whitfield Diffie Interview）。

9.　参见拉尔夫·梅克尔（Ralph Merkle）的《不安全通道上的安全通信研究》（Secure Communications over Insecure Channels）。

10.　参见西蒙·辛格的《密码本》，第 283 页。

11.　参见史蒂文·利维的《加密》，第 270 页。

12.　参见惠特菲尔德·迪菲（Whitfield Diffie）和马丁·赫尔曼（Martin Hellman）的《密码学的新方向》（New Directions in Cryptography），第 652 页。

13.　参见罗恩·瑞文斯特（Ron Rivest）、阿迪·萨莫尔（Adi Shamir）和伦纳德·阿德曼（Leonard Adleman）的《一种获取数字化签名的方法》（A Method for Obtaining Digital Signatures）；参见让 - 弗朗索瓦·布兰切特（Jean-François Blanchette）的《证明责任》（Burdens of Proof）。

14.　这个数字是 RSA-240，这是一个 RSA 半素因子分解挑战，旨在鼓励对于 RSA 密钥中使用的数字类型的研究。这一挑战活动目前已经暂停了——该领域对于不同加密方案强度的理解仍在向前推进——但这一挑战的答案，以及许多其他半素因子分解挑战的答案从未被人破解过。

15.　参见让 - 弗朗索瓦·布兰切特的《证明责任》，第 81 页。

16.　参见惠特菲尔德·迪菲和马丁·赫尔曼的《密码学的新方

向》，第 649 页。

17. 同上。

18. 参见让 – 弗朗索瓦·布兰切特的《证明责任》，第 63 页。

19. 本节内容是基于保罗·梅尔（Paul Meier）和桑迪·扎贝尔（Sandy Zabel）的《本杰明·皮尔斯与霍兰德遗嘱》（Benjamin Peirce and the Howland Will）和不知名作者的《霍兰德遗嘱案》（The Howland Will Case）完成的。

20. 此外，他们还检查了约翰·昆西·亚当斯总统的 110 处签名，其中一些签名被誊抄到透明纸上，这样它们就可以相互叠加比较——还有什么比总统签名更好的参考点呢？

21. 参见《霍兰德遗嘱案》，第 577 页。

22. 20 年后，查尔斯·皮尔斯（Charles Peirce）的学生和朋友，艺术史学家艾伦·马昆德（Allan Marquand）建造了一个机械装置，该装置能够自动解决形式逻辑中的一系列问题（这个机械装置被安放在一个雪松盒子里，而这个盒子是由普林斯顿最古老的住宅中的一根柱子的木材制作的）。当时皮尔斯评论道："我认为电是最好的依靠。"当马昆德绘制出第一个逻辑运算的电路时，皮尔斯发表了一篇关于这项工作前景的论文。准确地说，他讨论的主题是一台机器可能执行多少思考活动，以及其中哪些部分必须留给人的头脑，而该问题有着可以想象的实际重要性；总而言之，对上述问题的探讨对于研究推理过程的本质提供了必要的启发。

［参见查尔斯·皮尔斯的《逻辑机器》（Logical Machines），第 165 页。］

23. 参见查尔斯·皮尔斯的《推理总论》（Of Reasoning in General），第 13 页。

24. 参见希勒尔·施瓦茨（Hillel Schwartz）的《拷贝的文化》（*The Culture of the Copy*），第 179 页。

25. 关于"签名"在密码学中实际作用的深入哲学分析，特别是其与区块链相关的部分，可参见奎因·杜邦（Quinn DuPont）的《区块链身份》（Block-chain Identities）。

第 4 章　致盲因子

1. 参见马丁·格林伯格（Martin Greenberger）的《明日计算机》（Computers of Tomorrow）。

2. 参见约翰·麦卡锡（John McCarthy）的《家庭信息终端》（The Home Information Terminal）。

3. 参见大卫·L.斯特恩斯（David L. Stearns）的《电子价值交换》（*Electronic Value Exchange*），第 44 页。这本书是关于维萨公司及其创始人迪·霍克（Dee Hock）的辉煌历史，其中包括许多其他地方没有的宝贵材料，值得被更多读者去阅读。

4. 同上，第 195 页。

5. 参见保罗·阿默（Paul Armer）的《计算机技术与监控》（Computer Technology and Surveillance），第 10 页。

6. 同上，第 11 页。

7. 参见玛格丽特·阿特伍德（Margaret Atwood）的《女仆的故事》（*The Handmaid's Tale*），第 25 页。

8. 参见弗吉尼亚·尤班克斯（Virginia Eubanks）的《自动化不平等》（*Automating Inequality*），尤其是第 2 章的相关内容。

9. 参见吉勒斯·德勒兹（Gilles Deleuze）的《控制社会后记》（Postscript on the Societies of Control），第 5 页。

10. 同上。

11. 同上，第 6 页。

12. 若想进一步充实这场对话，可参见以下两本重要的书籍：本杰明·H. 布拉顿（Benjamin H. Bratton）的《堆栈》（*The Stack*）和胡东辉（Tung-Hui Hu）的《云的史前史》（*A Prehistory of the Cloud*）。

13. 参见詹姆斯·格雷克（James Gleick）的《现金的终结》（The End of Cash）。

14. 参见大卫·乔姆（David Chaum）的《盲签名》（Blind

Signatures），第 199 页。

15. 参见美国国会《联邦政府信息技术》（Federal Government Information Technology）。

16. 参见安迪・格林伯格（Andy Greenberg）的《这部机器扼杀秘密》（*This Machine Kills Secrets*），第 65 页。对于乔姆专利的引用包括："可学习识别任何普通钥匙的电子锁"（专利号：6318137）和"物理和数字无记名投票系统"（专利号：20010034640）。

17. 参见马里奥・比亚焦利（Mario Biagioli）的《从密码到保密》（From Ciphers to Confidentiality）。

18. 参见大卫・乔姆的《预付智能卡技术》（Prepaid Smart Card Techniques）。

19. 参见大卫・乔姆的《无身份证明的安全性》（Security without Identification）。

20. 参见哈尔・芬尼（Hal Finney）的《基于电子现金的隐私保护》（Protecting Privacy with Electronic Cash），第 12 页。

21. 参见大卫・乔姆的《电子化隐私的实现》（Achieving Electronic Privacy）。

22. 参见詹姆斯・格雷克的《现金的终结》。

23. 参见史蒂文・利维的《加密》，第 293 页；沃尔夫冈・拉克莱因（Wolfgang Röckelein）和罗纳德・迈尔（Ronald Maier）

的《通用货币系统》（A Common Currency System）；詹姆斯·格雷克的《现金的终结》。

24. 参见让－弗朗索瓦·布兰切特的《证明责任》，第60页。

25. 这种设计空间的开放可与弗雷德·特纳（Fred Turner）在《从反主流文化到网络文化》（*From Counterculture to Cyberculture*）中对于计算服务于解放的重新诠释一起阅读。

26. 有关其与央行的政治斗争及其与加密货币关系的总体背景，可参见大卫·戈鲁姆比亚（David Golumbia）的《比特币政治》（*The Politics of Bitcoin*）。若想开展进一步的研究，推荐关注其中一个有趣的领域，即由罗伯特·赫廷加（Robert Hettinga）开发的"数字无记名证书"（digital bearer certificate）项目，但这超出了本书的范围。赫廷加是一位密码朋克撰稿常客，他的提议和研究提出了一种后乔姆时代的数字货币可以采取的替代性方法。

27. 参见哈尔·芬尼的《为何重邮器……》（Why remailers…）。

28. 参见朱莉·皮塔（Julie Pitta）的《光明创意的安魂曲》（Requiem for a Bright Idea）。

29. 参见阿尔温德·纳拉亚南（Arvind Narayanan）的《加密之梦怎么了？》（What Happened to the Crypto Dream?），第3页。

第 5 章　政府的垮台

1.　这四段文字，包括所有的引用，都是基于她的账号内容。
　　［裘德·米尔洪（Jude Milhon），《分泌》（Secretions）］。

2.　裘德和"社区记忆"项目已在多处被广泛讨论过了：参见史
　　蒂文·利维的《黑客：计算机革命的英雄》（*Hackers: Heroes
　　of the Computer Revolution*），尤其是第 8 章；李·费森斯坦
　　（Lee Felsenstein）的《社区记忆：第一个公共访问社交媒体
　　系统》（"Community Memory: The First Public-Access Social
　　Media System"）；波·都伯（Bo Doub）的《社区记忆：社
　　会媒体和运动的先例》（Community Memory: Precedents
　　in Social Media and Movements）；以及斯图尔特·布兰德
　　（Stewart Brand）的《太空战争：电脑无业游民的狂热生活
　　和象征性死亡》（Spacewar: Fanatic Life and Symbolic Death
　　Among the Computer Bums）。

3.　参见史蒂文·利维的《黑客：计算机革命的英雄》。

4.　参见莉斯卡（Liška）的《圣裘德的遗产》（St. Jude's
　　Legacy）。

5.　本段引用来自米尔洪的账户《分泌》中的内容。

6. 参见 E. S. 美兰（E. S. Meieran）、P. 恩格尔（P. Engel）和 T. 梅（T. May）的《集成电路器件封装中 α 粒子放射性的测量》（Measurement of Alpha Particle Radioactivity），第 20—21 页。

7. 关于加密无政府状态的遗产以及维基解密的诞生的杰出新闻报道——包括本书中许多相同的人物，但其关注点是揭发和披露，而非金钱，参见安迪·格林伯格的《这部机器扼杀秘密》。

8. 参见埃里克·休斯（Eric Hughes）的《坚果和橡子》（Nuts & Acorns）。

9. 参见蒂莫西·C. 梅（Timothy C. May）的《网络空间中的自由主义》（Libertaria in Cyberspace）。

10. 参见蒂莫西·C. 梅的《密码学》（The Cyphernomicon），第 17.3.1 部分。

11. 参见蒂莫西·C. 梅的《加密无政府主义者宣言》（The Crypto Anarchist Manifesto）。

12. 同上。

13. 参见蒂莫西·C. 梅的《密码学》，第 17.3.1 部分。

14. 同上。

15. 参见约查·本克勒（Yochai Benkler）的《网络的财富：社会生产如何改变市场和自由》（*The Wealth of Networks: How Social Production Transforms Markets and Freedom*），尤其是

第 3 章。

16. 参见蒂莫西·C. 梅的《密码学》，第 17.3.1 部分。

17. 参见埃里克·休斯的《坚果和橡子》。

18. 参见蒂莫西·C. 梅的《密码学》，第 16.3.4 部分。

19. 参见考特尼·斯塔德（Courtney Stadd）的《美国航天局总部口述历史项目》（NASA Headquarters Oral History Project）。

20. 参见克里斯·彼得森（Chris Peterson）在《航天飞机定价和太空开发》（Shuttle Pricing and Space Development）中的引用，第 12 页。

21. 参见埃丝特·戴森在《创造市场》（Making Markets）中的引用，第 2 页。

22. 参见乔尔·奥尔（Joel Orr）的《参与信息经济》（Join the Information Economy）。

23. 参见乔尔·奥尔的《供您参考》（For your information）。

24. 参见埃丝特·戴森的《信息、投标以及询问》（Information, Bid and Asked），第 92 页。

25. 参见埃丝特·戴森的《创造市场》，第 5 页。

26. 有关布兰德与《太空战争》的相关背景，参见弗雷德·特纳的《从反主流文化到网络文化》，尤其是第 4 章。

27. 参见斯图尔特·布兰德的《太空战争：电脑无业游民的狂

热生活和象征性死亡》。

28. 实际上，作为一项实践，我们几乎总是这样做。关于这一点的解释，以及应对有关在噪声信道上传输、存储和复制的挑战更加深刻的分析，参见乔纳森·斯特恩（Jonathan Sterne）的《MP3: 格式的意义》（*MP3: The Meaning of a Format*）。

29. 针对该论点有一种惊人的替代方案，可参见奎因·杜邦的《区块链身份：用于控制和管理抽象实体的符号技术》（Blockchain Identities: Notational Technologies for Control and Management of Abstracted Entities）。

30. 关于这一点其实有很多可以展开说的，但这超出了这本书的目标，感兴趣的读者可以从下面的推荐开始：马修·基申鲍姆（Matthew Kirschenbaum）的《机制：新媒体和法医想象》（*Mechanisms: New Media and the Forensic Imagination*），以及他对于法医和形式实质性之间的区别的分析；希勒尔·施瓦茨（Hillel Schwartz）的《拷贝的文化》，尤其是第 6 章；马库斯·布恩（Marcus Boon）的《赞美拷贝》（*In Praise of Copying*），同样可重点关注第6 章。

31. 欲了解更多关于康拉德·楚泽（Konrad Zuse）对作为媒体和计算交叉领域的数据存储胶片的分析，请参阅列夫·马诺维奇（Lev Manovich）的《新媒体的语言》（*The Language of New Media*），尤其是第 1 章。

32. 关于这个主题目前已有大量的文献，针对这本书提出的问题，特别是关于复制和所有权的问题，我推荐将阿德里安·约翰斯（Adrian Johns）的《盗版：从古腾堡到盖茨的知识产权战争》（*Piracy: The Intellectual Property Wars from Gutenberg to Gates*）作为参考。

33. 参见埃丝特·戴森的《创造市场》，第 5 页。

34. 与戴森同时代的凯文·凯利（Kevin Kelly）曾在《连线》（*Wired*）杂志工作期间对密码朋克进行了报道，他发表了沃尔夫对"世外桃源"项目惨败的史诗般描述——他还在《失控》（*Out of Control*）一书中详细描述了数字现金——后来他在 2016 年出版的《必然》（*The Inevitable*）几个章节中，根据过去预测的错误，对该问题提供了深思熟虑的答案。

35. 参见蒂莫西·C. 梅的《定时加密》（Timed-Release Crypto）。

36. 随着公钥加密和微支付系统的发展，这与罗恩·瑞文斯特、阿迪·萨莫尔和伦纳德·阿德曼从事的研究类似：请参见他们的《时间锁难题》（Time-Lock Puzzles）。

37. 这个首字母缩写的名字也是一个计算机科学笑话：XOR，即"异或"是一种逻辑运算，只有当输入不同时才返回结

果 1 : 1 异或 1 给出 0，0 异或 1 给出 1。在如此简单的基础

上，你可以建造出非常复杂的东西。

38. 作为一个概念，"世外桃源"的重要性怎么强调都不为过，

对这个项目有很多前期的学术研究。参见贝琳达·巴尼特

（Belinda Barnet）的《记忆机器 : 超文本的进化》（*Memory

Machines: The Evolution of Hypertext*）；特里·哈泼德（Terry

Harpold）的《剥离 : 阅读机器和升级路径》（*Ex-foliations:

Reading Machines and the Upgrade Path*），第 2 章；雷沃德·

博伊德（Boyd Rayward）的《世外桃源的愿景》（Visions of

Xanadu）。

39. 参见西奥多·纳尔逊（Theodore Nelson）的《文学机器》

（*Literary Machines*），1/35。

40. 参见约翰·沃克（John Walker）的《Autodesk 文件 : 历史点

滴与经验之谈》（*The Autodesk File: Bits of History, Words of

Experience*），第 500 页。

41. 同上，第 499 页。

42. 同上，第 843 页。

43. 参见西奥多·纳尔逊的《文学机器》，0/5。

44. 同上，1/25。

45. 同上，2/29。

46. 同上，2/43。

47. 同上，4/29。

48. 参见"稀缺性规则"：http://www.caplet.com/adages.html。

49. 马克·米勒（Mark Miller）声称在 1980 年通过嵌套目录独立发明了分层导航界面，这种目录现在很常见——最熟悉的是 iTunes 和苹果操作系统 X 的"列视图"——这在当时被称为"米勒列"。

50. 参见西奥多·纳尔逊的《计算机图书馆/梦想机器》（*Computer Lib/Dream Machines*），第 41 页。

51. 参见马克·米勒、迪恩·特里布尔（E. Dean Tribble）、拉维·潘迪亚（Ravi Pandya）和马克·斯蒂格勒（Marc Stiegler）的《开放社会及其媒体》（The Open Society and Its Media），第 18 页。

52. 参见网页：http://www.overcomingbias.com/2006/11/first_known_bus.html。

53. 参见约翰·沃克的《Autodesk 文件：历史点滴与经验之谈》，第 424 页。

54. 参见安迪·格林伯格的《这部机器扼杀秘密》，第 59 页。

55. 参见蒂莫西·C.梅的《回复：安圭拉——一个数据天堂？》（Re: Anguilla—A DataHaven?）。

第 6 章　永恒边域

1. 参见蒂莫西·C. 梅的《回复：连线与处理文件》（Re: Wired & Batch File）。

2. 参见弗雷德·特纳的《从反主流文化到网络文化》，第 6 页和第 73 页。

3. 这些术语出自：蒂莫西·C. 梅的《回复：黑客：计划中的加密环节》（Re: HACKERS: Crypto Session Being Planned）。

4. 参见弗诺·文奇（Vernor Vinge）的《即将来到的技术奇点》（*The Coming Technological Singularity*），第 12 页。

5. 参见弗诺·文奇的《真名实姓》（*True Names*），第 245 页。

6. 参见戴伟（Wei Dai）的《密码朋克与枪支》（Cypherpunks and Guns）。

7. 参见弗诺·文奇的《真名实姓》，第 285 页。

8. 参见蒂莫西·C. 梅的《回复：黑网忧虑》（Re: Blacknet Worries）。

9. 郑重声明：在密码朋克邮件列表、新闻组 "alt.extropian" 和新闻组 "alt.fan.david-sternlight" 中有一个内部笑话，斯特恩莱特以怀疑、敏感，以及针对一些他不喜欢的密码学应用恶搞而闻名。

10. 这种现象（包括我所列举的例子）在马修·鲁伯里（Matthew Rubery）的《报纸的新意：新闻发明后的维多利亚小说》（*The Novelty of Newspapers: Victorian Fiction after the Invention of the News*）第 2 章中有所描述。

11. 对于在家玩的人："不要让 JS 看到你在看广告。"

12. 参见蒂莫西·C.梅的《"黑网"简介》（Introduction to BlackNet）第 242 页。如果你很好奇梅最初发出的匿名帖子以及人们的反应，可以参见 1993 年 8 月 18 日由收件人之一 Timothy Newsham 转发到密码朋克邮件列表上的帖子，该帖的主题行是"无主题（文件传输）"，原帖可在以下的档案链接中找到：https://cypher punks.venona.com/raw/cyp-1993.txt。

13. 这是从他对于"黑网"的推出及其后果的精彩历史纪录中引用而来的，其中还包括我们在此处无法展开讨论的一些问题，例如"暗杀市场"，参见托马斯·里德（Thomas Rid）的《机器的崛起》（*Rise of the Machines*），第 278 页。

14. 参见托马斯·莫尔（Thomas More）的《乌托邦》（*Utopia*），第 249 页。

15. 参见蒂莫西·C.梅的《"黑网"简介》第 241 页。

16. 布鲁斯·斯特林（Bruce Sterling）在《爆炸小屋》（The

Blast Shack）中很好地讨论过这种相似性及其联系；另可参见托马斯·里德的《机器的崛起》。

17. 参见芬恩·布伦顿（Finn Brunton）的《密钥空间：维基解密和阿桑奇文件》（Keyspace: WikiLeaks and the Assange Papers）。

18. 参见埃里克·休斯的《无主题》（No Subject）；蒂莫西·C. 梅的《一项次要的实验结果》（A Minor Experimental Result）。

19. 参见拉娜·施瓦茨的《区块链之梦》（Blockchain Dreams），第 85 页。

20. 参见弗雷德·特纳的《原型》（Prototype），第 256 页。

21. 同上，第 259 页。

22. 参见彼得·刘易斯（Peter Lewis）的《与威廉·吉布森一同在线》（On Line with William Gibson）。

23. 参见约翰·佩里·巴洛（John Perry Barlow）的《犯罪与困惑》（Crime and Puzzlement）。

24. 参见弗雷德·特纳的《我们可以书写一部互联网文化史吗？》（Can We Write a Cultural History of the Internet?），第 40 页。

25. 参见蒂莫西·C. 梅的《密码学》，第 8.4.22 与第 4.8.2 部分。

26. 参见蒂莫西·C. 梅的《"黑网"简介》，第 241 页。

27. 参见约翰·佩里·巴洛的《网络空间独立宣言》（A Cyberspace Independence Declaration）。

28. "定居者边域"这一术语源自约翰·理查兹（John Richards）的《无尽边域：早期现代世界环境史》（*The Unending Frontier: An Environmental History of the Early Modern World*），第6页：原文是"需要由一个强大国家的积极政治、军事和财政参与和支持"的边域。

29. 参见蒂莫西·C.梅的《密码学》，第16.21.5部分。

30. 参见约翰·佩里·巴洛的《网络空间独立宣言》。

31. 参见蒂莫西·C.梅的《无法追踪的数字现金》。

32. 参见理查德·斯托曼（Richard Stallman）的《何为自由软件？》（What Is Free Software?）。

33. 参见亚内克·马丁森（Yanek Martinson）的《另一个帕克斯式的重邮器》（Another Pax-Type Remailer）。

34. 同上。

第7章　纳秒手提箱

1. 参见卡门·L.米切尔（Carmen L. Mitchell）的《格蕾丝·穆雷·赫柏对计算机科学和计算机教育的贡献》（The

Contributions of Grace Murray Hopper to Computer Science and Computer Education），第 68 页。

2. 同上，第 39 页。

3. 服务于当前的实际目的，让我们暂时把量子纠缠之类的东西放在一边。

4. 参见凯瑟琳·威廉姆斯（Kathleen Williams）的《不可思议的战士：二战中的数学家格蕾丝·赫柏和米娜·里斯》（Improbable Warriors: Mathematicians Grace Hopper and Mina Rees in World War II），第 112 页。

5. 参见卡门·L. 米切尔的《格蕾丝·穆雷·赫柏对计算机科学和计算机教育的贡献》，第 63 页。

6. 1992 年，辛西娅·德沃克（Cynthia Dwork）和莫尼·瑙尔（Moni Naor）提出了一个相关想法，即"通过处理过程来定价"，但贝克在"哈希现金"的开发过程中并没有意识到这个想法。2004 年，罗恩·瑞文斯特还提出了与西尔维奥·米卡里（Silvio Micali）共同开发的反垃圾邮件应用"胡椒币"（Peppercoin）系统。具体可参见罗恩·瑞文斯特的《"胡椒币"小额支付》（Peppercoin Micropayments）。

7. 参见加里·D. 诺特（Gary D. Knott）的《散列函数》（Hashing Functions），第 275 页。

8. 参见罗伯特·莫里斯（Robert Morris）的《分散存储技术》

（Scatter Storage Techniques）。

9. 参见马修·基申鲍姆的《机制：新媒体和法医想象》，第177页。

10. 同上，第85页。

11. 参见哈尔·芬尼的《"可复用工作量证明"理论》（RPOW Theory）。

12. 为了准确起见，在这里值得一提的是，谷歌工程师和阿姆斯特丹CWI实际上在2017年2月就能实现SHA-1密码散列函数碰撞了：即为不同的数据生成相同的散列值，这会危及各种基于SHA-1的认证和签名系统——但这里所描述的工作是在演示之前就进行了的。参见https://security.googleblog.com/2017/02/announcing-first-sha1-collision.html。

13. 参见《作为货币的邮票》（Post-Office Stamps as Currency）。

14. 参见尼克·萨博（Nick Szabo）的《可信第三方是安全漏洞》（Trusted Third Parties Are Security Holes）。

15. 参见尼克·萨博的《比特金》（Bit Gold），这引自他2005年对该观点更为正式的阐述。1999年，他在《内部多项式密码学》（Intrapolynomial Cryptography）中基于基线功能的语境下提到了"哈希现金、微铸币、比特金等。1998年，他在《用所有者权力保护财产所有权》（Secure Property Titles with Owner Authority）中深入描述了比特金系统的一个方面。

16. 参见蒂莫西·C.梅（Timothy C. May）的《密码图标》（The Cyphernomicon），第6.3.3部分。

17. 参见蒂莫西·C.梅的《密码学》，第6.8.3部分。

18. 参见蒂莫西·C.梅的《回复：枪支：H&K》（Re: Guns: H&K）。

19. 参见戴伟的《密码朋克与枪支》。

20. 参见戴伟的《管网1.1与B币》（PipeNet 1.1 and B-Money）。

21. 参见哈尔·芬尼的《回复：基于能源的货币》（Re: Currency Based on Energy）。

22. 同上。

23. 正如比特币后来发展所证明的那样，这不是一件容易实现的事情。戴伟提出了一些替代方案：他讨论了依赖于一组集中式服务器的方法，因为保持所有独立账本之间的同步是一个相当大的挑战，他还讨论了如何让参与者参与就铸造新币难度进行竞标的方法，目的是在理论层面保持计算工作中的价格公平性。

24. 参见中本聪（Satoshi Nakamoto）的《回复：对您的B-Money页面的引用》（Re：Citation of Your B-Money Page）。

25. 参见中本聪的《回复：对您的B-Money页面的引用》。

26. 参见哈尔·芬尼的《回复：基于能源的货币》。

第 8 章　生物停滞的哈耶克

1. 参见马克斯·莫尔（Max More）的《编首语》（Editorial）。

2. 参见马克斯·莫尔的《货币的非国有化》（Denationalisation of Money），第 19 页。

3. 同上，第 20 页。

4. 参见《简介》（Introduction），第 3 页。

5. 参见大卫·埃哲顿（David Edgerton）的《传统的冲击：1900 年以来的技术和全球历史》，该书中对本体感觉现象进行了极好的总结，同时也对计算进行了分析。

6. 参见马克斯·莫尔的《逆熵主义的原则》（The Extropian Principles），第 17 页。

7. 阿恩·奈斯（Arne Naess）与这个圈子的人在一起交流，他将继续发展深层生态学理论。他曾在维也纳街头分发过一份问卷，问卷上只有一个问题："你如何决定什么才是真的？"

8. 参见路德维希·冯·米塞斯（Ludwig von Mises）的《人类行动：经济学论文——学者版》（*Human Action: A Treatise on Economics—the Scholar's Edition*），第 32 页。

9. 此处的总结主要借鉴了弗里德里希·哈耶克（Friedrich

Hayek）的《货币、市场与其它秩序的非国有化》(*The Denationalization of Money* and *The Market and Other Orders*)；路德维希·冯·米塞斯的《笔记和回忆》(*Notes and Recollections*)（尤其是第 1 章、第 4 章，以及第 4 部分）和《货币和信贷理论》(*The Theory of Money and Credit*)；奥德里斯科尔（O' Driscoll）、杰拉尔德（Gerald）和马里奥·里索（Mario Rizzo）的《重新审视奥地利学派经济学：时间和无知的经济学》(*Austrian Economics Re-examined: The Economics of Time and Ignorance*)；以及丹尼尔·斯蒂德曼·琼斯（Daniel Steadman Jones）的《宇宙的主人：哈耶克、弗里德曼和新自由主义政治的诞生》(*Masters of the Universe: Hayek, Friedman, and the Birth of Neoliberal Politics*)。

10. 当卡尔·波普尔（Karl Popper）第一次使用这个术语时，他提到了"乌托邦社会工程"(utopian social engineering)；到他写《开放社会及其敌人》(*The Open Society and Its Enemies*)时，他将其概括为"乌托邦工程"(utopian engineering)（参见波普尔《开放社会及其敌人》，第 148 页）。

11. 参见弗里德里希·哈耶克的《法律、立法与自由》(*Law, Legislation, and Liberty*)，第 2 卷，第 108–109 页。

12. 这超出了本书的范围，但该项目与后来被称为"加速主义"（accelerationism）的一系列想法和政治承诺之间存在着有趣的关系。英国的控制论文化研究小组是"加速主义"思想的议程设置者之一，是逆熵主义者悲观的当代"表亲"；二者在同样前提下开展了一场反乌托邦式的终极游戏，同样鼓励泡沫经济和新货币的发明——尽管是以一种修辞层面的、技术哥特式的精神方式，并没有产生可行的原型。

13. 参见阿尔琼·阿帕杜莱的《计算的精神》（The Spirit of Calculation），第 9 页，以及他在《基于文字的银行业务》语境下的论证。另参见凯特琳·扎卢姆（Caitlin Zaloom）的《走出困境：从芝加哥到伦敦的贸易和技术》（Out of the Pits）。

14. 参见卡尔·马克思（Karl Marx）的《政治经济学批判大纲：政治经济学批判的基础》（Grundrisse: Foundations of the Critique of Political Economy），第 410 页。

15. 参见《自发性秩序》（Spontaneous Orders），第 7 页。

16. 参见佑（Yow）的《思维冲浪》（Mindsurfing）。

17. 参见假名账户"Pr0tube Cypher"的《神奇币数字现金系统》（"Magic Money Digicash System"）。

18. 参见哈尔·芬尼的《基于电子现金的隐私保护》。

19. 参见大卫·乔姆的《无身份证明的安全性》，第 1030 页。

20. 其中最值得注意的是，自学成才的人工智能哲学家埃利泽·尤德科夫斯基（Eliezer Yudkowsky），他寻求一种与未来超级智能的预测性对话，以及新反动主义者、种族主义者和"新美国主义者"（这里试想下一个君主制的技术治理公司）软件开发人员柯蒂斯·"孟子霉菌"·雅文（Curtis "meneges mold bug" Yarvin）……但那是另一本书。雅文目前正在领导团队开发"变量"（Urbit），这是云计算的全新设计："如果比特币是数字货币，"雅文说道，"那么，'变量'就是数字土地。"

21. 参见罗宾·汉森（Robin Hanson）的《创意未来：鼓励诚实的共识》（Idea Futures），第 9 页。

22. 参见理查德·波特文（Richard Potvin）的《向逆熵主义者征求购买虚拟股票》（A Solicitation to Extropians to Buy Virtual Shares）。这个日期是基于他在逆熵主义者列表上的发布日期［参见理查德·波特文的《逆熵主义者的净资产》（"Extropians" Net Worths）］。

23. 参见美国证券交易委员会（SEC）诉"股票生成"公司（2001 年），编号 CIV.A.00-11141-JLT。

24. 参见丹·布雷克（Dan Brekke）的《一文不值的钱》（Money for Nothing）。

25. 参见蒂姆·C.梅的《无法追踪的数字现金》。

26. 参见丽贝卡·斯潘的《法国大革命时期的事物与货币》，第272 页。

27. 参见汤姆·贝尔（Tom Bell）的《逆熵：我们希望的家园》（Extropia: A Home for Our Hopes）。

28. 参见罗曼娜·马查多（Romana Machado）的《对抗熵现在你就可以去做的五件事》（Five Things You Can Do to Fight Entropy Now）。

29. 参见福里斯特·毕晓普（Forrest Bishop）的《我的三个外部角度》（my EXTRO 3 perspective）；尼克·萨博的《未来预测》（Future Forecasts）《多项式内密码学》，以及《比特金》。

第 9 章　对未来的渴望

1. 参见哈尔·芬尼的《锻炼与长寿》（Exercise and Longevity）。

2. 这些文字主要摘自《人体冷冻术手环竞赛》（The Cryonics Bracelet Contest）中的几个不同的草案。

3. 参见蒂芙尼·罗曼（Tiffany Romain）的《极限寿命延长：长期投资人体冷冻术》（Extreme Life Extension: Investing in Cryonics for the Long, Long Term），第 4 页。

4. 参见阿什温·德·沃尔夫（Aschwin de Wolf）的《解构未来冲击》（Deconstructing Future Shock.），第 5 页。

5. 参见查尔斯·普拉特（Charles Platt）的《汉堡助手》（Hamburger Helpers），第 14 页。

6. 参见《兴奋 / 进步》（Excitations/Advances），第 6–7 页。

7. 参见兰德·辛伯格（Rand Simberg）的《冰冻的前沿：阿尔科将如何开辟新空间》（The Frozen Frontier, or: How Alcor Will Open Up Space）。

8. 参见威廉·拉诺特（William Lanouette）的《阴影中的天才：炸弹背后的人——利奥·西拉德传记》（*Genius in the Shadows: A Biography of Leo Szilard, the Man behind the Bomb*），第 16 章。

9. 参见利奥·西拉德（Leo Szilard）的《回忆录》（Memoirs），第 4 页。

10. 参见罗伯特·埃廷格（R.C.W. Ettinger）的《倒数第二张王牌》（The Penultimate Trump）。

11. 这不是一个关于在寒冷中长眠的故事，但爱德华·贝拉米（Edward Bellamy）的《回首往事》（*Looking Backward*）在这里值得一提：主角朱利安·韦斯特（Julian West）像被催眠了一般地保存下来，以实现全新的未来经济——其中包括贝拉米所创造的术语"信用卡"。"而这张卡是基于一定金额的美元发行的，"未来居民在谈到他递给韦斯特的"一块硬板"时说道，"我们保留了旧的用语，但并没有保留其实质内容。正如我们所使用的，这个术语并不代表任何物质的东西，而只是作为一个代数符号，用来比较产品之间的价值。"

12. 参见利奥·西拉德的《马克·盖博基金会》（The Mark Gable Foundation），第 2 页。

13. 这一部分内容主要基于尼古拉·克里门佐夫（Nikolai Krementsov）的《革命性实验：布尔什维克科幻小说中对不朽的追求》（*Revolutionary Experiments: The Quest for Immortality in Bolshevik Science and Fiction*）和《被困在地球上的火星人：亚历山大·博格丹诺夫、换血和无产阶级科学》（*A Martian Stranded on Earth: Alexander Bogdanov, Blood Transfusions, and Proletarian Science*）。

14. 参见弗里德里希·哈耶克的《自由秩序原理》（*The Constitution of Liberty*），第 32 页。

15. 参见弗里德里希·哈耶克的《法律、立法与自由》，第 3 卷，第 176 页。

16. 参见弗里德里希·哈耶克的《法律、立法与自由》，第 1 卷，第 38 页。

17. 同上，第 42 页。

18. 参见科里·罗宾（Corey Robin）的《财富和知识分子》（Wealth and the Intellectuals）。哈耶克预计将会出现的面向未来的寡头与约瑟夫·熊彼特（Joseph Schumpeter）所描述的理想型企业领袖有着共同特征：他们都具有"对新事实的批判性接受能力"，总是对下一件未来事件保持清醒，同时还拥有"非凡的体力和神经能量"［参见熊彼特的《一个阶层内部家庭的兴衰》（The Rise and Fall of Families within a Class），第123页］。

19. 参见罗伯特·德里南（Robert Drinan）的《综述：＜法律、立法与自由＞（第3卷）》［Review: *Law, Legislation, and Liberty*（*Volume 3*）］，第621页。

20. 参见弗里德里希·哈耶克的《自由秩序原理》，第40页。

21. 此处我们可以从哪里下手开始反驳哈耶克的主张呢？实际上，几乎没有一部技术史能与这一叙述相对应；建议可从大卫·埃哲顿在《传统的冲击:1900年以来的技术和全球历史》一书中对创新、发明、分配和生产的分析入手进行进一步的探究。

第 10 章　应急资金

1. 参见马库斯·布鲁纳梅尔（Markus Brunnermeier）的《解密 2007—2008 年流动性和信贷紧缩》（Deciphering the Liquidity and Credit Crunch 2007–2008）。

2. 参见中本聪的论文《比特币：一种点对点的电子现金系统》（Bitcoin P2P e-Cash Paper）。

3. 以下有三种反对理由可供参考："我们非常非常需要这样一个系统，"密码学家兼密码朋克詹姆斯·唐纳德（James Donald）在回复中本聪（参见唐纳德对《比特币：一种点对点的电子现金系统》的回复）时写道，"但我理解，按照你所提议的方式，这个系统似乎并没有扩展到所需的规模。""我认为这个系统的真正问题在于比特币的市场，"另一位邮件列表上的常客雷·迪林杰（Ray Dillinger）写道（参见迪林杰对《比特币：一种点对点的电子现金系统》的回复），"计算工作量证明并没有内在价值。"约翰·莱文（John Levine）指出了工作量证明系统本身存在的潜在问题，他是互联网和电子邮件安全与信任领域拥有长期声誉的人物，他指出："这与哈希现金无法在今天的互联网上运行是一样的原因——好人的计算能力远不如坏人。同时，我也对其他问题持有疑问，但刚刚说的这个问题是核心问题。"（参见莱文对《比特币：一种点对点的电子现金系统》的回复）。

4. 当时的新闻报道中描述了人们对其最初的接受和讨论，其中最知名的是纳撒尼尔·波普（Nathaniel Popper）的《数字黄金：比特币与试图重新创造金钱的不适应者和百万富翁的内幕故事》（*Digital Gold: Bitcoin and the Inside Story of the Misfits and Millionaires Trying to Reinvent Money*）第 2 章的结论部分。

5. 隐居的数学家望月新一（Shinichi Mochizuki），他在 ABC 猜想方面的研究工作与质因数的频率以及数字的加法和乘法性质有关。但没有特别的理由去推测望月新一就是中本聪本人。

6. 参见中本聪的《对您的 B-Money 页面的引用》。

7. 参见哈尔·芬尼对《比特币：一种点对点的电子现金系统》的回复。

8. 参见惠特菲尔德·迪菲和马丁·赫尔曼的《密码学的新方向》，第 654 页。

9. 参见中本聪的论文《比特币：一种点对点的电子现金系统》。

10. 参见亚当·格林菲尔德（Adam Greenfield）的《激进技术：日常生活的设计》（*Radical Technologies: The Design of*

Everyday Life），第5章。这本书对比特币如何为外行人服务提供了一个精湛而清晰的解释，其中包括"共识"模型很少能反映出人们对该词的通常理解的相关描述："异议可能会持续一段时间，但随着一个候选序列越过阈值，它受到挑战的可能性会逐渐减少到零，这样它将逐渐失效。所有采矿节点最终都汇聚在这个最长的链上，一旦所有曾经的竞争对手都半途而废，它就会成为规范。"

11.　参见中本聪的《比特币v0.1版本发布》（Bitcoin v0.1 Released）。

12.　有关比特币在所有基于账本的货币中地位的分析，参见比尔·莫伊雷尔的《作为代币的货币与作为记录的货币》（Money as Token and Money as Record）。

13.　参见西奥多·纳尔逊的《文学机器》，2/29。

14.　有关前者一个很好的例子就是"黑暗钱包"（DarkWallet）项目（https: //www.darkwallet.is）；在撰写本文时，从技术角度看，真正匿名的加密货币中最有趣的版本是"Z现金"（Zcash）项目（https://z.cash）。阿米尔·塔奇（Amir Taaki）曾经是"黑暗钱包"项目的首席开发人员，他现在正在创建自治理工集团（Autonomous Polytechnics Group），他也是迄今为止比特币世界中最具哲学和政治意义的人，他的工作值得人们去深入研究。

15. 参见亚历克斯·赫恩（Alex Hern）的《失物：纽波特垃圾填埋场埋有价值 400 万英镑比特币的硬盘》（Missing: Hard Drive Containing Bitcoins Worth £4m in Newport Landfill Site）。

16. 该地址目前拥有 8 000 枚比特币，这些比特币都是在 2009 年间 2 个月内生成的，这与詹姆斯·豪厄尔斯（James Howells）所记得的日期是能对应上的。但是该地址从未进行过对外交易，自 2009 年 4 月 26 日以来一直处于完全不活跃的状态——除了一些从 2014 年开始出现的极少金额、奇怪地分散汇入交易之外。我相信这是该地址在当时和随后的一些比特币软件中被用作样本地址所带来的连带作用。

17. 参见威廉·丹尼尔·希利斯（William Daniel Hillis）的《连接机器》（The Connection Machine）。

18. 有关计算和空调相结合的历史，请参见芬恩·布伦顿的《热量交换》（Heat Exchanges）。

19. 参见詹姆斯·科洛泽（James Kolodzey）的《CRAY-1 计算机技术》（CRAY-1 Computer Technology）。

20. 参见西摩·克雷（Seymour Cray）的《美国专利第 4 590 538 号：浸没冷却高密度电子组件》的（U.S. Patent No. 4,590,538: Immersion Cooled High Density Electronic Assembly）。

21. 参见肯·希里夫（Ken Shirriff）的《用铅笔和纸"挖掘"比

特币：每天可计算 0.67 个散列值 》(Mining Bitcoin with Pencil and Paper: 0.67 Hashes per Day)。

22. 所有这些工作都只是为了解决散列问题，而非试图去做类似签订比特币交易的事情，这会涉及将许多非常大的整数相乘的计算。

23. 参见约翰·梅纳德·凯恩斯的《就业、利息和货币通论》，第 129 页。

24. 参见中本聪的《比特币》，第 4 页。

25. 参见比尔·莫伊雷尔、泰勒·内尔姆斯（Taylor Nelms）和拉娜·斯沃茨的《当真正问题可能是钱本身时：比特币的实际重要性》（ When Perhaps the Real Problem Is Money Itself : The Practical Materiality of Bitcoin ），第 2 页。

26. P2P 基金会网站要求填写出生日期，然后该日期会以发布者年龄的形式体现在个人资料当中：http://p2pfoundation. ning.com/profile/Satoshi Nakamoto?xg_source=activity，而密码市场分析师格温（https://www.gwern.net）通过 P2P 基金会的个人资料档案去寻找年龄递增信息，发现日期最早停在了 1975 年 4 月 5 日。

27. 参见佩里·梅茨格（Perry Metzger）的《管理员：请不要在这里搞货币政治》（ ADMIN: No Money Politics, Please ）。

第 11 章　挣脱地域

1. 参见伯纳德·冯·诺特豪斯（Bernard von NotHaus）和特尔·普雷斯利（Telle Presley）的《理解价值——一篇经济研究论文》（To Know Value—An Economic Research Paper）。

2. 同上，第 12,14,17 页。

3. 参见"新自由美元"官网内容。

4. 这些内容出现在仓单收据上，人们可在样本上看到文字副本。例如，参见第 33 页的条款 C "退货动议"，这些内容同样也出现在防护体系相关条款中。

5. 作为防护体系的证据，参见第 11 页的"退货动议"（来自倡议书）。

6. 参见约翰·梅纳德·凯恩斯的《就业、利息和货币通论》，第 213 页。

7. 参见伯纳德·冯·诺特豪斯的《美国的纳粹化》（The Naziization of America），第 492 页。

8. 参见"丝绸之路"庭审记录：政府条款第 270 条，14 Cr.68（KBF）。

9. 有关数字黄金货币领域的精彩调查，请参见 P. 卡尔·穆兰

（P. Carl Mullan）的《美国数字货币史：不受监管市场中的新技术》(*A History of Digital Currency in the United States: New Technology in an Unregulated Market*)。有关"电子黄金"的注释及其引用主要来自第 2 章。

10. 参见维拉·史密斯（Vera Smith）的《中央银行的基本原理和自由银行选择》(*The Rationale of Central Banking and the Free Banking Alternative*)，第 169–170 页。

11. 参见安迪·格林伯格的《可怕的海盗罗伯茨语录：地下毒品网站"丝绸之路"创始人和激进自由主义者》(Collected Quotations of the Dread Pirate Roberts, Founder of Underground Drug Site Silk Road and Radical Libertarian)。

12. 参见罗伯特·海因莱因（Robert Heinlein）的《月亮是一个冷酷的情人》(*The Moon Is a Harsh Mistress*)，第 155 页。

13. 参见安·兰德（Ayn Rand）的《阿特拉斯耸耸肩》(*Atlas Shrugged*)，第 384 页。

14. 同上，第 253，258 页。

15. 参见沃纳·斯蒂费尔（Werner Stiefel）的《亚特兰蒂斯行动》(*The Story of Operation Atlantis*)。

16. 参见雷蒙德·克雷布（Raymond Craib）的《挣脱地域和自由主义圈地》(Escape Geographies and Libertarian Enclosures)。

17. 有关亚特兰蒂斯行动的结局和运作细节源自欧文·施特劳斯（Erwin Strauss）在《如何开创自己的国家》(*How to Start Your Own Country*)中的研究和回忆，以及罗伊·哈利迪（Roy Halliday）的《亚特兰蒂斯行动与激进自由主义联盟：对墙上一只苍蝇的观察》(Operation Atlantis and the Radical Libertarian Alliance: Observations of a Fly on the Wall)。

18. 我对密涅瓦和凤凰基金会的简要总结主要摘自雷蒙德·克雷布的《挣脱地域和自由主义圈地》，还有罗素·麦克杜格尔（Russel McDougall）的《加勒比海的微型国家》(Micronations in the Caribbean)，蒙蒂·林德斯特罗姆（Monty Lindstrom）的《邪教与文化：瓦努阿图的美国梦》(Cult and Culture: American Dreams in Vanuatu)，以及欧文·施特劳斯的《如何开创自己的国家》。更为深入的分析可参见雷蒙德·克雷布正在推进的新书，其新书书稿标题是《黑色自由主义：退出、圈地和右翼时代》(*Libertarian Noir: Exit, Enclosure, and the Age of Right Flight*)。关于税收和主权语境下的密涅瓦发展情况，可参见安东尼·范福森（Anthony van Fossen）在《太平洋岛屿的避税天堂和主权》(*Tax Havens and Sovereignty in the Pacific Islands*)第 3 章中的简明总结。

19. 参见蒙蒂·林德斯特罗姆的《邪教与文化：瓦努阿图的美

318

国梦》，第 117 页。

20.　参见《1997 年麻省理工学院 1000 美元热身商业创意竞赛》，
　　　目前仍能可访问以下网址获取相关活动信息：http://web.
　　　mit.edu/~mkgray/afs/bar/afs/athena/activity/other/50k/old-www
　　　/1k97/1k97-summary.htm。

21.　参见瑞安·莱基（Ryan Lackey）的《创办电子现金银行》
　　　（Starting an e-Cash Bank）。

22.　参见萨姆森·加芬克尔（Simson Garfinkel）的文章《欢迎
　　　来到西兰公国》（Welcome to Sealand）。除了本节所引用的
　　　材料之外，我还推荐大家去阅读托马斯·里德在《机器的
　　　崛起》第 7 章中对于西兰和塞弗朋克的有趣描述。

23.　针对法律状况本身以及广泛而又极其奇怪的相关犯罪
　　　活动的精彩概述，可参见詹姆斯·格里梅尔曼（James
　　　Grimmelmann）的《西兰公国、避风港公司与法治》
　　　（Sealand, HavenCo, and the Rule of Law）。

24.　参见阿德里安·约翰斯的《海盗之死：英国广播与信息时代
　　　的形成》。

25.　正如托马斯·里德在《机器的崛起》第 281 页的引用。

26.　此处瑞安·莱基对所发生事情的描述源自他离开西兰公国
　　　之后在黑客大会"防御态势"（DEF CON）上发言的幻灯片
　　　内容。

第 12 章　荒凉大地

1. 有关包括硬币在内的货币中所嵌入的记录和历史的详细争
   论，参见比尔·莫伊雷尔的《作为代币的货币与作为记录的
   货币》。

2. 参见安 – 玛丽亚·彼得森（Ann-Maria Pettersson）的《溢
   出物囤积：维京时代哥特兰在世界贸易中的角色》（*The
   Spillings Hoard: Gotland' s Role in Viking Age World Trade*），
   其中很知名的是，在那些特殊的宝藏中，一枚卡扎尔硬币，
   即"摩西硬币"，提供了卡扎尔王朝皈依犹太教的物质痕
   迹，这是复杂历史中一个重要且备受争议的时刻。要了解
   囤积和铸造的硬币如何帮助我们去理解卡扎尔王朝，请参
   见罗曼·科瓦列夫（Roman Kovalev）的《钱币史学对 9 世
   纪卡扎尔货币史带来了什么启示？》（What Does Historical
   Numismatics Suggest about the Monetary History of Khazaria in
   the Ninth Century? ）。

3. 参见尼尔·麦格雷戈（Neil MacGregor）的《100 件物品中的
   世界历史》（*A History of the World in 100 Objects*），第 95 章。

4. 参见克里斯汀·德桑的《重新思考硬币：商品货币的政

治炼金术》(Coin Reconsidered: The Political Alchemy of Commodity Money), 尤其是第403—409页, 其中对贬值和"竞争性贬值"有精彩的论述; 关于切割、锉边或销毁硬币的做法及其意义有两篇富有见地的论述, 分别是康斯坦丁·卡芬提斯 (Constantine Caffentzis) 的《锉边货币、文字滥用与公民政府: 约翰·洛克的货币哲学》(*Clipped Coins, Abused Words, Civil Government: John Locke's Philosophy of Money*), 以及理查德·冯·葛兰 (Richard von Glahn) 的《财富之泉: 1000—1700年的中国货币和货币政策》(*Fountain of Fortune: Money and Monetary Policy in China, 1000–1700*), 第3章。

5. 参见约翰·韦瑟福德 (John Weatherford) 的《货币的历史: 从砂岩到网络空间》(*The History of Money: From Sandstone to Cyberspace*), 第7章, 其中有一篇关于塔勒银币历史的精彩而透彻的叙述。

6. 参见约瑟夫·艾迪生 (Joseph Addison) 的《关于古老徽章用处的对话: 特别是其与拉丁和希腊诗人的关系》(*Dialogues upon the Usefulness of Ancient Medals: Especially in Relation to the Latin and Greek Poets*) 和《一先令自传》(Autobiography of a Shilling); 另见肖恩·斯派塞 (Sean Spicer) 的《头脑收藏: 18世纪思想的案例研究》(*The Mind Is a Collection: Case*

Studies in Eighteenth-Century Thought）中对中艾迪生和硬币的精彩解释，特别是第 13 号展品。

7. 参见丽贝卡·斯潘的《法国大革命时期的事物与货币》，第 272 页。

8. 参见菲利普·斯塔特（Philip Stadter）的《亚历山大·汉密尔顿在工资簿上关于普鲁塔克的记录》（Alexander Hamilton's Notes on Plutarch in His Pay Book）。

9. 参见本杰明·富兰克林（Benjamin Franklin）的《浅谈纸币的性质和必要性》（A Modest Enquiry into the Nature and Necessity of a Paper Currency）。

10. 参见惠特尼·安妮·特雷蒂恩（Whitney Anne Trettien）的《树叶》（Leaves）。

11. 这个想法的另一个有趣变体是魏玛德国的"地产抵押马克"（Rentenmark）。有关该项目及其背景的精彩总结，请参见弗雷德里克·泰勒（Frederick Taylor）的《货币的衰落：德国的恶性通货膨胀和中产阶级的毁灭》（*The Downfall of Money: Germany's Hyperinflation and the Destruction of the Middle Class*），第 326–335 页。

12. 关于这一非同寻常的对话的总体概述，请参见本·斯泰尔（Benn Steil）的《布雷顿森林之战：约翰·梅纳德·凯恩斯、哈里·德克斯特·怀特和世界新秩序的建立》（*The*

Battle of Bretton Woods: John Maynard Keynes, Harry Dexter White, and the Making of a New World Order)；关于凯恩斯计划的更多信息，请参见约翰·梅纳德·凯恩斯的《国际清算联盟》(International Clearing Union)。后来，在一次怪异的事件转折当中，怀特的身份被人揭发为金融间谍，他秘密地为苏联工作，帮助他们取得战后经济成功，显然因为他确信新的全球秩序稳定依赖于两个超级大国的繁荣，而不是其中一方或另一方的单独胜利；除此之外，他还安排苏联获取了纸币印版，用于印刷战后德国占领的法定货币盟军马克。参见 R. 布鲁斯·克雷格（R. Bruce Craig）的《叛国怀疑：哈利·德克斯特白色间谍案》(*Treasonable Doubt: The Harry Dexter White Spy Case*)。

13. 参见斯坦利·洛弗尔（Stanley Lovell）《间谍和战略》(*Of Spies and Stratagems*)，第 29 页。

14. 引用参见利亚卡特·艾哈迈德的《金融之王》，第 20 页。

15. 参见路德维希·冯·米塞斯的《人类行动：经济学论文——学者版》，第 137 页。

16. 有关突击步枪话题的报道，参见迈克尔·德尔·卡斯蒂略（Michael del Castillo）的《黑暗钱包：比特币的激进使用方式》(Dark Wallet: A Radical Way to Bitcoin)和科迪·威尔逊（Cody Wilson）的《来吧，拿走它：从枪支打印指南到自由思考》(*Come and Take It: The Gun Printer's Guide to Thinking Free*)。T 恤公司及其产品的官方网站目前已经失效了，但读者们仍然还可以在互联网档案中找到部分信息：https://web.archive.org/web/20160412110430 /http:// www.7bucktees.com/product-category/t-shirts/。

17. 罗杰·弗尔（Roger Ver）被记录在亚伯拉罕书中，参见阿托萨·亚伯拉罕（Atossa Abrahamian）的《世界主义者：全球公民的到来》(*The Cosmopolites: The Coming of the Global Citizen*)，尤其是第 5 章。

18. 该网站（passportsforbitcoin.com）已经下线，但仍可通过互联网档案查看部分信息。正如你所能想象出来的，它一直都是个争议性话题；关于该项目的早期描述，参见杰森·克伦菲尔德（Jason Clenfield）和帕维尔·阿尔佩耶夫（Pavel Alpeyev）的《"比特币耶稣"召唤富人前往免税的热带天堂》("Bitcoin Jesus" Calls Rich to Tax-Free Tropical Paradise)。

19. 参见裴德·米尔洪的《分泌》。

20. 参见彼得·泰尔（Peter Thiel）的《教育自由意志主义者》(The Education of a Libertarian)。

21. 参见莫琳·多德（Maureen Dowd）的《特朗普的技术伙伴彼得·泰尔解释说道》(Peter Thiel, Trump's Tech Pal,

Explains Himself）。

22. 参见艾尔伯特·杰伊·诺克（Albert Jay Nock）的《以赛亚的工作》（Isaiah' s Job）；关于这些想法对于美国保守主义产生的影响，特别是小威廉·法兰克·巴克利（William Frank Buckley Jr），参见约翰·B. 朱迪斯（John B. Judis）的《小威廉·巴克利：保守党的守护神》（*William F. Buckley, Jr. : Patron Saint of the Conservatives*），第 44–46 页。

23. 关于基于区块链的公共财产的美好召唤，以及一些区块链与加密货币噩梦般的结果，可参见亚当·格林菲尔德的《激进技术：日常生活的设计》，第 10 章。

24. 参见奈杰尔·多德（Nigel Dodd）《比特币的社会生活》（The Social Life of Bitcoin），第 21 页。

结论：未来某个时刻

1. 参见杰瑞德·曼利（Jared Manley）的《尔格人》（The Erg Man）。

2. 有关这些变化的详细概述，包括比特币在 2013—2014 年间的疯狂经历，请参阅谢尔·N. 沃尔夫森（Shael N. Wolfson）的《比特币：早期市场》（Bitcoin: The Early Market）。

3. 参见安迪·格林伯格的《中本聪的邻居：我针对比特币创造者的追踪指向一位瘫痪的加密天才》(Nakamoto' s Neighbor: My Hunt for Bitcoin' s Creator Led to a Paralyzed Crypto Genius)。

4. 参见马克斯·莫尔的《哈尔·芬尼现在正在被冷冻保存着》(Hal Finney Being Cryopreserved Now)。

参考文献

（所注页码为英文原书页码）

Abrahamian, Atossa. *The Cosmopolites: The Coming of the Global Citizen*. New York: Columbia Global Reports, 2015.

Addison, Joseph. "Autobiography of a Shilling." *Tatler*, no. 249, November 11, 1710.

———. *Dialogues upon the Usefulness of Ancient Medals: Especially in Relation to the Latin and Greek Poets*. Published 1726. https://quod.lib.umich.edu/cgi/t/text/text idx?c=ecco;idno=004788594.0001.000.

Ahamed, Liaquat. *Lords of Finance: The Bankers Who Broke the World*. New York: Penguin, 2009.

Akin, William. *Technocracy and the American Dream: The Technocrat Movement, 1900–1941*. Berkeley: University of California Press, 1977.

Appadurai, Arjun. "The Spirit of Calculation." *Cambridge Journal of Anthropology* 30, no. 1（Spring 2012）: 3–17.

———. *Banking on Words: The Failure of Language in the Age of Derivative Finance*. Chicago: University of Chicago Press, 2015.

Armer, Paul. "Computer Technology and Surveillance." *Computers and People* 24, no. 9（September 1975）: 8–11.

Atwood, Margaret. *The Handmaid's Tale*. New York: Houghton Mifflin, 1986.

Barlow, John Perry. "Crime and Puzzlement." June 8, 1990. Electronic Frontier Foundation list archive: https://w2.eff.org/Misc/Publications/John_Perry_Barlow/HTML/crime_and_puzzlement_1.html.

———. "A Cyberspace Independence Declaration." February 9, 1996. Electronic Fron- tier Foundation list archive: http://www.eff.org/Publications/John_Perry_Barlow /barlow_0296.declaration.

Barnet, Belinda. *Memory Machines: The Evolution of Hypertext*. London: Anthem,

2013.

Belasco, Warren. *Meals to Come: A History of the Future of Food.* Berkeley: University of California Press, 2006.

Bell, Tom. "Extropia: A Home for Our Hopes." *Extropy* 8（Winter 1991/1992）: 35–41.

Beniger, James. *The Control Revolution: Technological and Economic Origins of the Information Society.* Cambridge, MA: Harvard University Press, 1986.

Benjamin, Walter. "One-Way Street." In *Selected Writings Volume 1: 1913–1926*, edited by M. Bullock and M. W. Jennings, 444–88. Cambridge, MA: Belknap Harvard, 1996.

Benkler, Yochai. *The Wealth of Networks: How Social Production Transforms Markets and Freedom.* New Haven, CT: Yale University Press, 2006.

Bennett, James, and Phillip Salin. "Privatizing Space Transportation." Issue paper no. 102, Federal Privatization Project. Santa Monica, CA: Reason Foundation, 1987.

Biagioli, Mario. "From Ciphers to Confidentiality: Secrecy, Openness and Priority in Science." *British Society for the History of Science*, 2012. https://ssrn.com/abstract =2427952.

Bishop, Forrest. "my EXTRO 3 perspective." ExI–list archive, August 12, 1995. http:// extropians.weidai.com/extropians.3Q97/1794.html.

Blanchette, Jean–François. *Burdens of Proof: Cryptographic Culture and Evidence Law in the Age of Electronic Documents.* Cambridge, MA: MIT Press, 2012.

Boon, Marcus. *In Praise of Copying.* Cambridge, MA: Harvard University Press, 2010.

Brand, Stewart. "Spacewar! Fanatic Life and Symbolic Death among the Computer Bums." *Rolling Stone*, December 7, 1972. http://wheels.org/spacewar/stone/rolling_ stone.html.

Bratton, Ben. *The Stack: On Software and Sovereignty.* Cambridge, MA: MIT Press, 2016.

Brekke, Dan. "Money for Nothing." *Wired* 8, no. 9（September 2000）. https://www .wired.com/wired/archive/8.09/stock.html.

Brunnermeier, Markus. "Deciphering the Liquidity and Credit Crunch 2007–2008."

Journal of Economic Perspectives 23, no. 1 (Winter 2009) : 77–100.

Brunton, Finn. "Keyspace: WikiLeaks and the Assange Papers." *Radical Philosophy* 166 (March/April 2011) : 8–20.

———. "Heat Exchanges." In *The MoneyLab Reader: An Intervention in Digital Economy*, edited by Geert Lovink, Nathaniel Tkacz, and Patricia de Vries. Amsterdam: Institute of Network Cultures, 2015.

Caffentzis, Constantine. *Clipped Coins, Abused Words, Civil Government: John Locke's Philosophy of Money.* New York: Autonomedia, 1989.

Chaum, David. "Blind Signatures for Untraceable Payments." In *Advances in Cryptology: Proceedings of Crypto 82*, edited by David Chaum, Ronald L. Rivest, and Alan T. Sherman, 199–203. New York: Plenum Press, 1983.

———. "Security without Identification: Transaction Systems to Make Big Brother Obsolete." *Comm. ACM* 28, no. 10 (1985) : 1030–44.

———. "Achieving Electronic Privacy." *Scientific American,* August 1992, 96–101.

———. "Prepaid Smart Card Techniques: A Brief Introduction and Comparison." DigiCash, 1994. http://ntrg.cs.tcd.ie/mepeirce/Project/Chaum/cardcom.html.

Clenfield, Jason, and Pavel Alpeyev. " 'Bitcoin Jesus' Calls Rich to Tax-Free Tropical Paradise." *Bloomberg Technology*, June 16, 2014. https://www.bloomberg.com/news/articles/2014-06-15/-bitcoin-jesus-calls-rich-to-tax-free-tropical-paradise.

Craib, Raymond. "Escape Geographies and Libertarian Enclosures." Presentation at Yale's Program in Agrarian Studies, February 2015. https://agrarianstudies.macmillan.yale.edu/sites/default/files/files/CraibAgrarianStudies.pdf.

Craig, R. Bruce. *Treasonable Doubt: The Harry Dexter White Spy Case.* Lawrence: University Press of Kansas, 2004.

Cray, Seymour. "U.S. Patent No. 4,590,538: Immersion Cooled High Density Electronic Assembly." US Patent Office, November 18, 1982.

"The Cryonics Bracelet Contest: Top Contenders." *Cryonics* 7, no. 10 (October 1986) : 10–18.

Cypher, Pr0duct. "Magic Money Digicash System." Cypherpunks list archive,

February 4, 1994. https://cypherpunks.venona.com/date/1994/02/msg00247.html.

Dai, Wei. "Cypherpunks and guns." Cypherpunks list archive, January 6, 1998. http://cypherpunks.venona.com/date/1998/01/msg00115.html.

———. "PipeNet 1.1 and b–money." Cypherpunks list archive, November 27, 1998. http://cypherpunks.venona.com/date/1998/11/msg00941.html.

del Castillo, Michael. "Dark Wallet: A Radical Way to Bitcoin." *New Yorker*, September 24, 2013. https://www.newyorker.com/business/currency/dark–wallet–a–radical–way–to–bitcoin.

Deleuze, Gilles. "Postscript on the Societies of Control." *October* 59（Winter 1992）: 3–7.

Deringer, William. "Pricing the Future in the Seventeenth Century: Calculating Technologies in Competition." *Technology and Culture* 58, no. 2（April 2017）: 506–28.

Desan, Christine. "Coin Reconsidered: The Political Alchemy of Commodity Money." *Theoretical Inquiries in Law* 11, no. 1, article 13（January 2010）: 361–409.

Desan, Christine. *Making Money: Coin, Currency, and the Coming of Capitalism*. Oxford: Oxford University Press, 2014.

de Wolf, Aschwin. "Deconstructing Future Shock." *Cryonics* 36, no. 2（February 2015）: 5.

Diffie, Whitfield, and Martin Hellman. "New Directions in Cryptography." *IEEE Transactions on Information Theory* IT–22, no. 6（November 1976）: 644–54.

Dillinger, Ray. "Bitcoin P2P e–Cash Paper." Cryptography mailing list, November 6, 2008. http://www.metzdowd.com/pipermail/cryptography/2008–November /014822.html.

Dodd, Nigel. *The Social Life of Money*. Princeton: Princeton University Press, 2014.

———. "The Social Life of Bitcoin." *Theory, Culture & Society*（2017）: 1–26.

Donald, James. "Bitcoin P2P e–Cash Paper." Cryptography mailing list, November 2, 2008. http://www.metzdowd.com/pipermail/cryptography/2008–November/014814.html.

Doub, Bo. "Community Memory: Precedents in Social Media and Movements,"

Computer History Museum (blog), February 23, 2016. http://www.computerhis-tory.org/atchm/community-memory-precedents-in-social-media-and-movements/.

Dowd, Maureen. "Peter Thiel, Trump's Tech Pal, Explains Himself." *New York Times,* January 11, 2017.

Drinan, Robert. "Review: *Law, Legislation, and Liberty (Volume 3).*" *University of Chicago Law Review* 47, no. 3 (Spring 1980): 621–33.

DuPont, Quinn. "Blockchain Identities: Notational Technologies for Control and Management of Abstracted Entities." *Metaphilosophy* 48, no. 5 (October 2017): 634–53.

Dwiggins, W. A. *Towards a Reform of the Paper Currency, Particularly in Point of Its Design.* New York: Limited Editions Club, 1932. Reprint, New York: First Typo-philes; Boston: Godine; Cambridge, MA: Kat Ran Press, 2015.

Dwork, Cynthia, and Moni Naor. "Pricing via Processing or Combatting Junk Mail." *Advances in Cryptology—CRYPTO '92.* Berlin: Springer, 1993.

Dyson, Esther. "Making Markets." *Release 1.0,* July 14, 1990, 1–15.

———. "Information, Bid and Asked." *Forbes,* August 20, 1990, 92.

Edgerton, David. *The Shock of the Old: Technology and Global History since 1900.* Lon don: Profile, 2008.

Elliott, Geoffrey. *The Shooting Star: Denis Rake, MC: A Clandestine Hero of the Second World War.* London: Methuen, 2009.

Ettinger, R.C.W. "The Penultimate Trump." *Startling Stories,* March 1948, 104–15.

Eubanks, Virginia. *Automating Inequality.* New York: St. Martin's Press, 2017.

"Excitations/Advances." *Extropy* 17, no. 8:2 (2nd Half 1996): 6–7.

Felsenstein, Lee. "Community Memory: The First Public-Access Social Media System." In *Social Media Archeology and Poetics,* edited by Judy Malloy, 89–102. Cambridge, MA: MIT Press, 2016.

Fezer, Harold. "The Energy Certificate." Technocracy Pamphlet Series A, no. 10, July 1938. http://www.technocracyinc.org/energy-certificate-2/.

Finney, Fran. "Exercise and Longevity." *Extropy* 9, no. 4:1 (Summer 1992): 30–33.

Finney, Hal. "Why remailers . . ." Cypherpunk mailing list, November 15, 1992. http:// cypherpunks.venona.com/date/1992/11/msg00108.html.

———. "Protecting Privacy with Electronic Cash." *Extropy* 10, 1993, 8–14.

———. "RPOW Theory." RPOW.net. https://web.archive.org/web/20070528042614 / http://rpow.net:80/theory.html.

———. "Re: Currency based on Energy." ExI–list archive, February 22, 2002. http:// extropians.weidai.com/extropians.1Q02/3361.html.

———. "Bitcoin P2P e–Cash Paper." Cryptography mailing list, November 7, 2008. http://www.metzdowd.com/pipermail/cryptography/2008–November/014827.html.

Fitzsimons, Peter. *Nancy Wake: The Inspiring Story of One of the War's Greatest Heroines.* London: HarperCollins, 2002.

Franklin, Benjamin. "A Modest Enquiry into the Nature and Necessity of a Paper Currency." Philadelphia: Printed and sold at the New Printing–Office, near the Market, 1729. https://founders.archives.gov/documents/Franklin/01–01 –02–0041.

Frye, Curtis D. "Re: Forged messages part of 'Operation'?" Cypherpunks list archive, January 10, 1994. http://cypherpunks.venona.com/date/1994/01/msg00117. html.

Garfinkel, Simson. "Welcome to Sealand. Now Bugger Off." *Wired* 8（July 2000）. https://www.wired.com/2000/07/haven-2/.

Gesell, Silvio. *The Natural Economic Order.* London: Peter Owen, 1958.

Gibson, William. *Zero History.* New York: Putnam, 2010.

———. "The Art of Fiction No. 211"（interviewed by David Wallace–Wells）. *Paris Review* 197（Summer 2011）.

Gibson–Graham, J. K. *The End of Capitalism（as We Knew It）: A Feminist Critique of Political Economy.* Cambridge, MA: Blackwell, 1996.

Gilbert, Emily. "Forging a National Currency: Money, State–Building and Nation–Making in Canada." In *Nation-States and Money: The Past, Present and Future of National Currencies*, edited by Emily Gilbert and Eric Helleiner. New York: Routledge, 1999.

Gitelman, Lisa. *Paper Knowledge: Toward a Media History of Documents.* Durham,

NC: Duke University Press, 2014.

Gleick, James. "The End of Cash." *New York Times Magazine,* June 16, 1996. https://www .nytimes.com/1996/06/16/magazine/dead–as–a–dollar.html.

Golumbia, David. *The Politics of Bitcoin: Software as Right-Wing Extremism.* Minneapolis: University of Minnesota Press, 2016.

Graeber, David. *Debt: The First 5,000 Years.* New York: Melville House Publishing, 2011.

Greenberg, Andy. *This Machine Kills Secrets: How WikiLeakers, Cypherpunks, and Hacktivists Aim to Free the World's Information.* New York: Dutton, 2012.

———. "Collected Quotations of the Dread Pirate Roberts, Founder of Under– ground Drug Site Silk Road and Radical Libertarian." *Forbes,* April 29, 2013. https:// www. forbes.com/sites/andygreenberg/2013/04/29/collected–quotations–of–the–dread–pirate–roberts–founder–of–the–drug–site–silk–road–and–radical–libertarian/.

———. "Nakamoto's Neighbor: My Hunt for Bitcoin's Creator Led to a Paralyzed Crypto Genius." *Forbes,* March 25, 2014. https://www.forbes.com/sites/andygreenberg/2014/03/25/satoshi–nakamotos–neighbor–the–bitcoin–ghost writer–who–wasnt.

Greenberger, Martin. "The Computers of Tomorrow." *Atlantic* 213, no. 5（May 1964）: 63–67.

Greenfield, Adam. *Radical Technologies: The Design of Everyday Life.* New York: Verso, 2017.

Grimmelmann, James. "Sealand, HavenCo, and the Rule of Law." *University of Illinois Law Review* 405（2012）: 405–84.

Halliday, Roy. "Operation Atlantis and the Radical Libertarian Alliance: Observations of a Fly on the Wall." Royhalliday.com（website）, February 13, 2002. http://royhalliday.home.mindspring.com/rla.htm.

Hanson, Robin. "Idea Futures: Encouraging an Honest Consensus." *Extropy* 8（Winter 1991）: 7–17.

Harpold, Terry. *Ex-foliations: Reading Machines and the Upgrade Path.* Minneapolis: University of Minnesota Press, 2009.

Hayek, Friedrich. *Law, Legislation, and Liberty, Vol. 1: Rules and Order*. Chicago: University of Chicago Press, 1973.

————. *Law, Legislation, and Liberty, Vol. 2: The Mirage of Social Justice*. Chicago: University of Chicago Press, 1977.

————. *Law, Legislation, and Liberty, Vol. 3: The Political Order of a Free People*. Chicago: University of Chicago Press, 1979.

————. *The Constitution of Liberty*. Chicago: University of Chicago Press, 1978.

————. *The Denationalization of Money—the Argument Refined: An Analysis of the Theory and Practice of Concurrent Currencies*. 3rd ed. London: Institute of Economic Affairs, 1990.

————. *The Market and Other Orders*. Chicago: University of Chicago Press, 1990.

Heinlein, Robert. *The Moon Is a Harsh Mistress*. New York: Orb, 1997.

Hern, Alex. "Missing: Hard Drive Containing Bitcoins Worth £4m in Newport Landfill Site." *Guardian,* November 27, 2013.

Hillis, William Daniel. "The Connection Machine." PhD dissertation, Prof. Gerald Sussman. Cambridge, MA: Massachusetts Institute of Technology, 1985.

"The Howland Will Case." *American Law Register* (*1852–1891*) 38, no. 9 (September 1890) : 562–81.

Hu, Tung–Hui. *A Prehistory of the Cloud*. Cambridge, MA: MIT Press, 2015.

Hudson, Michael. "How Interest Rates Were Set, 2500 BC–1000 AD: *Máš, tokos* and *foenus* as Metaphors for Interest Accruals." *Journal of the Economic and Social History of the Orient* 43 (Spring 2000) : 132–61.

Hughes, Eric. "No Subject." Cypherpunks list archive, September 21, 1992. http:// cypherpunks.venona.com/date/1992/09/msg00001.html.

————. "Nuts & Acorns." Cypherpunks list archive, October 6, 1992. http:// cypherpunks.venona.com/date/1992/10/msg00020.html.

"Introduction." *Extropy* 1 (Fall 1988) : 1–13.

Johns, Adrian. *Piracy: The Intellectual Property Wars from Gutenberg to Gates*. Chicago: University of Chicago Press, 2009.

————. *Death of a Pirate: British Radio and the Making of the Information Age*. New

York: W. W. Norton, 2011.

Jones, Daniel Steadman. *Masters of the Universe: Hayek, Friedman, and the Birth of Neoliberal Politics.* Princeton, NJ: Princeton University Press, 2012.

Judis, John B. *William F. Buckley, Jr.: Patron Saint of the Conservatives.* New York: Simon & Schuster, 2001.

Kafka, Ben. *The Demon of Writing: Powers and Failures of Paperwork.* New York: Zone Books, 2012.

Kahn, David. *The Codebreakers: The Comprehensive History of Secret Communication from Ancient Times to the Internet.* New York: Simon & Schuster, 1996.

Kelly, Kevin. *Out of Control: The New Biology of Machines, Social Systems, and the Economic World.* New York: Basic Books, 1995.

———. *The Inevitable: Understanding the 12 Technological Forces That Will Shape Our Future.* New York: Viking, 2016.

Keynes, John Maynard. *The General Theory of Employment, Interest and Money.* London: Macmillan, 1936 (reprinted 2007) .

———. "The General Theory of Employment." *Quarterly Journal of Economics* 51, no. 2 (February 1937) : 209–23.

———. "The International Clearing Union." In *The New Economics: Keynes' Influence on Theory and Public Policy,* edited by Seymour Harris. New York: Knopf, 1947.

Kirschenbaum, Matthew. *Mechanisms: New Media and the Forensic Imagination.* Cambridge, MA: MIT Press, 2007.

Knott, G. D. "Hashing Functions." *Computer Journal* 18, no. 3 (January 1975) : 265–78.

Kolodzey, James. "CRAY-1 Computer Technology." *IEEE Transactions on Components, Hybrids, and Manufacturing Technology* 4, no. 2 (June 1981) : 181–86.

Koselleck, Reinhart. *The Practice of Conceptual History: Timing History, Spacing Concepts.* Stanford, CA: Stanford University Press, 2002.

———. *Futures Past: On the Semantics of Historical Time.* New York: Columbia, 2004.

Kovalev, Roman. "What Does Historical Numismatics Suggest about the Monetary History of Khazaria in the Ninth Century?—Question Revisited" *Archivum Eurasiae Medii Aevi* 13（2004）: 97–129.

Krementsov, Nikolai. *A Martian Stranded on Earth: Alexander Bogdanov, Blood Transfusions, and Proletarian Science.* Chicago: University of Chicago Press, 2011.

———. *Revolutionary Experiments: The Quest for Immortality in Bolshevik Science and Fiction.* Oxford: Oxford University Press, 2013.

Kuhn, Markus G. "The EURion Constellation." Security Group presentation, Computer Laboratory, University of Cambridge, February 8, 2002. http://www.cl.cam. ac.uk/~mgk25/eurion.pdf.

Lackey, Ryan. "Starting an e–Cash Bank." Cypherpunks list archive, December 30, 1995. http://cypherpunks.venona.com/date/1995/12/msg00969.html.

———. "HavenCo: What Really Happened." Presentation at DEF CON 11, August 3, 2003. http://www.metacolo.com/papers/dc11–havenco/dc11–havenco.pdf.

Lanouette, William. *Genius in the Shadows: A Biography of Leo Szilard, the Man behind the Bomb.* Chicago: University of Chicago Press, 1994.

Levine, John. "Bitcoin P2P e–Cash Paper." Cryptography mailing list, November 3, 2008. http://www.metzdowd.com/pipermail/cryptography/2008–November/014817. html.

Levy, Steven. "The Cypherpunks vs. Uncle Sam." In *Building in Big Brother: The Cryptographic Policy Debate*, edited by Lance J. Hoffman. Berlin: Springer, 1995.

———. *Crypto: How the Code Rebels Beat the Government—Saving Privacy in the Digital Age.* New York: Penguin, 2001.

———. *Hackers: Heroes of the Computer Revolution*（25th anniversary edition）. Sebastopol, CA: O'Reilly, 2010.

Lewis, Peter. "On Line with William Gibson: Present at the Creation, Startled at the Reality." *New York Times,* May 22, 1995.

Licklider, J.C.R. "Memorandum for Members and Affiliates of the Intergalactic Computer Network." Advanced Research Projects Agency, April 23, 1963.

———. "Some Reflections on Early History." In *A History of Personal Workstations,* edited by Adele Goldberg. New York: Addison–Wesley, 1988.

Lindstrom, Monty. "Cult and Culture: American Dreams in Vanuatu." *Pacific Studies* 4, no. 2（Spring 1981）: 101–23.

Liška. "St. Jude' s Legacy." July 18, 2015. http://unwittingraconteur.com/index. php/2015/07/18/st–judes–legacy/.

Lovell, Stanley. *Of Spies and Stratagems.* Englewood Cliffs, NJ: Prentice–Hall, 1962.

MacGregor, Neil. *A History of the World in 100 Objects.* New York: Penguin, 2013.

Machado, Romana. "Five Things You Can Do to Fight Entropy Now." September 12, 1994. http://www.euvolution.com/prometheism–transhumanism–posthumanism/ transtopatranshumanism–evolved/5things.html.

Manley, Jared. "The Erg Man." *New Yorker* 12, no. 37（October 31, 1936）: 19–21.

Manovich, Lev. *The Language of New Media.* Cambridge, MA: MIT Press, 2002.

Marks, Leo. *Between Silk and Cyanide: A Codemaker's Story, 1941–1945.* London: Harper Collins, 1998.

Martinson, Yanek. "Another pax–type remailer." Cypherpunks list archive, December 22, 1992. http://cypherpunks.venona.com/date/1992/12/msg00232.html.

Marx, Karl. *Grundrisse: Foundations of the Critique of Political Economy.* London: Penguin, 1973.

Maurer, Bill. *Mutual Life, Limited: Islamic Banking, Alternative Currencies, Lateral Reason.* Princeton, NJ: Princeton University Press, 2005.

———. "Money as Token and Money as Record in Distributed Accounts." In *Distributed Agency,* edited by N. J. Enfield and Paul Kockelman. Oxford: Oxford University Press, 2017.

Maurer, Bill, Taylor Nelms, and Lana Swartz. "'When Perhaps the Real Problem Is Money Itself!' : The Practical Materiality of Bitcoin." *Social Semiotics*（2013）. DO I:10.1080/10350330.2013.777594.

May, Timothy. "The Crypto Anarchist Manifesto." Cypherpunks list archive, November 22, 1992. http://cypherpunks.venona.com/date/1992/11/msg00204.html.

———. "A Minor Experimental Result." Cypherpunks list archive, December 13, 1992. http://cypherpunks.venona.com/date/1992/12/msg00124.html.

————. "Timed Release Crypto." Cypherpunks list archive, February 10, 1993. http://cypherpunks.venona.com/date/1993/02/msg00129.html.

————. "Re: Wired & Batch File." Cypherpunks list archive, February 11, 1993. http://cypherpunks.venona.com/date/1993/02/msg00159.html.

————. "Libertaria in Cyberspace." Cypherpunks list archive, August 9, 1993. http://cypherpunks.venona.com/date/1993/08/msg00168.html.

————. "Re: HACKERS: Crypto Session Being Planned." Cypherpunks list archive, October 7, 1993. http://cypherpunks.venona.com/date/1993/10/msg00307. html.

————. "Re: Blacknet Worries." Cypherpunks list archive, February 20, 1994. http://cypherpunks.venona.com/date/1994/02/msg01131.html.

————. "The Cyphernomicon: Cypherpunks FAQ and More." September 1994. https://web.archive.org/web/20170805063522/http://www.cypherpunks.to:80/faq/cyphernomicron/cyphernomicon.txt.

————. "Re: Anguilla—A DataHaven?" Cypherpunks list archive, August 14, 1996. http://cypherpunks.venona.com/date/1996/08/msg01155.html.

————. "Introduction to BlackNet." In *High Noon on the Electronic Frontier: Conceptual Issues in Cyberspace*, edited by Peter Ludlow. Cambridge, MA: MIT Press, 1996.

————. "Untraceable Digital Cash, Information Markets, and BlackNet." Talk at Computers, Freedom, and Privacy 1997. http://osaka.law.miami.edu/~froomkin / articles/tcmay.htm.

————. "Re: Guns: H&K, G3, 7.62 v 5.56（Guns）" Cypherpunks list archive, January 2, 1998. http://cypherpunks.venona.com/date/1998/01/msg00006.html.

McCarthy, John. "The Home Information Terminal—A 1970 View." *Man and Computer: Proceedings of International Conference*, Bordeaux, 1970, 48–57. Basel: Karger, 1972.

McDougall, Russell. "Micronations of the Caribbean." In *Surveying the American Tropics: A Literary Geography from New York to Rio,* edited by Maria Cristina Fumagalli, Peter Hulme, Owen Robinson, and Lesley Wylie. Liverpool: Liverpool University Press, 2013.

McKelway, St. Clair. "Mister Eight–Eighty." In *Reporting at Wit's End: Tales from the New Yorker*. New York: Bloomsbury, 2010.

McPhee, John. *Oranges*. New York: Farrar, Straus, and Giroux, 1966.

Meier, Paul, and Sandy Zabell. "Benjamin Peirce and the Howland Will." *Journal of the American Statistical Association* 75, no. 371 (September 1980) : 497–506.

Meieran, E. S., P. R. Engel, and T. C. May. "Measurement of Alpha Particle Radioactivity in IC Device Packages." *17th Annual Reliability Physics Symposium*, 1979, 13–22.

Merkle, Ralph C. "Secure Communications over Insecure Channels," *Communications of the ACM* 21, no. 4 (1978) : 294–99.

Metzger, Perry. "ADMIN: No Money Politics, Please." Cryptography mailing list, November 7, 2008. http://www.metzdowd.com/pipermail/cryptography/2008–November/014824.html.

Michell, Humfrey. "The Iron Money of Sparta." *Phoenix*, supplement to vol. 1 (Spring 1947) : 42–44.

Milhon, Judith. "Secretions." Cypherpunks list archive, September 25, 1992. http://cypherpunks.venona.com/date/1992/09/msg00013.html.

———. "Public vs. Private." Cypherpunks list archive, October 3, 1992. http://cypherpunks.venona.com/date/1992/10/msg00005.html.

Miller, Mark, E. Dean Tribble, Ravi Pandya, and Marc Stiegler. "The Open Society and Its Media." *Extropy* 12, no. 6:1 (1st Quarter 1994) : 18–23.

Mises, Ludwig von. *The Theory of Money and Credit*. Rev. ed. New Haven, CT: Yale University Press, 1953.

———. *Human Action: A Treatise on Economics—the Scholar's Edition*. Auburn, AL: Ludwig von Mises Institute, 1998.

———. *Notes and Recollections, with the Historical Setting of the Austrian School of Economics*. Indianapolis: Liberty Fund, 2014.

Mitchell, Carmen L. "The Contributions of Grace Murray Hopper to Computer Science and Computer Education." PhD dissertation. Denton: University of North Texas, 1994.

More, Max. "The Extropian Principles." *Extropy* 6（Summer 1990）: 17–18.

————. "Denationalisation of Money: Friedrich Hayek's Seminal Work on Competing Private Currencies." *Extropy* 15, no. 7:2（2nd/3rd Quarter 1995）: 19–20.

————. "Editorial." *Extropy* 15, no. 7:2（2nd/3rd Quarter 1995）: 8.

————. "Hal Finney Being Cryopreserved Now." ExI–list archive, August 28, 2014. https://web.archive.org/web/20180611154221/http://lists.extropy.org/pipermail/extropy–chat/2014–August/082585.html.

More, Thomas. *Utopia.* Oxford: Clarendon Press, 1904.

Morris, Robert. "Scatter Storage Techniques." *Communications of the ACM* 11, no. 1（January 1968）: 38–44.

Morrisson, Mark S. *Modern Alchemy: Occultism and the Emergence of Atomic Theory.* Oxford: Oxford University Press, 2007.

Mullan, P. Carl. *A History of Digital Currency in the United States: New Technology in an Unregulated Market.* New York: Palgrave, 2016.

Murdoch, Steven J. "Software Detection of Currency." 2012. www.cl.cam.ac.uk/~sjm217/projects/currency/.

Murdoch, Steven J., and Ben Laurie. "The Convergence of Anti–counterfeiting and Computer Security." 21st Chaos Communication Congress, December 27–29, 2004. http://sec.cs.ucl.ac.uk/users/smurdoch/talks/ccc04_counterfeiting. pdf.

Nakamoto, Satoshi. "Bitcoin: A Peer–to–Peer Electronic Cash System." 2008. https://bitcoin.org/bitcoin.pdf.

————. "Citation of Your B–Money Page." Email to Wei Dai, August 22, 2008. http://www.gwern.net/docs/2008–nakamoto.

————. "Bitcoin P2P e–Cash Paper." Cryptography mailing list, October 31, 2008. http://www.metzdowd.com/pipermail/cryptography/2008–October/014810. html.

————. "Bitcoin v0.1 Released." Cryptography mailing list, January 8, 2009. http://www.metzdowd.com/pipermail/cryptography/2009–January/014994. html.

————. "Re: Citation of Your B–Money Page." Email to Wei Dai, July 10, 2009. http://www.gwern.net/docs/2008–nakamoto.

Narayanan, Arvind. "What Happened to the Crypto Dream? Part 1." *IEEE Security &*

Privacy 11, no. 2（March/April 2013）: 2–3.

Nelson, Theodore. *Computer Lib/Dream Machines.* Redmond, WA: Microsoft Press, 1987.

———. *Literary Machines 93.1.* Sausalito: Mindful Press, 1993.

"New Liberty Dollar." 2013. http://newlibertydollar.com.

Nieves, Javier, Igor Ruiz–Agundez, and Pablo G. Bringas. "Recognizing Banknote Patterns for Protecting Economic Transactions." *2010 Workshop on Database and Expert Systems Applications,* 2010, 247–249.

Nock, Albert Jay. "Isaiah' s Job." *Atlantic Monthly,* June 1936, 641–49.

North, Peter. *Money and Liberation: The Micropolitics of Alternative Currency Movements.* Minneapolis: University of Minnesota Press, 2007.

O' Driscoll, Gerald, and Mario Rizzo. *Austrian Economics Re-examined: The Economics of Time and Ignorance.* New York: Routledge, 2015.

Ohanian, Melik, and Jean–Christophe Royoux. *Cosmograms.* Berlin: Sternberg Press, 2005.

Onken, Werner. "The Political Economy of Silvio Gesell: A Century of Activism." *American Journal of Economics and Sociology* 59, no. 4（October 2000）: 609–22.

Orr, Joel. "Join the Information Economy." *Computer Aided Engineering,* April 1992, 84.

Ott, Christopher. "For Your Information." *Salon,* August 3, 1999. http://www.salon .com/1999/08/03/info_markets/.

Peirce, Charles Sanders. "Logical Machines." *American Journal of Psychology* 1（1887）: 165–70.

———. "Of Reasoning in General." In *The Essential Peirce: Selected Philosophical Writings*（*1893–1913*）. Bloomington: Indiana University Press, 1998.

Peterson, Chris. "Shuttle Pricing and Space Development." *L5 News,* January/February 1985, 8–16.

Pettersson, Ann–Maria. *The Spillings Hoard: Gotland's Role in Viking Age World Trade.* Visby, Sweden: Gotlands Museum, 2009.

Pitta, Julie. "Requiem for a Bright Idea." *Forbes,* November 1, 1999. https://www. forbes .com/forbes/1999/1101/6411390a.html.

Platt, Charles. "Hamburger Helpers." *Cryonics* 179, no. 19:4（4th Quarter 1998）: 13–16.

Plutte, Jon. "Whitfield Diffie Interview." March 28, 2011. Computer History Museum, CHM reference number X6075.2011.

Poovey, Mary. *Genres of the Credit Economy: Mediating Value in Eighteenth- and Nineteenth-Century Britain.* Chicago: University of Chicago Press, 2008.

Popper, Karl. *The Open Society and Its Enemies.* Single–volume ed. Princeton, NJ: Princeton University Press, 2013.

Popper, Nathaniel. *Digital Gold: Bitcoin and the Inside Story of the Misfits and Millionaires Trying to Reinvent Money.* New York: Harper, 2016.

"Post–Office Stamps as Currency." *New York Times*, October 2, 1862.

Potvin, Richard. "A Solicitation to Extropians to Buy Virtual Shares." January 9, 2000. http://www.webspawner.com/users/extrosgpotvin/.

———. "Extropians' net worths." ExI–list archive, January 9, 2000. http://extropians.weidai.com/extropians.1Q00/0488.html.

Rand, Ayn. *Atlas Shrugged.* New York: Signet, 1996.

Rayward, W. Boyd. "Visions of Xanadu: Paul Otlet（1868–1944）and Hypertext." *Journal of the American Society of Information Science* 45（1994）: 235–50.

Richards, John. *The Unending Frontier: An Environmental History of the Early Modern World.* Berkeley: University of California Press, 2006.

Rid, Thomas. *Rise of the Machines: A Cybernetic History.* New York: W. W. Norton, 2016.

Rivest, Ronald. "Peppercoin Micropayments." *Proceedings Financial Cryptography 2004.* Berlin: Springer, 2004.

Rivest, Ronald, Adi Shamir, and Leonard Max Adleman. "A Method for Obtaining Digital Signatures and Public–Key Cryptosystems." *Communications of the ACM* 21, no. 2（1978）: 120–26.

Rivest, Ronald, Adi Shamir, and David Wagner. "Time–Lock Puzzles and Timed–Release Crypto." Laboratory for Computer Science technical memo MIT/LCS/ TR–684（February 1996）.

Robertson, Frances. "The Aesthetics of Authenticity: Printed Banknotes as Industrial

Currency." *Technology and Culture* 46, no. 1 (January 2005) : 31–50.

Robin, Corey. "Wealth and the Intellectuals." In *Hayek: A Collaborative Biography: Part V, Hayek's Great Society of Free Men*, edited by Robert Leeson. London: Palgrave Macmillan UK, 2015.

Röckelein, Wolfgang, and Ronald Maier. "A Common Currency System for Spontaneous Transactions on Public Networks: Is it Feasible?" *Proceedings of the Ninth International Conference on EDI-IOS Electronic Commerce for Trade Efficiency and Effectiveness*, June 1996.

Romain, Tiffany. "Extreme Life Extension: Investing in Cryonics for the Long, Long Term." *Medical Anthropology: Cross-Cultural Studies in Health and Illness* 29, no. 2 (May 2010) : 194–215.

Rubery, Matthew. *The Novelty of Newspapers: Victorian Fiction after the Invention of the News*. Oxford: Oxford University Press, 2009.

Schulz, Kathryn. "Final Forms," *New Yorker,* April 7, 2014, 32–37.

Schumpeter, Joseph. "The Rise and Fall of Families within a Class." In *Imperialism and Social Classes: Two Essays*. New York: Meridian Books, 1966.

Schwartz, Hillel. *The Culture of the Copy: Striking Likenesses, Unreasonable Facsimiles*. New York: Zone Books, 1996.

Scott, Howard. "Technology Smashes the Price System: An Inquiry into the Nature of Our Present Crisis." *Harper's Magazine* 166 (January 1933) : 129–42.

Segal, Howard. *Technological Utopianism in American Culture: Twentieth Anniversary Edition*. Syracuse, NY: Syracuse University Press, 2005.

Servon, Lisa. *The Unbanking of America: How the New Middle Class Survives*. New York: Houghton Mifflin, 2017.

Shannon, Claude. "Communication Theory of Secrecy Systems." *Bell System Technical Journal* 28, no. 4 (1949) : 656–715.

Shelter Systems, LLC. "Motion for Return of Property." Case No. MS–07–6337–MHW, June 17, 2008.

Shirriff, Ken. "Mining Bitcoin with Pencil and Paper: 0.67 Hashes per Day." *Righto. com* (blog) , September 2014.http://www.righto.com/2014/09/mining–bitcoin–

with-pencil-and-paper.html.

Simberg, Rand. "The Frozen Frontier, or: How Alcor Will Open Up Space." *Cryonics* 115, no. 11:2 (February 1990) : 51–55.

Singh, Simon. *The Code Book: The Science of Secrecy from Ancient Egypt to Quantum Cryptography.* New York: Anchor, 1999.

Smith, David. "Book Cyphers in External Affairs Canada (1930s–1980s)." January 2005. http://www.jproc.ca/crypto/otfp_otlp.html.

Smith, Vera. *The Rationale of Central Banking and the Free Banking Alternative.* Indianapolis: Liberty Fund, 1990.

Spang, Rebecca. *Stuff and Money in the Time of the French Revolution.* Cambridge, MA: Harvard University Press, 2015.

Spicer, Sean. *The Mind Is a Collection: Case Studies in Eighteenth-Century Thought.* Philadelphia: University of Pennsylvania Press, 2015.

"Spontaneous Orders." *Extropy* 1 (Fall 1988) : 7.

Stadd, Courtney. "NASA Headquarters Oral History Project." Interviewed by Rebecca Wright, Washington, DC, January 7, 2003. https://www.jsc.nasa.gov/ history/oral_ histories/NASA_HQ/Administrators/StaddCA/StaddCA_1-7-03.htm.

Stadter, Philip. "Alexander Hamilton' s Notes on Plutarch in His Pay Book." *Review of Politics* 73, no. 2 (Spring 2011) : 199–217.

Stallman, Richard. "What Is Free Software?" Free Software Foundation. https://www .gnu.org/philosophy/free-sw.en.html.

Stearns, David. *Electronic Value Exchange: Origins of the VISA Electronic Payment System.* London: Springer-Verlag, 2011.

Steil, Benn. *The Battle of Bretton Woods: John Maynard Keynes, Harry Dexter White, and the Making of a New World Order.* Princeton, NJ: Princeton University Press, 2013.

Sterling, Bruce. "The Blast Shack." *Webstock* (blog), December 22, 2010. https:// medium.com/@bruces/the-blast-shack-f745f5fbeb1c.

Sterne, Jonathan. *MP3: The Meaning of a Format.* Durham, NC: Duke University Press, 2012.

Stiefel, Werner（"Warren K. Stevens"）. *The Story of Operation Atlantis.* Saugerties, NY: Atlantis Publishing Company, 1968.

Stites, Richard. *Revolutionary Dreams: Utopian Vision and Experimental Life in the Russian Revolution.* Oxford: Oxford University Press, 1991.

Strauss, Erwin. *How to Start Your Own Country.* Boulder, CO: Paladin Press, 1999.

Strugatsky, Arkady and Boris. *Roadside Picnic.* New York: Macmillian, 1977.

Swartz, Lana. "Gendered Transactions: Identity and Payment at Midcentury." *Women's Studies Quarterly* 42, no. 1/2, "Debt"（Spring/Summer 2014）: 137–53.

——. "Blockchain Dreams: Imagining Techno–Economic Alternatives after Bitcoin." In *Another Economy Is Possible,* edited by Manuel Castells. London: Polity Press, 2017.

——. *Social Transactions: The Cultural Politics of Money Technology.* New Haven, CT: Yale University Press, forthcoming.

Szabo, Nick. "Future Forecasts." *Extropy* 15, no. 7:2（2nd/3rd Quarter 1995）: 10–13.

——. "Secure Property Titles with Owner Authority." Nick Szabo's E–Commerce and Security White Papers（website）, 1998. http://szabo.best.vwh.net/securetitle.html.

——. "Intrapolynomial Cryptography." Nick Szabo's E–Commerce and Security White Papers（website）, 1999. https://web.archive.org/web/20010802174702 / http://www.best.com:80/~szabo/intrapoly.html.

——. "Trusted Third Parties Are Security Holes." Nick Szabo's Essays, Papers, and Concise Tutorials（website）, 2001. https://web.archive.org/web/20160705000502/ http://szabo.best.vwh.net/ttps.html.

——. "Bit Gold." *Unenumerated*（blog）, December 29, 2005. http://unenumerated.blogspot.com/2005/12/bit–gold.html.

Szilard, Leo. "The Mark Gable Foundation." Leo Szilard Papers. MSS 32, Box 27, Folder 11. Special Collections & Archives, UC San Diego Library, July 28, 1948.

——. "Memoirs." Leo Szilard Papers. MSS 32, Box 40, Folder 10. Special Collections & Archives, UC San Diego Library, 1960.

Taaki, Amir. "Why Do We Want to Make unSYSTEM, DarkWallet and All These

Things?" Darkwallet（website）, 2013. https://www.darkwallet.is/whydw.html.

Taylor, Frederick. *The Downfall of Money: Germany's Hyperinflation and the Destruction of the Middle Class.* New York: Bloomsbury, 2013.

Technocracy, Inc. "Total Conscription! Your Questions Answered." New York: Technocracy Inc. Continental Headquarters, 1942. https://archive.org/details/Total ConscriptionYourQuestionsAnswered.

Thaler, Richard. "Mental Accounting and Consumer Choice." *Marketing Science* 4, no. 3（1985）: 199–214.

Thiel, Peter. "The Education of a Libertarian." *Cato Unbound,* April 13, 2009. https://www.cato-unbound.org/2009/04/13/peter-thiel/education-libertarian.

Tresch, John. "Cosmogram." In *Cosmograms*, edited by Melik Ohanian and Jean-Christophe Royoux. New York: Lukas & Sternberg, 2005.

———. *The Romantic Machine: Utopian Science and Technology after Napoleon.* Chicago: University of Chicago Press, 2012.

Trettien, Whitney Anne. "Leaves." In *Paid: Tales of Dongles, Checks, and Other Money Stuff,* edited by Bill Maurer and Lana Swartz. Cambridge, MA: MIT Press, 2017.

Turner, Fred. *From Counterculture to Cyberculture: Stewart Brand, the Whole Earth Network, and the Rise of Digital Utopianism.* Chicago: University of Chicago Press, 2006.

———. "Prototype." In *Digital Keywords: A Vocabulary of Information Society and Culture,* edited by Benjamin Peters. Princeton, NJ: Princeton University Press, 2016.

———. "Can We Write a Cultural History of the Internet? If So, How?" *Internet Histories* 1（2017）: 39–46.

US Congress, Office of Technology Assessment. "Federal Government Information Technology: Electronic Record Systems and Individual Privacy." OTA–CIT–296. Washington, DC: US Government Printing Office, 1995.

van Fossen, Anthony. *Tax Havens and Sovereignty in the Pacific Islands.* St. Lucia: University of Queensland Press, 2012.

Vinge, Vernor. "The Coming Technological Singularity: How to Survive in the

Posthuman Era." *Vision-21: Interdisciplinary Science and Engineering in the Era of Cyberspace* (NASA Conference publication 10129). NASA Office of Management, 1993.

———. *True Names and the Opening of the Cyberspace Frontier.* New York: Tor, 2001.

von Glahn, Richard. *Fountain of Fortune: Money and Monetary Policy in China, 1000–1700.* Berkeley: University of California Press, 1996.

von NotHaus, Bernard. "To Know Value—An Economic Research Paper." 1974. http://bernardvonnothaus.org/wp-content/uploads/To-Know-Value.pdf.

———. "The Nazi-ization of America." In *The Liberty Dollar Solution to the Federal Reserve.* Evansville, IN: American Financial Press, 2003.

Waldrop, M. Mitchell. *The Dream Machine: J. C. R. Licklider and the Revolution That Made Computing Personal.* New York: Penguin, 2001.

Walker, John. *The Autodesk File: Bits of History, Words of Experience.* 4th ed. 1994. https://www.fourmilab.ch/autofile/.

Wallace, Robert, and Harold Keith Melton. *Spycraft: The Secret History of the CIA's Spytechs from Communism to Al-Qaeda.* New York: Plume, 2006.

Waring, Marilyn. *If Women Counted: A New Feminist Economics.* New York: Harper & Row, 1988.

Weatherford, John. *The History of Money: From Sandstone to Cyberspace.* New York: Three Rivers, 1997.

Wells, H. G. *The Shape of Things to Come.* New York: Penguin, 2005.

Widdig, Bernd. *Culture and Inflation in Weimar, Germany.* Berkeley: University of California Press, 2001.

Williams, Kathleen. "Improbable Warriors: Mathematicians Grace Hopper and Mina Rees in World War II." In *Mathematics and War,* edited by Bernhelm Booß-Bavnbek and Jens Hoyrup. Basel: Springer Basel AG, 2003.

Wilson, Cody. *Come and Take It: The Gun Printer's Guide to Thinking Free.* New York: Gallery Books, 2016.

Wolf, Gary. "The Curse of Xanadu." *Wired* 3, no. 6 (June 1995). https://www.wired.

com/1995/06/xanadu/.

Wolfson, Shael N. "Bitcoin: The Early Market." *Journal of Business & Economics Research* 13, no. 4 (Fourth Quarter 2015) : 201–14.

Yow. "Mindsurfing: The Tia Transformation." *Extropy* 15, no. 7:2 (2nd/3rd Quarter 1995) : 47.

Zaloom, Caitlin. *Out of the Pits: Trading and Technology from Chicago to London.* Chicago: University of Chicago Press, 2006.

———. "How to Read the Future: The Yield Curve, Affect, and Financial Prediction." *Public Culture* 21, no. 2 (2009) : 245–268.

Zelizer, Viviana. "The Social Meaning of Money: 'Special Monies.'" *American Journal of Sociology* 95, no. 2 (September 1989) : 342–77.

———. *Economic Lives: How Culture Shapes the Economy.* Princeton, NJ: Princeton University Press, 2011.

Zielinski, Siegfried. *Deep Time of the Media: Toward an Archaeology of Hearing and Seeing by Technical Means.* Cambridge, MA: MIT Press, 2008.

Zimmerman, Philip R. *PGP Source Code and Internals.* Cambridge, MA: MIT Press, 1995.

索 引

（所注页码为英文原书页码）

A

B

C

D

F

（原名汤姆·贝尔），121, 122

Moses coin 摩西硬币，224n2

MP–Infinity "MP– 无限"，122

Mueller, Edward 埃默里奇·朱特纳，*See* Juettner, Emerich Musil, Robert 参见罗伯特·埃默里奇·朱特纳，123

N

Naess, Arne 阿恩·奈斯，219n7

Nakamoto, Satoshi（pseudonym）中本聪（假名），111, 117, 120, 154–59, 161–63, 169, 170, 200 names 中本聪的名字，81–82. *See also* anonymity nanoseconds 参见匿名纳秒，100

Naor, Moni 莫尼·瑙尔，"Pricing via Processing"《通过过程定价》，218n6

Narayanan, Arvind 阿尔温德·纳拉亚南，61

National Institute for Standards and Technology（NIST）美国国家标准和技术研究所（简称 NIST），106

National Organization for the Repeal of the Federal Reserve and the Internal Revenue Code（NORFED）废除美联储和国内税收法全国组织（简称 NORFED），172–74

Nelms, Taylor 泰勒·内尔姆斯，169

Nelson, Theodor "Ted" 西奥多·泰德·纳尔逊，74–77, 80, 155, 161

Neurath, Otto 奥图·纽拉特，123

New Hebrides 新赫布里底群岛，182

New Nutrition movement 新营养运动，17–18

newsgroups 新闻组，84

Nietzsche, Friedrich 弗里德里希·尼采，67, 148

Nixon, Richard 理查德·尼克松，29, 50, 65, 182

Nock, Albert Jay 艾尔伯特·杰伊·诺克，198–99

nonplaces 非场所，85–86, 89, 185

North Sea platform 北海平台. *See* Sealand 参见"西兰公国"

NotHaus, Bernard von 伯纳德·冯·诺特豪斯，171–75, 193

nowhere 非场所. *See* nonplaces 参见"非场所"

nuclear chain reaction test 核链式反应试验，140–41

Nuclear Weapons Freeze Campaign 禁止核武器运动，94–95

O

O'Connor, Max 马克斯·奥康纳，*See*

More, Max 参见"马克斯·莫尔"

R

S

T

trust 信任 , 169

tumbler system "不倒翁" 系统 , 77

Turner, Fred 弗雷德·特纳 , 80, 88, 89

U

Ulbricht, Ross 罗斯·乌布利希 , 92, 123, 175–77

United States 美国 , credit in 美国的信用 , 24–25

Unix Unix 操作系统 , 93

Urbit 变量 , 219n20

utopian engineering 乌托邦工程 , 124

utopianism 乌托邦主义 , 6, 119–20, 150, 180

value 价值 : Bitcoin and 比特币及其价值 , 195–96, 201; coins as expression of 作为价值表达的硬币 , 171, 187–89; of digital data 数字化数据的价值 , 2–3; of gold 黄金的价值 , 196; of money 金钱的价值 , 9, 126, 137, 151, 170, 175, 179–80

V

Vanuatu 瓦努阿图 , 182

Vatican 梵蒂冈 , 20

Veblen, Thorstein 托尔斯坦·凡勃伦 , 18

Ver, Roger 罗杰·弗尔 , 197

verification 验证 . See authentication 参见"验证"

Versace, Gianni 詹尼·范思哲 , 184

Vesco, Bobby 鲍比·韦斯科 , 182

Vian, Boris 鲍里斯·维安 , v

Vienna Circle 维也纳学派 , 123

Vinge, Vernor 弗诺·文奇 , 81; *True Names*《真名实姓》, 79, 81–83, 91, 185

violence 暴力 , 82, 115

Visa 维萨公司 , 48–49, 60

Vita–More, Natasha 娜塔莎·维塔－莫尔 , 122

W

Wake, Nancy 南希·威克 , 34, 37

Walford, Roy 罗伊·沃尔福德 , 133

Walker, John 约翰·沃克 , 75–76, 78

warehouse receipts 仓单 , 173–75